● 商务新知译丛 ●

PSYCHOLOGY IN THE FUTURE

心理学的未来

—— 世界上最著名的一些心理学家对各自领域的未来的看法

〔哥伦比亚〕鲁文·阿迪拉 著

张　航
禤宇明 译
荆其诚 校

商务印书馆
2008年·北京

Rubén Ardila

PSYCHOLOGY IN THE FUTURE

Editorial Planeta of Madrid

本书据马德里出版社 2002 年英文电子版译出

Original title: La psicología en el futuro

© Rubén Ardila

© Ediciones Pirámide (Grupo Anaya, S. A., 2002). Madrid, Spain

All rights reserved.

目　　录

前言	1
参与者	3
第一章　心理学与未来	1
第二章　作为学科的心理学	11
第三章　心理学的发展	42
第四章　科学研究	51
第五章　职业应用	90
第六章　重大问题	123
第七章　心理学的社会情境	163
第八章　结论	201
参考文献	209

前　言

本书是对21世纪初世界级的主要心理学家的访谈录,给反思心理学的未来提供了空间。在第二个千年结束,第三个千年开始之际,不管是好是坏,西方文化正在大步向全球文化转变。这种文化起初是西方文化、欧洲文化、欧美文化,到今天实际上已经成为全球文化。科学与技术在这种文化中占据了非常重要的地位,这其中包括对人类及其行为的科学研究。

这是一本雄心勃勃的书。书中展示了我们时代的领头的心理学家(男的和女的)的理念、观点、反思、疑虑、幻想、计划、踌躇、梦想和愿望,他们也在世纪之初指出了心理学的发展方向。

我们挑选了一些大家最公认的世界级的心理学家。他们大多数来自欧洲和美国,但也有一些来自其他国家,包括"多数"世界和发展中国家。我很幸运得到了心理学研究领域中这些国际水平的最著名人物的合作。这些被访谈的人中包括一些主要心理学会的主席或前任主席,这些学会有国际心理科学联合会(IUPsyS),国际应用心理学会(IAAP),国际心理学家协会(ICP),美国心理学会(APA),西班牙心理学家官方学会(COP),欧洲心理学家联盟(EFPA),泛美心理协会(ISP),许多国家级学会以及致力于特定科学或职业问题的组织。

我们有研究心理学家,他们致力于心理学科学的一面,我们有职业心理学家,他们在应用性更强的领域工作。所有参与者在心理学发展中都扮演了重要的角色,正是因为他们几十年来的工作和努力,心理学才得以发展。大多数参与者已经 60 多岁或者 70 多岁了,最年长的几乎 90 岁,最年轻的 30 多岁。

大多数访谈是在过去两年里进行的。几乎所有访谈是面对面的,不可能面对面访谈的则通过邮件或者电子方式进行。对 B. F. 斯金纳的访谈是在 1973 年完成的,因此与其他访谈稍有不同。在大多数情况下我保持了相同的方式,也试图保持访谈的非正式性,并守信于对心理学未来的这个研究中我的这些著名的"被试"或参与者。

我邀请了六位来自拉丁美洲的心理学家:迪亚斯-格雷罗(墨西哥)、格劳(古巴)、古铁雷斯(哥伦比亚)、尼莫迪(阿根廷)、萨拉查(委内瑞拉)和维莱加斯(智利)。我还请了一样多的西班牙心理学家。也有一些参与者来自俄罗斯、土耳其、澳大利亚、德国、中国、加拿大、荷兰、比利时、瑞典、波兰等国家。而美国心理学家的数量确实反映了过去一个世纪和本世纪初美国心理学的领导地位。

在世界心理学界里选出 40 或 50 个特别合适的人物进行有关心理学未来的访谈不是件容易的事。但是,大家都会承认这些先生和女士在心理学中所取得的成就,这些成就在新世纪将会延续下去。

照片是重要的,但很难以相同的方式在"正式"的照片,或是反映被采访人及其他/她的社会关系方方面面的照片中做出选择。我有大部分参与者但不是所有人的照片。我也选了一些描述被采访的心理学家谈及的主题或者问题的照片。

本书试图突出心理学的带头人关于学科未来的主要观点。这本书个人观点非常强,不是试图去描绘心理学的历史,不是传记专辑,也不是"历史宣言"。

采访这些世界心理学的"巨人",采访这些能在书中找到名字但几乎不熟悉的大师,我感受到很多乐趣。本书的写作对我而言是件非常令人愉悦的工作。我希望这最后的成品对我的读者来说也是令人愉悦的。

参 与 者

本书包括48名世界著名心理学家,40名男性,8名女性,来自25个国家:阿根廷、澳大利亚、比利时(2人)、加拿大(2人)、智利、中国(2人)、捷克共和国、哥伦比亚、古巴、英国、法国、德国(2人)、墨西哥、荷兰、尼日利亚、菲律宾、波兰、俄罗斯、新加坡、南非、西班牙(4人)、瑞典、土耳其、美国(17人)以及委内瑞拉。他们来自五大洲:欧洲、亚洲、美洲、非洲和澳洲。在本书出版之际,除了斯金纳于1990年以及何塞·米格尔·萨拉查于2001年去世之外,所有参与者都仍在世。以下是书中的48名心理学带头人按字母排序的完全列表:

〔加拿大〕约翰·G. 阿代尔(John G. ADAIR)

〔俄罗斯〕帕维尔·M. 巴拉邦(Pavel M. BALABAN)

〔西班牙〕拉蒙·贝斯(Ramón BAYÉS)

〔美国〕约瑟夫·布罗泽克(Josef BROŽEK)

〔美国〕埃策尔·A. 卡德尼亚(Etzel CARDEÑA)

〔西班牙〕埃利奥·卡平特罗(Helio CARPINTERO)

〔南非〕萨斯·库珀(Saths COOPER)

〔比利时〕格里·戴德沃尔(Géry d'YDEWALLE)

〔美国〕亨利·P. 戴维(Henry P. DAVID)

〔美国〕弗洛伦斯·L. 登马克(Florence L. DENMARK)

〔美国〕莫顿·多伊奇(Morton DEUTSCH)

〔墨西哥〕罗赫略·迪亚斯-格雷罗(Rogelio DÍAZ-GUERRERO)

〔法国〕亚历山大·多尔纳(Alexandre DORNA)
〔澳大利亚〕埃丽卡·弗吕登贝格(Erica FRYDENBERG)
〔古巴〕豪尔赫·格劳(Jorge GRAU)
〔哥伦比亚〕格尔曼·古铁雷斯(Germán GUTIÉRREZ)
〔美国〕韦恩·H. 霍尔茨曼(Wayne H. HOLTZMAN)
〔捷克共和国〕伊里·霍斯科韦茨(Jiri HOSKOVEC)
〔中国〕荆其诚(Quicheng JING)
〔土耳其〕奇代姆·卡基茨巴塞(Çiğdem KAĞITÇIBAŞI)
〔美国〕艾伦·E. 卡兹汀(Alan E. KAZDIN)
〔西班牙〕弗朗西斯科·J. 拉夫拉多尔(Francisco J. LABRADOR)
〔美国〕刘易斯·P. 利普希特(Lewis P. LIPSITT)
〔英国〕英格里德·伦特(Ingrid LUNT)
〔瑞典〕戴维·芒努松(David MAGNUSSON)
〔菲律宾〕克里斯蒂娜·J. 蒙铁尔(Cristina J. MONTIEL)
〔美国〕爱德华·K. 莫里斯(Edward K. MORRIS)
〔新加坡〕伊丽莎白·奈尔(Elizabeth NAIR)
〔尼日利亚〕伊西多尔·S. 奥博特(Isidore S. OBOT)
〔德国〕库尔特·帕夫利克(Kurt PAWLIK)
〔荷兰〕伊普·H. 布汀格(Ype H. PORTINGA)
〔比利时〕马克·N. 里歇勒(Marc N. RICHELLE)
〔阿根廷〕奥拉西奥·J. A. 尼莫迪(Horacio J. A. RIMOLDI)
〔美国〕马克·R. 罗森茨韦格(Mark R. ROSENZWEIG)
〔委内瑞拉〕何塞·米格尔·萨拉查(José Miguel SALAZAR)
〔西班牙〕弗朗西斯科·桑托拉亚(Francisco SANTOLAYA)
〔德国〕雷纳·K. 希尔伯埃森(Rainer K. SILBEREISEN)
〔美国〕迪安·K. 西蒙顿(Dean K. SIMONTON)
〔美国〕B. F. 斯金纳(B. F. SKINNER)
〔美国〕查尔斯·D. 施皮尔贝格尔(Charles D. SPIELBERGER)
〔美国〕罗伯特·J. 斯滕伯格(Robert J. STERNBERG)

〔波兰〕简·斯特里劳(Jan STRELAU)

〔加拿大〕彼得·聚德菲尔德(Peter SUELDFELD)

〔美国〕埃塞尔·托巴克(Ethel TOBACH)

〔美国〕哈里·特里安迪斯(Harry C. TRIANDIS)

〔智利〕胡利奥·F.维莱加斯(Julio F. VILLEGAS)

〔中国〕张厚粲(Houcan ZHANG)

〔美国〕菲利普·G.津巴多(Philip G. ZIMBARDO)

"当今世界上我们面临的最紧迫的问题是我们自己造成的……这是一些人文的问题,要解决这些问题,我们需要改变我们的行为和社会结构……科学心理学可能是人的心智所构想的最具革命性的智力事业之一……我相信,心理学的真正影响不在于它会给人们带来什么技术产品,而在于它会形成一种全新的公众理念,了解人类能做到什么,而又是对人类适宜的。"

乔治·A. 米勒(1969)

"心理洞察力是我们时代的信条。以启迪之名,专家许诺救助、信任、知识以及舒适。他们为幸福生活开处方,为解开矛盾之结制订宏伟蓝图。在其推动者眼里,心理学能够解决我们值得为之努力的最难处理的社会问题。"

埃伦·格尔曼(1995)

"从亚历山大大帝到拿破仑,伟大的征服者们深刻影响了以后几代人的生活。但和米利都的泰利斯开始直至今天的一批思想家所促成的人类习惯和心理的总体改变相比,这些影响的总体效果就显得微不足道了。人作为个体并没有多大力量,但最终成为了世界的真正统治者。"

艾尔弗雷德·诺思·怀特黑德

"心理学是非常奇特的知识领域。我想不出来其他任何科学领域会有如此多的不满和争论。对心理学的现状及其理论和实证结果都存在着质疑,新的证据周期性地出现,试图重新建构甚至重新创立这个学科……"

范·拉帕德(2001)

第一章
心理学与未来

心理学家一直对心理学的未来感兴趣。实际上,心理学被认为是"未来的科学",很多学习心理学的学生也认为心理学具有解释人类生活和人类行为的潜力。他们或想当然或明确认为心理学将发挥更重要的作用。

从 19 世纪末和 20 世纪初心理学的创始人那里,我们就可以找到对心理学未来的兴趣。从那以后,虽几经沉浮,这种兴趣一直持续到 21 世纪初。在这几十年里,心理学有很大变化。最初心理学是一门研究感觉功能的实验室科学,而现在心理学已经成为一个全世界有 50 万成员的复杂行业。这些职业人员(具有心理学博士、硕士、学士学位等)所致力的工作领域似乎与冯特、费钦纳或艾宾浩斯的实验室大相径庭。我们今天生活的未来似乎也不是威廉·詹姆斯或者爱德华·B.铁钦纳所预期的。

从 1900 年到 1950 年

1950 年哈德利·坎特里尔在《科学美国人》杂志上发表的文章是最早关于心理学的"趋势"的著述。这篇文章讨论的主题为"1900—1950 的科学时代",文中收集了 J.R.奥本海默(前言)、哈洛·沙普利(天文学)、马克斯·玻恩(物理)、莱纳斯·鲍林(化学)、R.A.戴利(地理)、E.惠特克(数学)、T.多布任斯基(遗传学)、O.迈耶霍夫(生化)、E. A.阿德里安(生理)、哈德利·坎特里尔(心理学)和 A. L.克罗伯(人类学)等各领域一流顶尖人物的预期。

坎特里尔宣称1900—1950年间,心理学的发展有三个趋势:1)从原子论的方法过渡到将人作为整体来研究;2)人类及其环境被综合考虑而不是作为完全分离的元素;3)很多心理学家回归实验室,试图研究比1900年左右的心理学家所研究的零碎工作要广阔得多的问题。

1950年心理学最重要的人物大概是赫尔、斯金纳、荣格、皮亚杰、卢里亚、博林、弗雷斯、奥尔波特、哈洛、赫布、华生、N. E.米勒、E.弗罗姆、米乔特等等。1920年国际应用心理学会创立,1892年美国心理学会创立,后来(1951年)国际心理科学联合会成立,并从此以后成为心理学的国际象征以及国际大会的组织者。很多国家都有国家级的心理学家协会,完成了一些重要的研究项目。那时全世界大约有5万名职业心理学家(根据国际心理学的带头人 R.拉塞尔的估计)。半个世纪以后的今天,大约有50万名心理学家(见 Jing,2000)。这个数字可能更大,且随着每个国家的要求而变化。是不是有博士学位才能称为"心理学家"? 还是有硕士学位或者学士学位就够了呢?不管怎样,21世纪初大约有50万名心理学家在工作。心理学的国际化非常广泛,心理学的训练和研究不是只局限在西欧和美国,而是全世界范围的,涉及所有大陆和所有文化背景。

加德纳·墨菲和2000年的心理学

1969年,加德纳·墨菲在《美国心理学家》杂志上发表了关于心理学未来的文章,这是这位心理学的重要领军人物(1895—1979年)毕生深思的结果。他把文章的题目定为"2000年的心理学"。他认为在遥远的2000年,在这个由于世纪和千年交替而显得有特殊意义的年份,心理学将聚焦于10个主题,这些主题反映了该学科的特征。墨菲主要是根据当时出现的趋势来进行推断,不过也认为可能会涌现出新的东西。下面就是当时被列为心理学在遥远的2000年的10个中心主题:

1. 心理生理学的发展允许更精确地研究记忆、感觉、失语症以及其他很多心理学的中心问题。

2. 像前苏联的贝科夫在机体觉和内感受器条件反射领域那样,基于实验室工作,通过观察被试,研究人的内部世界。

3. 将无意识与生理同构直接联系起来。墨菲断言,"包括所谓的情感和冲动状态的内部反应……有新的世界在等待他们,这不需要太长时间"(第525页)。

4. 对内部世界的有意控制。对内部状态的观察和标记,对心血管和肠胃反应的控制,对α节律的控制,这些工作将在临床上应用并对学习领域有重大意义。

5. 命名那些没有适当的词来描述的心理状态,无论是情感或认知和意志状态,以及东方国家中为人熟知的但鲜为西方科学所衡量的良心的变化状态。

6. 超心理学。该学科相当保守,拒绝改变其关于交流、时间和空间的概念。尽管如此,随着物理学的新成果的出现,超心理学可以成为心理科学的一部分。墨菲明确说道,"超心理学的事实将基本与心理学的一般原则相一致,而一旦抛弃与牛顿物理的虚假吻合而代之以现代物理学,那么超心理学将相当容易地与心理学的科学参考体系融合在一起"(第527页)。

7. 遗传学和生物学的贡献。很多关于动机、学习和发育过程的心理学因素基于DNA-RNA系统。尽管遗传学的发展提供的是宿命论的前景,限制了人类的行动,但实际上也将开创人类发育的重要潜力和领域。对人类个体的遗传学方面的研究将告诉我们如何成为更好的环境保护者。

8. 心理学和社会科学的关系以及对文化的合作研究。在这个领域,社会生态学显得特别重要。"如果心理学家确实认为人之所以为人是因为人与其生态圈密切相关,那么未来20年里心理学的发展将依赖于跨文化和跨民族交流的发现"(第528页)。

9. 研究方法。科学发现很大程度上依赖于所使用的方法,而"具备耐心、训练和想像……我们在 2000 年将拥有一门足以揭示人类本质的科学"(第 529 页)。

10. 科学进步使得我们能进一步了解人类的困难及其本质。如果我们使用像我们正在研究的人类问题一样广一样深的方法,学会看待我们的内心以及外部世界,认识到内部和外部的交互关系,那么 2000 年和 21 世纪将带来更多的欢乐而不是恐惧。

对照加德纳·墨菲的这些猜测和当今的心理学,可以发现很多预测(或推断)兑现了,但有些没有。错误的预测中最著名的是超心理学,它并没有像墨菲预期的那样开花结果成为心理学的一部分(这个观点和那时大多数心理学家不一样)。超心理学不仅没有成为心理学的一部分,甚至被人质疑。超心理学没有得到多少发展,也没有人会认为将来它会成为心理学的一个领域。本书的被采访者没有一个认为超心理学在心理学的未来将成为一个重要领域。

另一个没有兑现的预测是关于无意识。对意识的变化状态以及语言无法描述的心理状态的命名,也没有实现。人们提炼、扩展了研究方法并使之更为精确,但实质上没什么改变。另一方面,关于心理物理、对内部世界的有意控制(今天我们称为生物反馈)、遗传学和跨文化心理学的贡献完全都兑现了。今天,心理生物学、行为遗传学、健康心理学、行为医学以及跨文化心理学是心理科学的中心部分。21 世纪大致是按墨菲 30 多年前所预测的那样开始的。

作为墨菲的工作的注释或是推论,福阿和特纳(1970)对概念体系作了特别的解释。他们的思想来自弗洛伊德、卢因和皮亚杰。在福阿和特纳看来,有可能整合行为主义和心理生理学,而未来的心理学关心行为的组成部分,这是个基本点。他们认为,必须持续发展并维系心理学所特有的概念和理论,而不是依赖于周边学科的进展。这种心理学的自主性并不意味着与其他领域脱离关系,而是让心理学能对其他学科有所贡献。最重要的是,心理学将对人类、人类社会及其问题有其独到贡献。

在另一方面,1961 年在哥本哈根第 14 届世界心理学大会上,亨利·A. 默里的发言的文学性强于科学性。1985 年和 2085 年的世界将会是什么样的？墨菲展示了他的文学想像。他坚信心理学应该成为解决世界问题和促进国家间的和平的中心（见 Murphy,1962）。

在1969年看未来的心理学

1969年7月27日至8月9日在伦敦召开的第19届国际心理学大会上，有个名为"未来的心理学"的专题讨论会。讨论会的主席是乔治·A.米勒（美国），而参加者是卡尔·H.普里布拉姆（美国），哈里·凯（英国）和M.户田（日本）。

这个讨论会是在人类登月归来（1969年7月20日）之后10天举行的，从与会者的发言中可以感受到这个历史性事件的影响。这是有人类象征意义的重要"一步"，鼓舞了整个星球很多人的精神，包括汇集在伦敦召开国际大会的心理学家们。

乔治·A.米勒在讨论会的导言中指出了研究大的社会背景的必要性，这是由于心理学的未来不仅依赖于学科的内部发展和动力学，而且依赖于外部支持、政府资助以及社会。心理学，还有其他科学都依附于社会。他认为人类面对的两大问题是人口过剩和人对人的攻击。在资源缺乏的国家里，人口过剩问题已经完全展现出来了；我们需要阻止人口的增长——这几乎是我们所有社会问题的根源。至于攻击性，如果相信攻击性是人类天生的、自然的，这是非常危险的，而且是错误的——攻击和暴力基本上是习得的。

对于不远的将来的心理学，卡尔·H.普里布拉姆断言心理学将延续过去十年的道路。他认为生理心理学和认知将成为中心，而"神经全息图"将被用于解释记忆存储以及其他重要的心理过程。全息术在70年代对心理学的影响正如计算机技术在60年代的影响一样（Pribram 1971, p.60）。[1] 全息图基于傅立叶特殊变换，其重要性在于表明随机模型和马

---

[1] 作为第19届世界心理学大会的一部分，心理学未来的讨论会在1969年举行，但是大会论文集是1971年出版的。

尔可夫模型不再那么有用。

哈里·凯描绘了心理学的中期(2000年)。他断言心理学将成为一个更国际化的科学,生物和社会领域的重要进展、人类需要适应加速变化的必要性、教育和学习的问题(包括提高人类智力的必要性)、新的仪器和技术的使用(尤其是计算机的发展),以及人类自我观测和自我控制的提高都将促进心理学的发展。2000年的心理学的一个基本点,在于假设心理学的积极方面,研究人的优点而不只是缺陷(Kay, 1971, p. 64)。2000年的很多事情和1969年大致相同,包括家庭和工作环境;但有些会有重要的差别,比如更城市化,富国和穷国的差距更大("2000年,富有的国家将更富有而贫穷的国家更贫穷");不同文化的生育也会有差异("由于人口过剩,资源贫乏国家的人口更年轻化")。2000年,心理学所面对的问题的量级比1969年的更大。

最后,在户田(1971)看来,在遥远的将来,心理学将在社会中起中心作用:"在遥远的将来,心理学将成为主要科学。在所有的科学中心理学将是最重要的"(p. 70)。否则,人类将不能继续存在。因此,政府应该投入更多的资金促进心理科学的快速发展。"对真正强大的心理科学的需要已经很强烈了,但还会更强烈,这样才能有效防止核战争,才能形成新型的动态社会系统,人类才能继续生存。我们不能等太久,不能等到遥远的将来才实现这个目的"(p. 75)。

1969年19届国际心理学大会的这个讨论会有很多好的观点,比如:有关人口过剩和人的攻击性的问题,富国和穷国之间的隔阂,人类适应社会加速变迁的重要性,新的技术和设备的影响,生物科学的发展,以及假设积极的一面而不是仅着眼于行为缺陷。马丁·E. P. 塞利格曼对积极心理学的发展发挥了重要作用。《美国心理学家》杂志在2000年1月的专刊的主题就是"最佳人类机能"(Seligman & Csikszentmihalyi, 2000)。

保罗·弗雷斯和明天的心理学

1979年,冯特在莱比锡大学建立的实验心理学实验室迎来了一百周年纪念。庆祝该纪念日的事件中有《百年实验心理学》(Hearst,1979)在美国的出版,以及《明日的心理学》(Fraisse,1982)在法国的出版。前者评述了心理学诞生一百年来在主要领域的历史性发展:感觉和知觉、比较心理学、行为理论、动机、情绪、人类学习和记忆、认知科学、生理心理学、发展心理学、社会心理学以及心理病理学。书中随后的一章还描述了实验心理学的诞生的智力和社会影响,最后一章对该领域作了整体的评价。

保罗·弗雷斯(1982)的书则是面向未来的,因此与本书的背景尤为相关。作者分析了心理学若干领域的趋势和远景,探讨了以下这些问题:心理学的统一、认知、情感性、动机、社会心理学、公平、儿童心理学、心理分析、心理生理学、神经心理学,以及大学生如何看未来的心理学。弗雷斯编辑的这本书有18章,其中一章的作者是马克·R.罗森茨韦格,也是本书的被采访者之一。他的文章的题目是"变化的世界心理学中的变化的生物心理学"(Rosenzweig,1982)。

书中的法国心理学家和其他心理学家关心的问题涉及心理学的统一、认知的地位、作为行为科学的心理学、心理分析、儿童心理学、欧洲概念化的社会心理学、动机以及情感性。强调的大多是法国心理学特点更强的问题,但往往也是在整个学科背景下进行讨论。

行为、认知和人类发展

20世纪的最后几十年有极其丰富的重要进展。《心理学的今天》(*Psychology Today*)杂志对其中的一部分作了评价。鉴于创刊15周年,该杂志的一个专栏刊登了著名心理学家关于心理科学现状的观点。这些年来我们知道了哪些过去我们所不知道的?(见《心理学的今天》,1982a)

参与者有杰罗姆·布鲁纳、B.F.斯金纳、伯尼斯·诺伊加滕、唐纳德·O.赫布、理查德·拉扎勒斯、罗洛·梅、戴维·麦克莱兰、斯坦利·米尔格伦、尼尔·E.米勒、菲利普·G.津巴多和埃里克·奈塞尔。现在看来,80年代预示着心理学派和新范式之间冷战的结束。这些著名心理学家提出的概念提示了当时心理学的现状并揭示可以预见的未来的发展。这些进展集中在"认知革命"、行为主义、情绪研究以及毕生发展心理学。一切都在科学的框架之内并且考虑到生物和社会因素。这些工作的影响将在以后的几十年表现出来,正如布鲁纳、赫布、米勒、奈塞尔和其他参与讨论心理学现状的心理学家所认为的那样。

后来,《心理学的今天》(1982b)就心理学的未来采访了几个诺贝尔奖获得者。这些人的回答中提到了更深入了解生物学、计算机和人工智能的必要性,心理学对经济学的贡献以及心理学作为科学的现状。可以用 1965 年诺贝尔物理奖获得者理查德·费曼的一句话来总结:"这个世界除了科学之外还有很多事情,为了有趣一点,对社会行为的研究没必要一定是科学的"(p. 29)。

心理学的未来

我们有关心理学的未来的工作始于 1979 年,包括一本书以及关于这个主题的几篇文章(Ardila, 1979, 1984)。这基于理解该领域知识发展的重要性,包括"圈内人"和"圈外人"的视角:社会背景、文化传统、西方文化和其他文化的心理学的关系、心理学的内部发展、学派、流派、范式的斗争以及统一心理学的范式的必要性。

人类现在面临的,在 21 世纪初仍继续面临的危险是:(1)人口过剩,(2)对环境的破坏,(3)核战争。发达国家和发展中国家以不同的方式体会到第一个危险。前者人口缺乏,人口出生率有时为零有时为负增长。那些发展水平最高、生活质量最高的国家的人口增长最少。相反,发展中国家的人口过剩问题仍在延续,而且越来越复杂。这与意识形态的影响、天主教会、祖先的偏见、妇女的地位等等都有很大关系。发展中国家的人口过度增长,尤其是非洲;而发达国家的人口在危险地减少,尤其是欧洲。

第二个危险,对环境的破坏,涉及很多政治因素。沙漠的扩大、臭氧层的减少、江河湖海的污染、对森林的无差别砍伐、化石燃料储量的减少、地球饮用水减少的危机,所有这些使得今天破坏环境的风险仍然很严重,如同 20 年前那样,甚至更糟。尽管如此,现在和以前的一个重要区别是,人们有关生态、保护环境、可持续的社会和经济发展以及为下一代保护地球的重要性的意识提高了。

在 80 年代,核战争、毁灭文明和大部分人类的危险的可能性是比较高的(见 Ardila,1986)。随着冷战的结束、苏联的解体和全球化,这种危险可能已经大大减少了,但还总是存在的。这个世界有核武器、民族仇恨、没有明显解决方案的冲突、种族主义、仇外心理以及民族主义和国际化的对立。可能俄罗斯现在不再是"敌人",但会出现其他的"敌人"。明天这些敌人不再是敌人,但很可能新的敌人还会出现(从最近来看,西方文明的"敌人"依次为德国人、苏联人、穆斯林……)。请记住 2001 年 9 月 11 日对纽约和华盛顿的袭击。

为了了解心理学可能的未来,必须先了解社会背景,了解在社会历史上心理学此刻发展的背景,以及我们可以从中推断的形式。全球化、技术进步、因特网、意识形态的衰落以及多元聚合,是新世纪和新千年的特点,这对所有科学和所有职业,显然包括心理学,都有很大影响。

我们认为未来的心理学将具备以下特点:

1. 更强调科学。未来的心理学将比今天更科学,将使用更严格的方法,对其研究发现的断言和结论将更小心。我们并不是将自己远离科学(质的方法论、伪科学的重生、直觉的作用以及反科学运动),而是更强调心理学的科学参照系。

2. 更强调社会相关性。心理学致力于解决微观和宏观的重大问题:人类发展、家庭、正常人和变态、攻击性和破坏性、公平、爱与恨、共存、人类和社会的关系,以及不同性别、年龄、社会阶层、意识形态的冲突,等等。心理学家致力于研究我们认识世界的方式,如何学习,如何加工外界来的信息,如何行为,如何与不同于我们的人交往,如何面对自己的存在、价值、道德判断、正义、离经叛道的行为、工作环境、休闲、老人和死亡。这些问题非常重大,但总是问的多答的少。

3. 理论化和数学模型的应用。未来的心理学将更关注研究发现的整合,理论和宏观理论的形式化,对研究发现的理解,以及所有大体上与科学哲学有关的问题。心理学将更为恰当地使用数学,用以揭示决定心理事件的多个变量。数学的进展也将让我们能够建构更合适的模型。

4. 致力于复杂问题。在将来,心理学将致力于解决以往由于方法和理论的限制而不能涉足的复杂问题。在不远的将来,心理学将涉足一些复杂领域,比如行为化学、生态心理学、意识、心智和行为的进化、贫穷、价值以及影响行为的基因和非基因的因素。

5. 更职业化和专业化。心理学在多样化并将继续多样化。心理学囊括的领域从无脊椎动物的学习,到价值的形成、冲突的谈判解决,一个人不可能精通所有这些领域。专业化已经开始扩散,并将继续下去。至于职业化、工作领域、每个专家和成立的心理学社团的权利,可能会越来越重要。如西班牙心理学会(西班牙)或美国心理学会(美国)等专业组织将在未来的心理学职业化事务中起重要作用。

6. 围绕统一的范式整合心理学。心理"学派"将成为过去,"流派"也一样。心理学,作为一个成型的科学,专家们将在定义、方法论、理论参考系和术语等问题上达成共识。这种范式的统一意味着解释参考体系,我们以前为此曾提出行为的实验合成(Ardila,1993)。相反,折衷主义——缺乏统一的解释体系——是心理学要避免的东西。

未来心理学的这六个特点:更强调科学、更强调社会相关性、理论化和数学模型的应用、致力于复杂问题、更职业化和专业化以及围绕统一的范式整合心理学,在新世纪将成为心理科学走向的决定性因素。

第二章
作为学科的心理学

B. F. 斯金纳
　　人类行为的科学
马克·N. 里歇勒
　　方法论的严密性
约翰·G. 阿代尔
　　国际心理学
罗伯特·J. 斯滕伯格
　　智慧、创造力和认知心理学
库尔特·帕夫利克
　　意识和日常生活
韦恩·H. 霍尔茨曼
　　心理学的重要性
荆其诚
　　从中国看心理学
戴维·芒努松
　　从瑞典看心理学

"人类是一切的度量"
　　对"心智"、"心灵"或"行为"的研究一直是哲学家、思想家、科学家、政治家、心理学家以及其他很多人深感兴趣的主题。很多人试图解决该领域知识的问题。科学心理学、心智哲学、认知科学和神经科学回答的问题有：人类是什么，我们如何认识世界，我们如何学习，什么驱使我们去行动，我们如何与其他人，如何与物理和社会环境联系在一起，我们赋予生命以意义的形式以及我们的价值、希望和目标是什么等等。

本书这一章的参与者的工作涉及所有这些主题。在第一个访谈中，B.F.斯金纳提到了人类面临的危险（战争、对自然资源的破坏以及个体和群体的冲突）。他认为教育是决定性的，而行为技术对人类问题的解决起根本的贡献作用。他还认为对暴力、攻击性以及其他类似主题的研究也应该有原生的重要性。

马克·N.里歇勒在比利时和其他欧洲国家领导了几十年的实验研究，他认为心理学需要理论的整合，心理学需要从以理论为中心转移到以问题为中心。关于研究，里歇勒认为神经科学特别重要，但应避免还原主义。关于应用，他认为社会需求是决定理论应用的主要标准，而健康心理学、年老化研究、文化冲突中心理学的应用、运动心理学、工作环境心理学可能是在不远的将来心理学应用的主要领域。

约翰·G.阿代尔感兴趣的是心理学的国际化环境。他指出，在工业化国家（即发达国家），心理学承受着身份危机，尤其是实验领域；很多心理学家被看成是神经科学家或者是认知科学家。另一方面，在发展中国家，危机则来自本土心理学。尽管如此，研究显著增多，应用领域也同样如此。在我们这个时代，心理学中的伦理问题开始显得非常重要。

罗伯特·J.斯滕伯格提到了统一心理学的问题以及或研究更大和更重要的主题的必要性。他并不认为，要成为"伟大的科学家"，心理学家就必须只关注有限领域的问题。斯滕伯格提到了理论的地位、以问题为中心的研究以及将实验室发现应用到复杂社会环境的困难。

库尔特·帕夫利克是国际应用科学理事会（ISSC）的主席，也是欧洲心理学的毫无争议的领袖，他认为心理学将在不远的将来解决一个重大经典的科学问题：意识出现的形式。心理学也将致力于研究日常生活，研究毕生发展，并将加深与其他自然和社会科学的联系。在新世纪中对个体差异、行为评估和神经心理学的研究仍将特别重要。

韦恩·H.霍尔茨曼特别提到了发展心理学、研究方法论以及将心理学组织成为一个学科。在访谈中他提到了心理学家的训练、人口学变化（在性别上）、实验研究的改进以及在人因工程和临床心理学的应用。在霍尔茨曼看来，心理学将继续是研究人类行为的科学的主要学科。

荆其诚从中国的角度谈到了心理学的国际化。他指出心理学已经成为和其他科学同一水平的独立科学，并认为有关意识的神经心理学和行为研究将是有特别研究意义的领域。荆在心理学领域工作了50年，在20世纪中国的变迁中见证了心理学的发展。

戴维·芒努松提到了他有关人格心理学、个体差异、综合调查和方法论严密性的工作。他谈到他在瑞典皇家科学院的工作，该机构在科学界选出诺贝尔获得者。他最感兴趣的是个体的复杂动态过程的发展以及人与环境的相互作用。

B. F. 斯金纳

斯金纳生于1904年，卒于1990年。他在一系列著作和科学论文中提出了他对行为进行实验分析的方法，这些论著始于有机体的行为（1938），止于在波士顿召开的美国心理学会年会时发表的观点，这些观点后来以"心理学能成为心智的科学吗？"为题发表（1990），而八天后他与世长辞。

斯金纳的工作起初是在实验室观察非人类的有机体。这些工作成为一门有关人类及其动物行为的科学的起源，在临床心理学、教育、工作环境、社区、文化设计有重大应用价值，并改变了哲学和人类文化的很多基本层面。由于他谈到了人类本性的重要问题，他激起了无数的争论。

应该把斯金纳当作是哲学家，人文主义者，还是实验室研究者？很多书写到这一点，人们或赞同或反对。1971年9月20日，他登上了《时代》杂志的封面。很多报纸和杂志，有科学的也有大众的，详细讨论了他几十年来的观点。他的传记作者之一，D. W. 比约恩（1998）断言斯金纳是"在西方思想上最有影响的心理学家"。

人类行为的科学

与斯金纳的访谈是在 1973 年 6 月 8 日,地点是他在哈佛大学的办公室。从某种意义上说,这次访谈与本书的其他访谈有所不同,虽然也谈及类似的问题。但我们认为在本书中包括这次访谈是很重要的。

我:斯金纳教授,我从远方来与您交流有关心理学、对行为的实验分析的观点,此外,拉美国家的心理科学要寻求自身的发展,以便在历史上有一席之地,又要在世界发展中达成和谐,首要面临的任务是什么?如果我们能谈谈有关心理学的未来、研究、方法论、应用,以及有关未来心理学和人类的其他重要主题,我将非常感激。

B. F. S.:我一直对未来感兴趣,这个兴趣超乎人们的想像,而且现在比过去还要强烈。我尤其担心我们人类的未来,我们国家,美国的教育的巨大失败,以及为什么人们很难理解行为科学。在我的《超越自由与尊严》一书(1971)中,对未来的关注是很清楚的。

但是,我并不认为我是所有心理学的专家,我只是在我做的工作上是专家。我不认为我熟悉所有的心理学。我熟悉的这部分心理科学的限制,让我担心心理学家一次又一次地重复同样的错误,延续至今导致毫无结果,这不是科学而是臆测,然后又回到同样的错误。不可思议的精神、语言的不精确性以及言语传达缺乏一致性,对心理学都是真正灾难性的。

行为的实验分析一直努力将行为研究引导至一个新的方向。我的敌人比朋友多,很多人是从别人的评论了解我的,而没有读过我的书或者研究过我的观点。他们觉得读我的书很麻烦,更愿意不做调查就批评我。

我对新的世界大战、会终结我们文化并把人类再带回原始野蛮社会的核战争的风险的担心与日俱增。看到我们的环境正在遭受破坏,我也觉得痛心,因为我们还没有学会与自然和谐相处,也没有学会与我们的同类和谐相处。我恐怕我们将永远学不会。我觉得行为技术是我们存活、和平共处的最好机会,但让人们理解这个信息并不容易。

哈佛大学现在有个争论。这个争论是赫恩斯坦有关天才教育以及遗传和环境关系的理论引起的,该理论主要与智能行为以及人群之间的差异有关。我觉得哈佛针对赫恩斯坦的政治活动有点夸张,他们指责他是种族主义、搞等级化。实际上,赫恩斯坦并没有赋予早期家庭环境和教育机会以决定"智能"行为的地位。"智力",不管该术语是什么意思,受环境因素而非遗传因素的决定性影响。

我:你认为我们应该更多地研究这些问题吗?

B. F. S.:当然,不过,这个问题描述得很不好,带有过时的精神第一性的观点。我觉得教育是决定性的,如果我们要让美国更好,我们就必须从根本上改变它,这样大体上世界也会进步。研究教育,这是非常重要的。

我们最近谈到的另一个复杂的事情是代币经济。在加利福尼亚州,精神病人在精神病院工作拿到的是代币。律师控告行为分析师支付给病人的报酬低于最低工资,因为代币不能换到和法定的最低工资相当的商品和服务。律师不知道精神病人不是在工作,而是在接受治疗。这些活动的结果是为了治疗,而与劳动合同没有关系。你看,没有事情是简单的。

我:是啊,当然不容易。除了教育和学习外,你建议我们还应该研究什么?

B. F. S.:暴力和攻击性,这些问题是很重要的。

我:这和我们拉丁美洲有很大关系。我很崇拜的一个哥伦比亚作家,格尔曼·阿西涅加斯说过,拉丁美洲是"七色大陆"。拉丁美洲是受爱戴的领导者、独裁者、沙文主义和暴力的大陆。

B. F. S.:我认为你需要聚焦在应用问题上,使用实验室的那种可能的最严格的方法。将有效的原则应用到疗养和康复中心、监狱、精神病院、教育、行为治疗和日常生活,能改善很多人的生活。至于实验室研究,我坚信,不仅在拉丁美洲,在美国,还是在很多其他地方,攻击性问题都很重要。这可以清楚地揭示大的社会问题,非常重要的问题。

我:今天早上您还有什么话题和我们分享吗?

B. F. S.:有。显然如果人类要统筹他们的将来,就必须统筹他们的环境,任何事情都不能听之任之。环境非常重要,比哈佛大学的政治活动家想的要重要得多,他们使用暴力的方法来对待赫恩斯坦有关智力和天才教育的观点和著作。很清楚,我们必须重新评价的概念之一是自由,这是非常复杂和难以处理的问题,当我谈到行为的确定性时人们会觉得刺痛。我很担心人们认为我是一个机械论的科学家,不承认人们有任何决策和选择的余地。最近《时代》杂志刊登的有关我的工作的文章中说道,"斯金纳的系统可能上天堂,也可能下地狱"。你对此有何想法?

马克·N. 里歇勒

几十年来,里歇勒一直是欧洲心理学强调实验和方法论的严格性的代表。他生于 1930 年,是比利时列日大学的实验心理学实验室的主任,从事有关学习、实验分析的时间因素和理论的研究。他的著作涉及以有机体的行为研究为中心的重要领域。

方法论的严密性

M. N. R.

1. 谈到未来的心理学的可能的特点,区分愿望和根据此刻发生的事情来预测将来确实要发生的事情是很重要的。总会有错误的风险。年轻人和老人对未来都有很大的兴趣,提到这点似乎有些怀旧了。年轻人是建设未来的主人。

我觉得,有必要在理论水平上整合 20 世纪的主导理论。从以理论为中心的心理学转变为以问题为中心的心理学。如果未来心理学会成为科学,那么它就必须做这样的改变。我希望整合会到来,但是会有人给可能的整合增添麻烦和制造障碍。当然,科学总是动态发展的。

心理学内部的分支在急剧增多,这是与整合相反的力量。显然很难主导心理学的所有领域,但是我们希望会出现伟人有能力实现整合。例如,尽管物理学和生物学都有很多分支,但是总会有天才出现,整合物理学和生物学的知识。总之,对学科和对公众来说,整合是很重要的。

我们在心理学里看到了多学科相趋近的积极信号。在基础研究方面,我认为心理生物学将在领域中起主导地位,神经科学也会有很大贡献。我担心生物还原论,这里有抛开人类心理学的社会和文化维度的风险。我们可以断言我们未来将发现两个相反的趋势:一个趋向整合、综合和统一,而另一个趋向分裂和增加分支。把人类心理学分解成不同分支,分别以生物学为重点和以社会和文化为重点而形成分离,这将是一个倒退。我认为我们将在两种观点之间找到平衡。

与神经科学的合作是寻求整合的尝试。神经科学家似乎不怎么考虑理论假设,但他们试图使用与正在讨论的情况最合适的方法。方法论的统一将是新理论的基础。

2. 关于研究,我相信那将在不远的将来主导整个学科,而与神经科学家的合作将有引人注意的发展。使用新技术(非内裂技术)对脑的研究将特别重要。这些技术将使实验心理学的经典领域取得进展。

如果我们现在看看有关视知觉的工作,我们发现没有人会问他们是做心理学还是做生理学更多一些。这是神经生物学和心理学的中间领域,生物学家和心理学家的工作很好地整合在一起。在50年或更短的时间里,有关语言、记忆、思维、意图和意识的研究也将同样整合起来。基于新的神经生理技术,人们将完成惊人的研究工作。

我敢打赌,在50年内,有关意图的书将和今天有关视知觉的书一样科学和专业。我认为我们将比严格的认知科学论走得更远。情绪也应从实验的角度来研究(与神经生物学家合作),尽管以前人们仅从临床的角度来看待情绪。

3. 应用不是我的专长,但我觉得有两个决定性因素:其一为社会需求,其二是政治、统一和专业人员组织的压力。事实上心理学家应该回应社会需求。

社会需求导致了实际研究的发生。健康心理学是有光明未来的领域,与年老化、多文化冲突有关的心理学也同样如此。实际上,发达国家最伟大的因素是多文化的。至于教育,很多人是悲观主义,但我认为教育对任何社会都是非常重要的。政府支持不够充分,因为他们认为问题太多了,而且他们必须面临资源极为有限的问题。

运动心理学,这个领域有钱,也将是重要的应用领域,交通和公路安全也同样如此。新的领域关心如虚拟现实以及由此引发的所有问题。工作环境将变得困难而艰巨,移民将承担繁重的工作。我们将拥有一个始终带有复杂问题和各种政治意义的多文化社会。我认为他们将强调有关就业、经济、政治心理学和老年学等领域的应用。

4. 至于方法论,我不认为会发生广义上的根本改变。心理学的研究水平现在已经很严格了。技术会改变但方法不会。技术改进了,特定的研究技术出现了,行为研究就有了改变,比如在认知的框架内研究情绪。有时会用非常简单的技术,比如问卷和检核表,这是内省技术的现代和简化版。这,显然是不够的。有必要发展新的方法来研究情绪、发展心理学等等领域吗? 这几乎总是有可能获得特别项目的资助,但要有效用,这些项目应是长期的至少是 6 年的项目,但这又有别的问题。

5. 有关未来的心理学的理论是不可预测的。理论诞生于人们对提出的问题的回应。我认为过去的理论重现将是个灾难。我记得斯金纳说过,如果行为主义成功了,那么它就不会作为一个流派出现。另一方面,认知心理学实际上是以前精神主义的回归。这些认知理论很模糊,甚至包括过去精神主义的理论。例如,格式塔比现在的新皮亚杰主义要清楚得多。毫无疑问,心理学是行为的科学,心理学要取得进展,必须在行为方法上取得进展。随着认知科学论的思潮平息,当问题比理论更重要时,研究者将再次与行为相遇。

约翰·G. 阿代尔

约翰·G. 阿代尔是 21 世纪初国际心理学最有代表性的人物之一。他生于 1933 年,1965 年在爱荷华大学获得社会心理学博士学位。自 1978 年起,他在加拿大马尼托巴大学担任教授。他感兴趣的主要领域是科学心理学、研究方法、社会问题和伦理学。他是国际心理科学联合会执委,国际应用心理学学会、美洲心理学学会和其他国际心理学会的成员。

国际心理学

我：我们现在和约翰·阿代尔教授在一起，他是国际心理学的主要专家之一。很高兴和您在这次谈话里分享有关心理学的未来的观点。

J.G.A.：谢谢你。我认为心理学仍然是最受欢迎的学科。我认为心理学在一段时期之前就开始受欢迎，受欢迎程度还在增加而不是减小。在不远的将来，我认为它不会减小。我觉得作为一个学科领域，心理学吸引了很多学生，男的女的都有。以前我在拉丁美洲发现，学习心理学的女性的数量在增加，在世界的其他地方则不是这样。但是后来我在欧洲、美国和加拿大以及其他国家也观察到了这样的现象。

我：当然，男性的数量也在增加。

J.G.A.：在某些国家可能是这样。但是女性的数量增加了很多，在我曾经教过的心理学学生的基本研究方法的班上，100个学生里有75或80个女生。这个趋势没有扩展到研究生，他们大部分还是男性。但是女性的数量正在增加。如果这个趋势继续下去，我们将发现与过去的心理学不同的一个特点。心理学的"女性化"将对学科的特点有影响。女性有着与男性不同的敏感和兴趣，她们对教育心理学、儿童发展更感兴趣，而对其他领域不怎么感兴趣。因此，有可能心理学的研究领域的重点会有变化。

我不是夸大这一点，因为我相信男女之间的共性可能大于差异，尽管如此，在北美，女性要拿到合理的薪酬会遇到很多实际的困难，因此心理学的整体薪酬水平将下降，这对男性和女性来说都是很遗憾的。

另一个趋势是我认为心理学这个学科在不远的将来会有身份危机。从实验心理学、基础认知和实验领域、生物心理学、最近有关脑的研究的新近发展，以及认知神经科学，我看到了身份危机。这些领域的一些人——在心理学的实验领域——开始不把自己的身份当作是心理学家，而是认知神经科学家或者行为神经科学家。他们开始将身份改变为此刻多学科的重点所在，但是新的身份将会确立，而且会吸引很多心理学家；我主要在发达国家里看到了这个趋势。

而另一方面,我在发展中国家看到了另一个身份危机,即本土心理学的出现。我在这个领域作了大量的研究,但是研究角度基本上与现在的本土心理学趋势不同。我看到很多人,主要是在亚洲,那里本土心理学被看作与文化心理学非常相似,他们并没有像我一样把自己置身于心理学当中。心理学是来自西方的舶来品,因此与非西方文化契合得不是很好,但他们说这样就有必要建立本土心理学。他们试图做的是建立中国心理学、中国台湾心理学或者类似的东西,寻找那些具有文化独特性的东西,这似乎成了本土心理学的主要目标,而不是试图改造西方心理学,让它能与本土文化契合得更好。他们想制造一个如此以文化为中心的学科,以至于他们忘了什么是心理学,他们也忘了有必要让心理学拥有一些功能效用。似乎他们想用母语的术语来解释所有的事情或者解释本土心理学,他们研究这个水平的含义的亚结构,忘了心理学应该能用来服务于正被研究的国家或者文化。在应用的意义上,他们强调独特的文化现象,却忽视文化内的行为有什么样的共性,我们在文化内如何解释行为,以及心理学如何对理解和解决国家的社会问题作贡献。心理学已经被转换成某种类似于铁钦纳的结构主义的东西。他们研究我们正在建立的心理学的结构,却不考虑心理学应该能用来帮助国家的发展,用于处理重要的社会问题。在发展中国家,这种带着概念倒置意味的本土心理学正在成形,从而产生新的身份危机。有人认为在这些文化中发展出来的某些概念与心理学术语的结构不符。

总之,我看到了这些身份危机的苗头,如前所述,我看到了学科的流行以及性别平衡的问题。

我:关于研究领域……

J. G. A.:关于研究,我认为心理学的相对立的两个极端都有重要的进展。心理学的领域很大,在学科的生物行为这端(有关脑与行为、神经认知科学、行为遗传学等研究),我们正在看到一些非常重要的进展,我认为在不远的将来会继续这样下去。

在学科的另一端,我们的重点是在文化上。文化的重要性是根深蒂固的。正如脑的重要性,以前一度被排除在心理学的中心之外,现在又恢复成为重要的领域。文化很长一段时间不是心理学的一部分,现在成为心理研究的一个非常重要的部分。研究中包括文化,研究行为及其情境而不是研究脱离情境和文化的行为,是一个重要的进展。此外,我看到对社会结构因素的强调正在增长。以前,我们不得不将个体独立于他或她生活的社会背景。因此,我们没有充分地服务社会,尽管心理学能为解决整个世界的社会问题作出重要贡献。考虑社会结构的变量(社会学家和社会工作者都对此感兴趣)很重要。我认为要做到这一点是在情境中研究心理学或行为的一部分,我们正朝着这个方向前进。

我:关于应用……

J. G. A.:我认为世界上应用心理学正在增长。尤其是在医疗或健康领域,我们可以在很多国家里看到这一点。在加拿大,这算新东西。以前有医学研究委员会,现在有加拿大健康研究所。这个差别是很重要的,新的机构非常面向社会科学,我认为这种定位在将来还要加剧。以前的重点放在疾病和治疗,定位为基于疾病的医疗研究,这是非常昂贵的。新的治疗也是如此,政府和健康系统不能继续这样的花费。因此寻求另一种解决方案是很重要的,而预防似乎是一种方法,基于心理学和社会科学的预防,在整个生命周期都起作用,目的在于减少出现的疾病类型。我认为国家已经发现这样做,即预防疾病,经济得多,而心理学在整个过程中所起的重要作用得到了大家的认同。这件事情还在不断取得进展。

另一方面,在临床心理学领域,我看到他们在精神治疗之外,还期待着使用药物治疗。我不知道这个活动会不会成功。如果成功,我相信这将大大改变治疗系统,而我们将必须改进我们训练临床心理学家的方式。

我:那方法论呢?

J. G. A.:我认为方法论是改变缓慢的东西之一。我们对习惯了的方法感觉良好。尽管如此,近年来,我看到了方法论的解放,认为不仅允许用多种方法,而且值得这样去做。研究者们愿意抛开教科书上的教条,综合使用多种技术来处理研究问题,而不再只使用一种传统的方法。重点集中在问题上,并为此寻找最有用的方法。这是我目前关于方法论研究的观点。一个重要问题是,质的方法该朝什么方向发展。大体上,质的方法在特定的心理学家和研究者群体中日益流行。我认为,在开始研究一个问题的时候,或者是当我们不怎么了解情况的时候,质的方法是很有用的归纳方法,但我们应该从此过渡到经典的量的方法。我还认为存在一个风险(像我前面提到的本土心理学也会这样),即给质的方法以广泛的方法论地位,而不考虑其优点和缺点,不界定这种方法适用和不适用的范围,也不考虑使用这种方法的益处,等等。我前面谈到了多种方法,质的方法只是其中可能的一种。在某些情况下它如果很有用,那么就应该使用它。但是,我担心的是那些断言质的方法是唯一的方法、应该教条地使用的人。研究者应该澄清这只是他偏爱的方法,我们应该容忍这一点。

那些认为这是唯一的可能的方法的人让我担心;他们应该澄清这是他们偏爱的方法,但是声称这是唯一的研究方法却是没有道理的。实际上,研究的结果应该让我们有信心,研究应该有效度,这要求我们应该超越构成主义方法,而构成主义方法与质的方法有密切关系。

我:关于心理学的未来,您还有其他问题要谈吗?

J. G. A.:心理学应该获得公众的信任,这关系到科学,专业,以及我们是否能够拿到公共基金来进行研究。这一点,加拿大落后于美国。实际上,没有人有权要求公众资助他或她的工作,因此没有信任和责任我们就不会获得资助。社会觉得我们该怎样花这些钱,研究结果是否优秀,是否对社会有贡献,都会影响这种信任。我在《美洲心理学杂志》上发表的文章里,提到了社会和研究领域之间的这个螺旋。我们作出有价值的贡献的时候,从社会上我们能拿到更多的钱,我们就可以做更多的工作,这又导致我们可以拿到更多的资助。这样我们可以展示我们有能力做的事情,因此这个螺旋会继续上升。相反的方向也会发生;如果我们对知识没有贡献,社会就不资助我们,我们的贡献就越来越少,社会觉得心理学的价值越来越低,对此的资助也越来越少。

在加拿大,另一个令我担心的信任因素是伦理信任。目前,这在加拿大是个很大的问题。这不仅是伦理法则的问题,比如美国心理学会的法则,我们一直遵循这一法则,法则规定我们的学术论文应该由同行评议,而且有必要有一个伦理委员会来评估研究项目和类似的问题。我们系里有个伦理委员会,但是问题在于是否还应该在整个大学水平上有个多学科委员会来评估所有的研究。这需要时间,此外,政府也在调整伦理政策。在美国,有非常中央集权的规则。去年,他们(短时)关闭了七所美国大学,这些大学的研究人员在使用人类被试时违反了伦理法则。在加拿大,他们才开始制定涵盖所有学科的伦理法则,从医学和科学到社会科学和人文的研究。我们担心的是,这种规则是自上而下的,但我们希望可以以其他某种更有效的方式来制定规则。大部分情况下,这些伦理政策是由医学专家起草,而医学研究有很大的风险,因此我们必须适应这种非常严格的规定。就像布鲁斯特·M. 史密斯说过的,心理学实验中最糟糕的事情是被试无聊得要死。

我:他们无聊得要死,但又死不了。

J. G. A.:正是如此,他们极端无聊。当然,在20世纪60和70年代,有过严重伦理问题和公众信任的实验的例子。现在,政府干预以及政府不完全同意美国心理学会和加拿大心理学会的伦理法则的理由是,他们认为这些法则是不充分的。问题出现了,政府也干预了,这个事情成了公众问题,人们开始为此工作,政府认为应该为这些事情立法。如果这些规定行不通,那么政府相信解决方案是增加更多的规定,这样法令不断增多。在美国,事情已经到了一个难以想像的极端。不久之前有一例由于药物治疗导致的死亡;死者是个青少年,美国公共健康部为此在准备一些法规。他们认为关闭大学还不够,应该处以大学 100 万美元的巨额罚款,对违反伦理的研究人员处以高达 25 万美元的罚款。这是政府回应的一部分,而且肯定惩罚还会提高。我相信形势现在是这样,科学研究受到了限制。但不管怎样,我们应该得到公众信任以符合未来的学科的要求。我不知道世界其他国家怎么样,但可以肯定会受这些问题的思潮的影响。这只是一个时间的问题,它将会影响到每一个人。

我:最后一个问题:我们能谈谈您现在在做什么吗?您的研究以及您的个人计划?目前您在什么领域工作?

J. G. A.:目前我退休了;当然只是名义上的。实际上,我两年以前就退休了,但我还是每天去办公室。我没有一天不去。去年夏天我有一个博士后,一个博士生,三个雇员,这意味着有五个人员在我的研究项目里工作。我一直致力于研究心理学的发展,以及心理学在国家和文化里的延伸,即心理学在全世界拓展自己的方式,这与在北美是非常不同的。这是心理学的一个社会研究。我对狭义的本土心理学不感兴趣,我感兴趣的是源自西方的心理学怎么被引入到其他文化,如何实现、被本土化、变成本地的,或者是在被引入的国家内独立成为有重要意义的心理学科的。我的兴趣有点变化,不过不大,我想看看在国际水平上心理学被如何看待。与我的五名工作人员一道,我建立了心理学家在过去20年里在国际心理学大会和国际应用心理学大会上做的报告的数据库,这些数据可以根据个人、国家来制表,这样我们可以观察全世界看待心理学的方式。我们把这个数据库和 PsychLIT 及其他数据库所包括的出版物相比较。我们还试图找出那些心理学家是否是国际心理组织的成员,以及他们参与国际心理学的活动的程度。这样,我们就有了全世界对心理学的观点,我们就能够知道在特定国家或者特定文化里人们是怎么在心理学领域工作的。

罗伯特·J.斯滕伯格

罗伯特·J.斯滕伯格可能是在智力、创造力、信息加工、言语理解、认知心理学和智慧领域最有名的心理学家。他生于1949年,1975年在斯坦福大学获得博士学位。从1983年开始在耶鲁大学做心理学和教育学的教授。他出过很多有关认知心理学和相关主题的书,几百篇学术论文,是两种重要的美国心理学会期刊的主编,即《心理学通报》和《当代心理学》。斯滕伯格在耶鲁大学创建并领导了"能力与专长"心理学中心。他是2003年美国心理学会的主席。

智慧、创造力和认知心理学

R. J. S.

1. 我相信关于未来至少有3种可能:

a) 心理学在分解并可能继续这种分解。每天都会有必须要解决的小问题,尤其是生物学的问题。心理学家在模仿生物学家和物理学家,他们假设如果他们研究小问题,那么他们就更为科学。很多心理学家渴望研究小而精确的问题。

b) 第二种可能是我们将维持现状。这样争论会继续,这是不安全的迹象。心理学可能会模仿自然科学,或者更忠于自己的根源。换句话说,第二种可能是我们找到一个平衡,而我们开始指出的第一种可能则让我们陷入琐事之中。

c) 第三种可能是我们回归那些伟大的理论,如弗洛伊德和赫尔的理论。我会倾向于认为理论比问题更重要。研究方法必须与研究的问题相适应。例如,我对大屠杀和种族灭绝感兴趣,这些问题有着很高的社会成本。很少有心理学家研究这样的问题。另一个非常重要的领域是智慧。目前是很有必要研究狭义上的智力;实际上,我们都知道有一些人有很高的智商却不明智。这样的人在毁掉世界。我需要更侧重于影响世界深远的问题。要研究感兴趣的问题,我们需要选择合适的方法。

我认为最有可能的事情是不平衡将继续,我们将继续辩论和对抗。但是,我希望未来是第三种可能,因为第一种忽视了最重要的问题而陷入琐碎之中。不久之前在一个有世界上主要的专家参加的神经心理学会议上,我问他们现在研究的东西对教学有什么意义。我被告知这是过去的事情。换句话说,很多心理学家似乎相信有没有意义是过去的事情。

重要的事情是选择问题。尝试科学方法和其他方法,与研究的问题相适应。

2. 关于领域,研究智慧对世界很重要。我在研究智慧。鉴于社会的变化,创造力对日常生活很重要。第二次世界大战之后,人们认为不会再有种族灭绝或大屠杀,但还有,还会有更多。此外,有人无家可归,生活没有着落,有很多赤贫。重要的是我们要理解这些问题并解决它们。很多社会问题会被重现;例如,在委内瑞拉,独裁似乎正在复活。所有这些事情会影响整个社会。研究学习很重要,这样我们能够知道学生彼此之间的学习方式不同;不是只有一种学习方式。

3. 应用应该基于理论。在我们小组的研究中,我们总是在理论的基础上进行建构。科学研究的应用不需要马上就知道。它们可能在遥远的未来或不远的将来能用上。心理学研究的困难在于这些问题与我们周围的世界有着很大的交互。

4. 方法的选择应在问题的选择之后。抽象意义上没有不对的方法。没有好或坏的方法,这取决于问题及其背景。方法本身不是目的,使用方法来研究手头上的问题才是目的。例如,如果我们问自己:因素分析好还是不好？回答是这取决于研究的问题。需要使用多种方法才能够找到交汇点。方法为想法服务,而不是反过来。

有时,用实验室方法找到的答案不能推广到真实世界。例如,有时候我们实验室的发现不适用于非洲儿童。心理学家很在意科学性,有时为了这个原因而不使用那些可能更适合研究问题的方法。如果一个人是科学家,那么他在大学和世界上会获得更高的声望,这可以提高自尊。在某些情况下,有些心理学家对科学的本质的理解不是很好,只看到表面的结构(实验室,精确)而没有看到其本质(研究问题的深层)。问题应该是方法的中心,尽管显然问题的精确性很重要。

5. 其他。要有个广阔的视角,就必须混合各种方法,使用计算机、生物学和人类学。我鼓励我的学生学习很多事情。比如 G. 米勒和 H. 西蒙,还有其他有重要影响的科学家,都结合了不同的研究方法。我会使用任何最适用于所研究问题的方法。学习是毕生的事情,总是可以学到新的东西。我认为重要的是不要有我知道所有事情的态度。必须表现得像一个初学者,必须像一个新手一样来思考。不要太相信我们自己的理论,因为实际上每一个理论都是暂时的而不是最终的。

库尔特·帕夫利克

他是国际社会科学理事会(ISSC)的主席,该理事会包括人类学、地理学、社会学、政治科学、心理学、人口学、司法科学、经济学、管理学等。1992 年到 1996 年间他是国际心理科学联合会的主席。库尔特·帕夫利克在 1934 年生于奥地利,在奥地利和德国接受教育;他是汉堡大学的教授,心理系的主任,以及大学研究生院的主任。1996年他创办了《欧洲心理学家》期刊,作为关于欧洲心理学的信息论坛(英文),该期刊的目标是整合欧洲心理学并把欧洲心理学推向世界。帕夫利克在神经心理学、个体差异心理学、评估和测量、研究方法以及环境心理学上有重要的研究。

意识和日常生活

我:很荣幸和帕夫利克教授在一起,他是德国、欧洲乃至世界范围内心理学的最著名的人物之一。非常感谢您的参与。第一个问题是关于不远的将来的心理学的特点。

K.P.:每件事情似乎都提示心理学在未来会发展得很快,它将解决最经典和最传统的问题之一:意识如何出现,它的机制,大脑内同时进行的很多加工中如何只有少数到达意识水平,现象的显著水平会吸引我们的注意。这带来了心理学的未来的一个特点,即心理学实验技术和现代神经心理学技术在脑功能研究中将会紧密合作。我认为那些新技术将允许我们研究脑的子系统,这些子系统在我们执行任一活动的时候就会开始工作,而其他部分在我们执行不同的行为时才激活。

未来的心理学的另一个重要特点与人类基因组项目有关,在科学史上这个项目首次让研究人员不仅确定遗传和环境的关系,而且详细揭示了影响行为特征发展的遗传机制。很可能这将极大地改变我们关于教育如何调节被遗传决定的变异。

不远的将来,心理学的另一个特点是侧重于心理发展以及对人类行为发展的充分理解。现在发展心理学非常不完整,因为我们假设行为从出生开始,发展心理学也从出生一刻开始;我们知道这是不对的,重要的行为特征在出生之前就出现了。发展过程是连续的,这个过程从最早的阶段开始,一直到最后的阶段。这种真正的毕生发展心理学还没有实现,这是未来的一项任务。

另一个特点与我们在过去15或20年里看到的相关,与在实验室和日常生活中研究行为的新方法有关,而有客观效度的实验室研究应该可以预测日常行为。我们没必要只是根据心理测验进行预测,我们可以研究日常生活中的变异,研究行为流。这可以放大到心理治疗中。我们应不仅对病人在治疗过程中的行为感兴趣,而且应对病人在两次治疗之间的行为感兴趣。在汉堡大学我的实验室里,我们正在对这种方法进行我们认为很重要的创新。最后,我认为心理学将会继续加深与其他社会和自然科学的联系。人类行为不是只属于心理学或者社会学的研究课题,而是不同的行为科学共享的主题,这些科学有不同的方法论侧重,在研究人类行为时倾向于使用的理论水平也有差异。因此,非常关键和重要的一点是,我们要理解到行为科学共享一个研究对象,只是在不同水平对它进行研究。我确信心理学将学会理解这一点,随后它将拓展与其他学科的合作。

我:嗯,您看未来有什么特定的研究领域会更重要或更有意义?

K.P.:当然,我在刚才的问题上已经提到了那些特点。除了刚才提到的,我想加一点,这可能不是预测将会发生什么,而是描述应该发生什么。人类的生活,记载下来的我们称为历史,是海量的数据,我们可以用来试验我们的心理理论,或者更确切地说是心理社会理论。当我们谈到冲突、冲突的解决、冲突的谈判手段时,人类历史不能给我们提供检验这些理论的信息吗?可叹的是人类往往没有从历史中学点什么。但是我们可以分析为什么我们没有从中学习。首先,可惜的是历史记录是不完整的;其次,有时记录是没有代表性的而且是非正统的。不久以前我的一些古代历史的同事告诉我,历史作品并不都是事实意义上的历史,在古代,甚至是在公元前的罗马帝国,记录的意图不是为了真实,而是为了减少压力,诱发社会变革,宣传特定的观念或者个人。因此,除了现代之外,写成的历史不是真正的信息资源。我认为至少到 20 世纪我们才有了极为丰富的真正的历史数据,这些数据是可靠的,在政治科学家、心理学家、社会学家的帮助下,通过利用统计学,历史学家能用这些历史数据来促进可检验理论的发展。

我:非常有趣而且有价值。谈到心理学的应用,您认为心理学将发展成更为应用的学科还是更科学的学科?

K.P.:最近世界卫生组织的报告有个结论,至少⅓的身体疾病有行为和心理的源头,因此报告下结论认为,完全以医学的方法来治疗这些疾病显然是无用的尝试。AIDS是个清楚的例子。很多疾病是通过行为传播的,因此改变行为是对付疾病传播的一个更有效的方法,AIDS是这些疾病之一。

在我的研究领域之一,临床神经心理学里,我们可以把因交通事故受损的神经系统看作是脑损伤,而不理会导致损伤的原因。但是,考虑到导致脑损伤的事故原因应该更为恰当,因为这些行为是可以改进的。健康促进心理学、建立关于健康的更真实的态度,这些都将成为心理学越来越重要的领域。随着医药成本的提高,以及寿命的提高,我们将不能治愈我们自身所有的疾病,但是我们应该优先处理那些引发疾病的不良行为而不是其结果。

因此,我重申,心理学的重要性在人的生命的后期将会更明显。目前,至少在我最熟悉的国家——德国,我看到人们的寿命在提高,以及这与身体和心理疾病的影响关系,心理学对生命后期的贡献也越来越多。

我:关于研究方法的改变……

K. P.:我认为这是难以回答的问题。有时候,新的方法产生于那些我认为更重要的研究领域,即在非限制的条件、没有心理学控制的条件下,对日常生活、车间、家庭行为的研究。这些高效度和信度的方法将用于发展新的应用。

在现实生活里,这些方法更为简单。例如,如果某个病人在恐慌发作后寻求心理治疗,在治疗过程中恐慌发作是不常见的;而在现实生活中恐慌发作时心理学家却不能在现场帮助他或她。相反,如果我们有活动的评估方法,通过病人容易携带的计算机化的记录设备来通讯,当他或她感到恐慌开始发作时,某个仪器就被激活,对情景进行描述,或许还可获得辅助的心理-生理记录,所有这些向我们清楚地描绘出促进及引起恐慌发作的因素。病人这一边,则用某种方式控制恐慌发作的初期。此外,我们还能根据质的数据发展新的方法。我们研究的人的经历的很多方面是依赖于情景的内容的;叙述性分析,或者通常的质的方法,至少能帮助优化信息。

我:您还有什么想说的吗?

K. P.:我想谈谈我的国际工作。我在家里的时候,我时常想,心理学家不敢像公民一样承担责任,不就大的社会问题发表自己的观点。比如,在世界的很多地方发生了可怕的种族冲突;很多心理学家不参与解决问题,不帮助进行处理,也不帮助那些遭受他们生命中最可怕经历的人。社会心理学指出了促使冲突发展甚至增强的情景因素。我们为什么不把我们的知识应用于这些复杂问题?我们为什么只是对政治领导做出的不恰当决策感到难过?

如果和投入到预测火山喷发的努力、时间和金钱相比较,我们投入到预测种族冲突的是多么的少,我们意识到这点应该觉得羞愧。心理学家有重要的知识却不提供给政治家以帮助他们做出科学而有效的决策。实际上,政治家可能会也可能不会利用这些科学信息,但是心理学家有提供信息的责任。简而言之,我希望心理学家应该无拘无束地为城市和国家承担起责任。

我:很好。最后,我想我们谈一谈您现在的工作、您的职业以及您以后的计划。

K. P.:好的,我不想谈我自己、我的职业,更想谈我的研究工作。我将继续从事神经心理学领域,这里最令我感兴趣的是康复项目,尤其是神经性干预的后期。这一阶段病人离开医院回家进行康复治疗。这一阶段我们提供的帮助很少,因为我们不知道病人需要什么帮助。我认为继续为病人提供心理帮助是相当急迫的。

我想继续研究的另一个领域是我前面提到过的现场行为评估。我希望心理学研究日常生活的情景。我对个体差异感兴趣,并对此研究了20多年,我发现只在很标准的条件下(心理测试)研究个体差异是不充分的。交互作用、个体差异和性格特质不能被充分地研究。我一直在研究并将继续研究的另一个领域是环境心理学,我始终对社会科学尤其是心理学的伦理层面感兴趣,对基于科学的伦理讨论的发展作贡献感兴趣。

韦恩·H. 霍尔茨曼

他生于1923年,1950年在斯坦福大学获得临床心理学的博士学位,从1949年开始在得克萨斯大学奥斯汀分校工作。从1970年开始担任心理健康的霍格基金会的主席。他主要的工作和研究领域是发展心理学、社区研究和家庭研究。他的书《两种文化里的人格发展》(与迪亚兹-格雷罗和施瓦茨合著,1976)是跨文化心理学和发展心理学的主要著作之一,是有关文化和人格的普遍和独特因素研究的里程碑。

心理学的重要性

我:当我在国际心理学领域迈出第一步的时候,我遇到和最先崇拜的人之一就是韦恩·H. 霍尔茨曼。您与罗赫略·迪亚兹-格雷罗在墨西哥和得克萨斯的工作,您在美洲心理学会、国际心理科学联合会的工作以及其他的工作,让我一直是您最热忱的读者和忠实的朋友。现在是21世纪初,几十年过去了,很高兴坐在这里细想一下您一直从事的学科的未来。

W. H. H.:是啊,当然,从20世纪50年代初算起是很长的一段时间啊。关于在新千年里心理学走向何方的问题,我认为在过去几年里心理学表现出的几个趋势将会继续一段时间。我也认为在全世界,在所有国家,心理学家的训练将会有很多改进,大部分情况下将遵循北美和欧洲现存的准则,要成为研究人员或者心理学家必须是博士,而应用心理学则至少需要硕士或者同等学历。可能在某些国家要达到这一点有点难度,但是最后会是这样。我们希望为社会的利益而工作。

另一个特点是所谓的心理学的女性化。在拉丁美洲心理学领域女性多于男性,在其他很多国家,本科生有很多是女的。另一方面,在研究生阶段,传统上男性的比例远高于女性。但这也在改变。在心理学领导层的这些改变将会影响其定位:心理学将会更关注情绪、移情、直觉以及很多其他我们的文化认为是女性特点的因素。

与此相反,我相信在科学研究中我们将更严格,更实验化,更硬科学化,在基本水平上有更多实验室研究。心理学将与遗传学、微生物学、物理和化学的某些分支结合,创立需要大量技术支持、有优秀实验室和精良装备的跨学科专业。起初,这些非常先进的研究是北美、欧洲、日本、澳大利亚的特点,很多国家没有能力资助,至少开始是这样。尽管在美国和欧洲之外我也看到非常重要的心理学进展,但很多国家恐怕需要很长时间才能达到这些水平。

我:这些趋势对心理学是积极的吗?或者仅仅是将要发生的事情而已?

W. H. H.:嗯,我不知道,不同学科之间的融合很吸引人,这反映在神经心理学、微生物学、生物化学以及其他深入研究有机体的领域,而且将越来越严密,方法越来越严格。同时,社会有很多纽带,行为的决定因素之间也有很多联系。有可能人类交互的世界与心理学的女性化有关,而实验室的工作与心理学的刚性的一面有关。当然这不是我说的,很多人都这么断言。

我:主要的研究领域也与这种二分有关吗?

W. H. H.:作为心理学的基础领域,感觉、知觉和学习的汇合将非常重要。当然,另一个将继续繁荣发展的领域是社会心理学,人机交互、因特网和电视也是这样。实际上,当今儿童或青年的世界和我是儿童或青年时的世界不同了。一个虚拟的世界正在创建中,我们刚开始从心理学、信息学的新前沿、人机关系来理解它。随着新技术的发展,毫无疑问人格、社会心理学、人的发展等领域,行为的所有方方面面都将非常有意思,也非常重要。现在这些都在研究当中,在将来也会被研究,当然会。

我:关于应用……

W. H. H.:很多应用是在人因工程领域,非常复杂的人与简单的机器之间的交互,或者也有相反的情形。如果我们看得足够远,我们将有生物工程,这是通向大脑的手段,而大脑是使我们人成其为人的装置。我想,随着社会和技术的进步,心理学将有更多的应用。人的交互将继续,所以我们将继续研究社会心理学,这将带来很多好处,此外,人机交互将变得越来越与心理学的应用相关。

我:您相信我们还会像现在一样应用数学吗?我们还将继续成为方法论、数学、统计学和计算机的专家吗?

W. H. H.:心理学家还会和现在一样。我预测在方法上没有多少变化。当然,心理测量和统计学会有进展,实验室方法也同样如此,尤其是有关微结构、脑和有机体的研究能力。要成为好的心理学家,一个心理学家将需要所有这些方面的训练,而不仅仅是心理学的训练。

对帮助有临床问题的人感兴趣的心理学家,将需要相关领域,如生化、药理学等的训练。而对人机交互感兴趣的心理学家将需要了解很多计算机科学的知识。人格、临床和社会心理学的传统领域将会延续很长一段时间。将急需心理健康的专家来帮助有问题的人。要成为专家,心理学家就应该学习新的技术和新的发展。一个全新的世界在等待他们。

我:一个令人神往的世界。

W. H. H.:一个令人神往的世界,但我可能做不了太多了。

我:您还想和我们分享有关心理学未来的其他观点吗?

W. H. H.:我想在研究人类行为的科学里,心理学将继续是主要的学科。我觉得这不会改变太多,如果有改变,那么改变的方向将会是心理学变得更重要,心理学将会越来越强大和壮大。显然,如果想在学科前沿或者科学心理学的任何领域成为专家,心理学家应该不仅仅了解心理学。至于实际应用,应用心理学家将需要不断充电,不断学习日新月异的新发展。心理学的专业地位在各个方向都将继续提高。

我:我们可能会更职业化。

W. H. H.:在某些领域会更职业化,而在其他领域不这样。我认为作为一个应用学科,不需要博士学位来发挥心理学的所有功能。很多自认为心理学家的人只拥有硕士学位,低于博士。当然,我相信得到博士水平的训练是好事,这使得人们对先进的科学知识和实际应用感兴趣。在心理学领域,我们将继续研究知识的前沿问题,这需要高度专门化的知识。

我:韦恩,最后让我们来谈谈您,您的工作,您现在正在做的东西。

W. H. H.:正如你所了解的,我在心理健康、人的发展、人格及其在不同文化的评估等领域工作。在过去几年里,心理健康领域在试验一些很新也很有趣的想法,这些想法引导着新的研究。我相信世界卫生组织在这方面有非常重要的工作要做。应该拥有能为全世界服务的并尽可能标准化的工具。我们必须审视不同的障碍和心理疾病所带来的东西,目的在于训练出专业人员来帮助这些人群。我将继续对跨文化心理学感兴趣,如你所知,我在这上面已经消耗了我生命中的 40 年或者更多。

我:您在做一个新的跨文化项目吗?

W. H. H.:是的。我在领导一个心理健康中心,与世界卫生组织在墨西哥和得克萨斯在社会因素上进行合作。在边界地区我们有几所合作的大学,在墨西哥和美国都有边缘人群。

我:还有其他的吗?

W. H. H.:是的,要提醒研究人员一下,研究越深入,就变得越交叉学科。心理学一方面与遗传学和生物学相结合,另一方面与人类学和社会学结合,这让我们看到了交叉学科的重要性。

另一点要指出的是理论的重要性,理论开始以问题和特定主题为中心,然后向外扩展。心理学在这方面的变化让人很好奇:50 年前关于理论地位的争论是非常重要的。这种大理论对立的阶段现在已经不复存在了。

荆其诚

半个世纪以来,他是中国心理学无可争议的领军人物之一,并经历了心理科学在中国的起落和变迁。荆其诚生于 1926 年,目前在北京的中国科学院心理研究所工作。他是美国密歇根大学和芝加哥大学的访问教授,曾是国际心理科学联合会的副主席。他在行为科学高级研究中心工作过。他的研究和论著集中在视知觉、儿童发展、认知和年老化领域。他是第 28 届国际心理学大会的主席(北京,2004)。

从中国看心理学

荆:1. 谈到未来的心理学的特点,我们应该记住心理学斗争了 100 年才成为一门独立的与其他科学平起平坐的科学。我相信在最近几十年里,心理学已经达成了这个目标,心理学大体上是一门受尊敬的科学,在科学界有好的声誉。尽管如此,心理学的某些领域,由于研究问题的复杂性以及用于研究的设备相对不发达,在解决社会交给我们的问题时,我们仍然有点力不从心。这些领域包括社会心理学以及与控制和预测人类行为有关的领域。我认为有一天心理学将会足够成熟,将能更有效地解决复杂的行为问题。在这个意义上,心理学将随经济发展而发展,心理学现在已经是一门不可或缺的学科,人们一直可以强烈感受到它的重要性。

2. 关于研究领域,我认为两个领域有特别的重要性。其一是神经科学和行为科学的研究领域;例如,对意识的神经心理学和行为研究。或者是用神经和行为方法对心智的任何研究。现在这些研究包括在认知心理学里,但将来可能会有冠以其他名字的方法,但研究领域将会是一样的。另一个领域是社会和临床心理学,这包括对个体和群体行为的解释,规律(预测),如果存在障碍还包括治疗。

3. 关于心理学的应用,我认为教育心理学已经足够成熟,可以为下一代的抚养和发展作贡献。过去认知心理学和学习心理学在教育中有重要的地位,这两个领域的新发展仍将继续对教育起贡献作用。另一个有前途的领域是临床心理学:由于社会压力日益增大,临床心理学将对帮助有行为问题的人起更重要的作用。社会心理学也有前途,但是不够成熟,在不远的将来对社会还不能有很大的用处。或许需要另一个50年社会心理学才能为人类提供更多的贡献。

4. 我认为在心理学的方法论上将不会有大的变化。一般来说,心理学遵循两条道路之一:(1)自然科学或者生物科学的一般方法;这些领域内关于选择研究课题、研究方法和结果处理的原则已经达成共识;也有发表科学论文的标准。(2)行为科学的一般方法,关于决定研究主题、收集数据和分析结果的方法有标准的程序。如果方法论上有变化,那么也将会是非常渐进的,直到新的方法完全被验证,被领域内的大部分研究人员所认可。

我:关于心理学的未来,如果您能谈一下其他您特别感兴趣的话题,我将非常感激。

荆:好的。现代心理学在世界不同地方的发展有不同的环境,是在不同的时期发生的,但是在其发展中有共同的特点。每一个国家的心理学与其哲学和文化背景是有关联的。西方心理学在欧洲哲学、美国哲学以及生理学上有根源。在东方的一些国家,尽管现代心理学是从西方文化引进的,但在宗教或者哲学上有其本土的根源,如印度的佛教,中国的儒家,赋予了心理学以文化独特性的源头。然而在不远的将来,随着全球化的进程以及信息的迅速交换,在行为和意识的研究上将会有更多的聚合。我们将看到更多的共性而不是差异,尽管仍有差异,真正意义的普遍的国际心理学将会到来。

我:荆教授,我希望您能谈一下有关您现在的研究工作,以及您在不远的将来想做的工作。

荆:我在中国的心理学界已经工作了将近50年,我见证了心理科学在我们国家不同环境下的起落。一直以来我在知觉和颜色科学领域工作,最近在研究认知、文化和年老化。我发现如果要解决的问题越复杂,越面向文化,那么任务就会越艰难。以我的经验,我应该说心理学毫无疑问是非常难的科学,非常费劲的科学,与其他自然科学相比,投入产出比低一些。

戴维·芒努松

他在1959年在瑞典斯德哥尔摩大学获得博士学位。他主要的工作和研究领域是发展心理学和人格心理学。作为斯德哥尔摩大学的心理学教授,他一直是科学研究的领军人物,并帮助心理学在现代社会中定位。他的人—情景交互理论在人格心理学里有很大的影响。在过去的几十年里,芒努松一直是负责评选科学界诺贝尔奖获得者的瑞典皇家科学院的院士。

从瑞典看心理学

我:芒努松教授,非常感谢您的参与。很荣幸在斯德哥尔摩和您在一起,关于未来心理学的特点,我希望您能和我们谈谈您的看法。

D. M.:最近,有个从心理学角度从事脑研究的同事问我,心理学是否真的有必要作为一个学科而存在。这让我思考未来是否真的需要心理学作为一门科学,这也让我思考未来心理学的特点,还让我思考未来心理学家需要履行的任务。

由于这是非常严肃的问题,首先我们想指出,现在哲学对认知加工很感兴趣,在讨论认知加工中对哲学本身有所发现。另一方面,在这个方向医学也有不少进展,主要是神经科学方面。同样,分子生物学和微生物学也开始对以前我们因心理学的缘由而研究的领域和问题感兴趣,而其中心理学处于中央地位。我思考了这些事情:脑研究的知识的合成、心理系统、行为及其背景,寻找共同参照系的方法。我认为,把我们融入到这个方向的主要障碍之一是目前分裂的状态,我们有一系列的心理学理论,在某些领域甚至有自己的理论化和自己的方法论。这样的分裂让我们不可能整合不同事情的结果。我认为,未来最重要的事情是形成一个被人们接受和应用的通用模型,一个能以一致的形式来设计、实现和解释结果的理论框架。

我:你认为未来心理学将是一个统一的学科,有自己的解释水平,还是将与神经学融合?

D. M.:不久以前我很荣幸组织了一个讨论会,介绍了我的研究。我提出的主要观点是我们心理学家应该集中研究个体;这应该成为心理学研究的组织原则。这意味着每一件事情都始于个体如何活动,个体如何发展成为动态的、自适应的和有意图的系统的问题。这使得我们研究脑、思维、知觉和情绪,我们应该把所有个体活动当作是动态的和自适应的系统。这是我们必须形成的观点。这非常基本,甚至在自然科学也如此。在 20 世纪我们看到这些科学已经取得了巨大的进步,每件事情都基于相同的自然理论模型,过去很长一段时间以来这种基本模型都是牛顿的自然模型，但现在我们有了新的模型，如量子理论和混沌理论，在新世纪初这些是最重要的理论。

当初他们推选我为瑞典皇家科学院（评选诺贝尔奖获得者的机构）的院士时，我很惊讶地发现，在宏观水平工作的一个天文学家，也能了解微观水平，原子水平，学会与在微观水平上工作的人交流，我自问为什么他能够这么做。原因是天文学家和原子物理学家是在同一个自然模型的基础上进行工作、设计、实现和解释研究的。这给他们提供了一个彼此交流的共同的概念空间以及共同的研究方法。对心理学来说，我认为必须发展一个现实的模型，一个通用的理论参考框架来对特定问题进行设计研究。这使得交流成为可能，此外，在同一个参考框架下做解释，是我们需要的统一的前提。统一是心理学的中心动机，对所有分支的心理学家来说是最基本的。我们的分支有自己的理论模型，自己的设计，自己的方法和自己的方法论意义。如果我们完成了统一，这将会有极大的方法论意义，我们将能够把个体当作是不可分割的整体来研究，并研究他或她活动的方式。如果一旦认真假设了非分离的整体模型，我们就能看到我们的工作，我们的经验和我们的研究的巨大意义。我试图，至少已经开始发展一些方法来研究复杂的动态过程，这些过程是在个体上或者是在个体与环境的交互中显现出来的。

我：嗯，这非常有前途。另一方面，您认为在不远的将来是否会有些研究领域比别的更重要或更有意义？您认为有些研究问题比别的更有意义吗？

D. M.：你知道研究人员总是觉得正在做的东西是最重要的。但如果我们抛开这点，把心理学当作一个整体来看待，我觉得现在的神经心理学发展得非常快，而且很有希望，因此对脑的基本心理和生物层面的研究进行合作和整合正在非常快速地取得进展。这是很有前途的发展，但我们还是应该将其置入参考框架，看看关于交感系统和荷尔蒙系统已经做了些什么研究。另一方面，心理学尤其让我们感兴趣的是一个人思考和行为的方式，以及对这个人为什么有这样的行为表现的解释。对于后者，抛开基本的生物过程我们也能理解，但我认为基本生物过程决定了大脑从最初开始的发展方式,使得大脑能更有效地选择信息、解释信息、赋予从外部世界进入的信息以情感和价值,并在日常行为中进行所有这些变换。我对所有这些研究都非常有兴趣:我们生来就有"开放的大脑",可塑性很高;但是在短短的婴儿期里,大脑自身就建立并组织成为极其有效的装置,能选择信息、解释信息,赋予个体的外显行为以情感和价值。但这是一个发生、发展的过程,尽管过程相对较短,但也有受到诸如杏仁核等不同大脑结构的影响。美国的研究者安东尼奥·R.达马西奥一直在研究这些内容,你知道他吗?

我:是的,当然,安东尼奥·达马西奥,他最初是从葡萄牙过去的。

D.M.:是的。他那本关于笛卡儿的错误的书有很大影响。他提到了我的工作。有一次我组织了一个诺贝尔讨论会,达马西奥也参加了,最后我把讨论会发表的论文编著成书出版。不管怎样,我现在感兴趣的是研究在生命初期大脑是如何建立起某种优化方式的,是在什么条件下建立的。这是发展的首要过程,但一旦建立以后,在整个生命周期大脑仍将继续保持着某种可塑性:重要的问题是,对于我们生物系统的整个生命周期的变化来说,大脑有多"开放"。大脑是变化的,因为两种相反的力量,即成熟和经验,导致变化的产生,但是同时我们发现所有有机体是抵御变化的,如果他们不这么做,他们就会招致从一个情景受到的刺激而产生变换,以及另一个情景又产生变换,如此不断的变换下去。任何时候我们都发现变化,但这是稳定变化的过程。我们的思维和行为对变化是敏感的。要研究思维和行为,必须以孤立的方式考虑特定层面,同时要研究所有水平的功能模型的共同作用的方式,从细胞水平直到个体之间的交互。

我:水平的分层……

D.M.:是的,高水平的基础是细胞水平。

我:是所有水平的基础,尤其是高水平。

D.M.:是的。我们知道,对于任何有机体,单独一个细胞如果不与其他细胞联系起来,它是不可能存活的,因为它依赖于从附近细胞传来的信息,这非常基本……在高水平,我们发现冠状系统与免疫系统交互,与肺系统交互,我们看到,有机体作为一个整体是从最低水平建构起来的,整合了以平行方式和垂直方式合作的系统,这样有机体能够维持其整体性。

我:您认为在新的领域以及新的研究取向里观察到的变化将需要方法论的改变吗?或者您认为在未来若干年内我们现有的方法就足够了?

D. M.:我觉得这是中心问题之一。我就这个问题写过书,多年来我也喜爱做心理测量的工作。我在20世纪60年代写过一本书(测验理论,1961),这本书被翻成了西班牙语、葡萄牙语、法语、英语和汉语。尽管一直做有关方法论和心理测量的工作,恐怕很多心理学研究没有考虑基本假设,以及复杂的方法;很多情况下,没有真正理解相关公式背后的假设就使用了简单的相关。甚至连基本水平也没有。当然,很多工作是好,做得不错,但从方法论的角度,我们应该发展合适的方法,尽可能与加工水平接近,能尽可能好地整合。例如,谈到个体水平,可以根据模型来描述内部过程。这不仅仅与一个又一个的变量有关,而且是变量的模型;这些正是描述个体特征的模型。我与我的继任,现在他负责我的研究项目,做了关于这些主题的工作。我的继任是数学和统计的专家,他也是非常优秀的心理学家,我们一起在这个主题工作,试图把模型应用到个体的研究,根据模型来研究发展。回到刚才冠状系统的例子,我们知道有关这个系统最重要的研究是关于模型的降幂以及随后的再建模。有效的规则应该是对整个有机体重新建模。我想说的是,我们需要方法,根据不同水平的模型来研究个体活动,从细胞水平到心理学水平,根据模型来综合信息。关于这些主题,我发表过若干论著。

我:谈到心理学的未来,您是乐观的呢还是觉得心理学将会被别的学科,如神经科学所融合?您认为我们拥有好的理论和实证参考框架因而作为一个独立学科存活吗?

D. M.:是的,我认为心理学有一个非常灿烂的未来,但我想再提醒一下,如果我们想维持我们的学科,像我们最初那样,而不是把我们变成医学,哲学或什么其他学科的分支,我们必须做一些事情。心理学是哲学、医学和生理学中间的学科。如果我们回头看看那些把心理学建立成为科学的先驱,我们发现他们做的是创建了一个作为哲学和生物学(生理学)之间的桥梁的非常特别的学科。我认为这是我们的创始先驱们的精神所在。

我:在结束之前,我想了解一些有关您现在所做的工作,您正在进行的研究项目,您在写作的书,等等。您现在退休了,芒努松教授,是吗?

D. M.:形式上我是退休了,但是我保持了我的职位,我在工作的地方有办公室,但我做的主要是写文章,总结完成的研究。与我的继任一起,我们出版了我们的系列研究的三本书;第四本是关于方法论的,叙述了我方才简要总结的讨论。我试图描述研究个体发展规律的模型和方法,我们希望能在今年底或者明年初出版这本书。我的研究与刚才我们讨论的大脑系统有关。我正在与一个美国心理学家合作写一篇有关生物方面研究的文章;她比我更了解脑和生理系统,我们写的文章是关于脑系统的早期建构,也包括情绪和价值。

我:很复杂,是吗?

D. M.:不过也很引人入胜。如果回到基本原理,我们就能发现指导加工的基本原理。我的问题是发现很多研究者从高水平开始而且不考虑基本原理的研究。

我:我们应该回到行为以及行为组织的基本原理。

D. M.:正是这样。

我:好的。您还想谈谈别的什么话题吗?

D. M.:当然。我会年复一年地继续讨论这些话题。

我:显然,你能这么做当然很好。

D. M.:不。问及一个研究者有关他的研究是很危险的,因为他会不停地说。这与音乐家有点像;如果你要求某人弹吉他,他永远都不会停!

第三章
心理学的发展

约瑟夫·布罗泽克
　　漫长的过去和短暂的历史
埃利奥·卡平特罗
　　思考过去以了解未来

　　学科成熟的一个迹象是熟悉其过去，了解其现在，并试图探索其未来。行为科学对历史的兴趣是近来的事情。作为得到学术承认的知识领域，心理学史领域是从 20 世纪 60 年代开始的。在此之前，有些单独的工作，但是没有学术课程、研究生课程、出版物、书、期刊、会议等组织结构。

　　物理或者生物的历史是有很长轨迹的知识领域，但是人类学、语言学、社会学的历史却不是这样。至于心理学的历史，这是近来的事，但这似乎巩固了自身。

　　在本书这一章里，约瑟夫·布罗泽克宣称心理学将继续是个多方面的学科，有牢固的科学基础，有很多研究取向和应用领域。他认为意识将是最重要的研究领域之一，包括其生物物理基础。关于应用，他优先提到健康（HIV 的行为层面）、国际政治（和平心理学）以及组织心理学在全球化中的应用。

　　埃利奥·卡平特罗认为要了解未来必须思考过去。

他认为心理学家将继续专业化,而心理学将继续分支化(临床心理学、临床儿童心理学、临床儿童心理学的语言疗法,等等)。希望我们不要忘记心理学的特点在于它的科学基础、基础研究、量化以及与其他科学共享的基本特点。

约瑟夫·布罗泽克

约瑟夫·布罗泽克生于1913年,1937年在查尔斯大学(现在在捷克共和国)获得普通心理学的博士学位。他一生的大部分时间在利哈伊大学工作(美国宾夕法尼亚州伯利恒),于1979年退休。他的研究领域包括心理学史,与营养不良有关的心理因素。布罗泽克是国际心理学史的专家,侧重于东欧、俄罗斯,但也包括西方世界。他精通多种语言和多种文化,这在世界心理学的领军人物中是独一无二的。他于2004年去世。

漫长的过去和短暂的历史

J.B.:未来的心理学的话题既令人神往又极其令人沮丧。

首先,"心理学"指很多东西。根据S.科克(1976),心理学应该命名为"心理研究"而不是一个统一的学科。相反,K.帕夫利克和M.罗森茨韦格(2000),《国际心理学手册》的编辑,谈论的是"心理科学"。他们指的是心理学的内容、方法、历史和专业的方面(pp.3—14)。他们从国际的视角,特别关注心理学背景以及社会背景。

在那本书里,关于基础心理学的那部分包括个体过程(意识、感觉和知觉、条件作用、学习、记忆、语言、动机、情绪)、社会性过程(社会行为、个体差异、社会和文化心理学),以及行为发展(人类发展、比较和进化心理学)。有关应用心理学的部分包括心理评估和测验、临床心理学、健康心理学、教育心理学和应用社会心理学等章。这部分的最后章节是关于心理学对和平的贡献以及心理学作为一个职业的内容。

最后部分讨论"在跨学科背景下的心理学",包括有关理论心理学、国际心理学和跨学科背景下的心理科学等章节。

所有这些提供给我们的是广阔知识领域的全面和多学科的画卷。正如捷克心理学家 J. 菲韦格(1995)关于心理学的危机所作的评论:所需要的是"学科间一致的心理学"。我不知道这里的语言差异是大是小。

我:未来心理学的主要特点。

J. B.:在可以预见的将来,主要特点不太可能改变。心理学将继续是多方面的学科,有牢固的科学基础、不同的取向以及日益广泛的应用。

我:研究领域。

J. B.:它们的"重要性"取决于该研究领域对于:(1)人类行为的理解以及(2)实际问题的解决有什么贡献。

人类意识的本质是基本问题之一。杜尔斯维兹和温德曼(2001)强调,我们必须加强关于意识的生物物理基础方面的知识,我同意这一点。

我:心理学的应用。

J. B.:在健康领域,HIV 的行为层面问题,不仅富有挑战性,也有重大意义。

在国际政治领域,和平总面临挑战。心理学在这个领域能提供什么?

商业的全球化以及在工业组织的深刻改变对组织心理学的专家提出了挑战。

我:方法论。

J. B.:我认为新的方法不容易加入到我们已有的众多方法中来。我认为在我们的很多研究中扩大被试的范围是很重要的,拓展现有的方法并不是太重要,它们已经很广泛了。

我:其他主题。

J. B.:在大学水平的学习优化是一个还没有充分探索的领域。

我认为在研究水平的国际合作是最关键的事情。

我:个人评论。

回顾

J. B.:我的一本回顾性的书(Brožek, 1998a)包括了我在布拉格的研究,我在布拉格的职业倾向机构的工作和在兹林(莫拉维亚)的巴塔鞋厂的工作,我在宾夕法尼亚大学(1939—1940)和在明尼苏达大学(1940—

1941)的博士后研究,我在明尼苏达大学(1942—1958)和在利哈伊大学(1959—1979)的工作。书里列出了我的最初的出版物、关于营养和行为、视觉和疲劳、年老化的研究、书评、我出版的书单以及关于心理学史的著作。

有关我在心理学史领域的工作的详尽描述发表在期刊《心理学史》(1999)上,题为《美国的心理学史学家的历史》。

另一篇关于国际心理学历史的出版物(Brožek,1998b)涵盖了德国、美国、巴西、英国、西班牙、意大利、日本、中国、苏联和南斯拉夫的历史。

意大利的期刊《理论与模型》第 4 卷第 3 期是穆恰雷利(1999)编的"纪念文集"。其中包括我的文章《意大利历程与作品回顾》(Brožek,1999b)。

我一直关注捷克心理学的历史。1934 至 1935 年间,我曾是布拉格的德国大学心理学系的"访问学生"。我写的历史部分发表在 E.奥托教授编的有关捷克斯洛伐克的青年的书中(1935)。20 世纪 80 年代,捷克出版了几本有关应用心理学的存档性著作。我们以英文发表了一篇文章,详尽描述了国际背景下捷克的应用心理学的初期(Brožek & Hoskovec,1986)。最近的进展和出版物记录在 1995 年出版的题为《欧洲的心理学》一书中由布罗泽克和霍斯科维茨(1995b)写的有关捷克心理学的那一章里。

另外三本有关心理学史的书是:关于蒲金野和心理学的书(Brožek & Hoskovec,1987),关于马萨里克的书(Brožek & Hoskovec,1995b),以及关于 1348—1998 年的查尔斯大学的书(Brožek & Hoskovec,1997)。

现　在

我与韦德、霍斯科维茨合作刚出版了一本有关蒲金野和神经科学的起源的书(Wade & Brožek,2001),包括我所翻译的英文译文,即蒲金野1818 年发表并于 1823 年重新编辑过的题为《感觉心理学的观察和实验:对视觉的主观层面知识的贡献》的著作。

当一个人 87 岁的时候,他的工作计划只能是适度的。

将来

我想翻译蒲金野 1825 年发表的德文版的《新的贡献》。这本书包含有后来称为"蒲金野现象"的有关章节。

埃利奥·卡平特罗

埃利奥·卡平特罗生于 1939 年,于 1969 年获得博士学位。1971—1988 年间,他是西班牙巴伦西亚大学的基础心理学教授,在那之后他在马德里完全大学工作。他在心理学史、科学哲学、历史研究的质的方法、心理学派以及其他类似主题的工作有特别的重要性。埃利奥·卡平特罗毫无疑问是心理学史领域西班牙语言中最著名的人物。他是西班牙心理学史学会的创建者和首任主席。他领导《心理学史杂志》(巴伦西亚大学)许多年,这是该知识领域的主要论坛。在他的诸多论著中,《心理学史》(1976)和《西班牙的心理学史》(1994)尤为突出。

思考过去以了解未来

我:我们在这里与埃利奥·卡平特罗博士在一起,他很高兴参与本书关于心理学的未来的访谈。非常感谢。嗯,如果您愿意,我们从下面这个问题开始:您认为在不远的将来心理学作为一个学科有什么主要特点?

H.C.:首先,我非常感谢阿迪拉博士邀请我参与这项工作。对我来说是个荣幸,我将马上开始回答你的提问。我认为在不远的将来,心理学很可能会受到近来有关人类基因知识的进展的很大影响。我深信这些知识很可能以干预的形式将马上应用于行为的遗传基础,现在这是不可想象的,而另一方面,这使得心理学可能会成为与生物学、遗传学、遗传工程更为紧密联系的科学。无论如何,有些人可能开始认为心理学将要被淘汰。我根本不相信这点,因为心理学仍有绝对独特的研究领域,即对认知行为、人类被试的意识以及社会交互的研究。我想说的是,对于我们目前在临床心理学关心的大部分问题,以及对于行为问题的干预形式,基因上的发现显然将非常有帮助。心理学将必须继续将自身发展为社会心理学。第三,我认为回归到现象学的心理学越来越重要,也就是说,回归到关注实验和描述维度的心理学,因为最终,这些都必将以某种形式被解释,并且必将与我们方才谈到的遗传基础联系起来。

我:对于现象学的心理学,我们或多或少应该理解为皮尼略斯教授所强调的那样,还是理解为最传统的德国概念之一?

H.C.:当然,我是在广义上用"现象学的"这个术语。我想说,例如,当我们描述理解什么是抑郁这个问题时,我们会求助于 DSM-IV 给出的描述性特质。当我们担心更特定的问题,如关于我们如何能够教育他人,我们如何能修正攻击性的感觉,或者是个体的自我防御的感觉,就必须有更精确的指示物表示这个自我价值、自尊或自我效能的含义,这里我们使用极为普通的术语,非常广义,其描述精度很低。我觉得自我效能(班杜拉)的整套理论似乎很有前途,但同时该理论很复杂,其微结构必须有待发现。

我:进入到第二个问题:尽管您已经提到了一点,您认为在不远的将来什么是心理学的主要研究领域?

H.C.:我认为社会心理学将成为心理学的一个非常重要的方面。我认为这是一个仍有很大挖掘空间的领域,但我也认为在社会心理学领域内最直接的问题是关于文化的。我们生活在多元文化的世界,有文化冲突的世界。我相信心理学在这些课题里大有可为,即种族问题的分析、社会冲突的分析、社会事件的演化的预测方式的分析及其可能性,如过去 10 年里诸如俄罗斯或者中欧等地区的风云变幻中发生的事件。其次,我相信心理学家(我说过很多次了)是个技师,他或她的主题之一是人类生活的质量。也就是说,心理学家能帮助人们避免或者面对抑郁,研究贫穷,拥有解决个体困难问题的资源,经过训练,他或她能为复杂的、社会的及其个体的情境提供解决方案。因此,心理学这门科学能很快从科学知识中获得某些技术;这些技术能促进人类的幸福。从这个意义上,我认为我们刚刚开始。目前,有心理学家在社会机构工作,有心理学家在少数民族文化方面工作,等等。但我相信在不远的将来心理学家将更多地参与更微观的事情,更小的事情,更具体的事情。在我看来这里有个重要的问题：介入多个领域的心理学家，应该不要把他或她的知识和科学与纯粹的志愿者主义以及"慈善"的意愿混淆起来；慈善和志愿者主义是鼓舞心理学家以及任何社会协助人员的动机原则。差别在于心理学家拥有支持他或她的活动的科学知识，心理学家就是用这些知识来为社会谋福利。因此，我认为学科自身的发展也要立足于基础心理学，立足于科学研究，立足于基本过程的研究，因为仅仅凭借常识是不可能解决极端复杂的问题的。

我：这意味着在方法论上会有变化吗？还是您觉得现在的方法已经能够解决这些问题或者能够恰当地处理这些问题？

H.C.：我相信可能会出现某些方法论的变化。我个人认为目前方法论方面有一个相对的危机。也就是说人们似乎在质疑我们称之为"硬"的方法，这种方法论试图建立规则，可以给出科学的可比较的预测，我们常倾向于寻找一些公式，以适用于某种模型而得到更一般的或更普遍的应用。我认为需要在量的方面继续发展，在心理学中永远不应该把量的方法搁置起来。

我：当然不。必须继续发展量的方法。这合乎逻辑。是的，当然合乎逻辑。

H.C.：在某些人眼里，量的方法是我们应该避免的可怕的小恶魔，但在很多情况下，它是表明预测是否准确的证据。我认为现在流行的是质的方法；但我相信，量的方法显然有它的位置，所有人类文化，所有心理问题都能够简化为数字或者被量化，因此我们必须遵循，我们也必须有量的方法，而不仅仅是质的方法。或许对于量的方法，我们需要找出它们的描述能力，而考虑质的维度之间的关系时，应该保证推理过程的有效性。我认为不可避免地将会出现另一个领域，即学科间的交叉联系，一方是心理学家，另一方为生物学家、遗传学家等，在我们将参与的项目中很快就会建立这样的联系。

我：这将把我们引入讨论有关应用的话题。您觉得在不远的将来心理学的某些新领域或某些变化能有什么应用吗？

H.C.：我认为在应用心理学方面我们已经看到了专业化日益增加，

也就是说,我们有传统的临床心理学、教育心理学、工业心理学,我们还看到有专门针对儿童的临床心理学,也有专门针对成人的临床心理学;有针对语言的学校心理学,也有针对课堂或任何问题的学校心理学。也就是说,像一棵树长出了很多枝条。从这个意义上说,我认为一方面,这棵树将继续生长直至长成像丛林般的巨大植物,像亚马孙中的一样。我担忧的是我们会走到这样的境地,即我们心理学家迷失在树的不同分支上,而没有意识到我们拥有相同的树干。换句话说,我认为一个学科繁荣或者繁荣发展的同时,也有负性的后果,确切地说这会使我们丧失全貌的景象,不知道全景中我们在哪里,基本的原则是什么;对心理学的最大威胁是纯粹的生长和发展会导致其立足的原则的丢失。

我:您还想介绍什么新的领域、主题、思考或新的观念?

H. C.:你知道我这个人对历史知识而不是实用知识更感兴趣,因此,对过去的兴趣能帮助我理解未来。我觉得,有些东西仍然是我们的目标,这个目标实际上在很久以前约翰·斯图尔特·米尔的心理学项目里就有了。我们记得他想建立一个所谓的"道德体系学",致力于建立遵从法律的关系,从而使训练模式、生活模式以及人格的训练方式标准化。我认为这终究仍将是我们的渴望,也就是说,这仍将是一个良好的愿望:我们怎样能够真正地教育青少年,怎样把握谈判的进展,怎样发展与他人的交往。这样,我们能够凭借有效的心理学原理来预测结果,最重要的是我们能够实现有效的行为模式,尤其是在教育和培训方面。这样我们能够在不独裁也不操纵人格的情况下教养出(需要的)人格模式,让有明确性格的个人发展问题的治疗成为可能。我们不是在继续进行事后处理模式的实验,我们必须了解我们怎样才能提高个体的创造力水平,我们怎样才能提高,嗯,吸收社会价值的能力,对此我们不知道怎么去做,实际上,几代人中有大部分人之所以不接受他们的长者、他们的父辈的生存的模式和方式,仅仅只是因为对权威和秩序的叛逆。这种态度甚至会导致青少年的自毁。因此,我相信,那个时候,心理学家将会不得不求助于设计这样的一个社会,如果你愿意,这个社会是以你已有的观念来构想的,不容置疑,就像斯金纳首先在《桃源二村》(*Walden II*),而你在《桃源三村》

(*Walden III*)中延续下去的那样,这个理念就是在某种意义上,心理学家最终将必须阐明一个特定的社会模式,一个文明的社会,一个利用科学知识的社会,而不是把知识锁在梳妆台的抽屉里,也不会丧失个人自由和个体创造力的民主。

我:您觉得心理学家会促进这一使命吗?

H. C.:我希望我们会;如果我们不这样做,毫无疑问,其他人会替我们做的。

第四章
科学研究

马克·R.罗森茨韦格
  行为的可塑性
埃塞尔·托巴克
  行为的基因起源
帕维尔·M.巴拉邦
  从俄罗斯看心理学
格里·戴德沃尔
  我们的世界知识
奥拉西奥·J.A.尼莫迪
  数学心理学
简·斯特里劳
  个体差异
爱德华·K.莫里斯
  理解行为
格尔曼·古铁雷斯
  进化和行为
雷纳·K.希尔伯埃森
  从德国看心理学

"了解你自己"
自1879年威廉·冯特在莱比锡设立实验心理学实

验室以来,心理学就成为了一门独立的学科。这个"官方"版本的心理科学的起源向我们表明,是科学方法、实验研究赋予心理学以独立学科的品性,让它有特殊的工作领域、研究主题和自己的活动范畴。心理学从它转变为实验科学起就重生为独立的知识领域。

这一章包括了与被称为科学社区的广阔领域的研究者的访谈,在数十年里,他们都把心理学定位为科学。这些人里,首先是马克·R.罗森茨韦格,他生命的大部分时间在加利福尼亚大学的伯克利分校工作,他和我们讨论了作为研究领域的心理学的广泛性、多样性以及为研究心理问题而发展出的新技术。他提到了脑成像、时间分辨率、生命周期中神经系统的可塑性的工作。

埃塞尔·托巴克指出可能影响心理学的最近的科学发展是:突然增加的新的技术设备,和其他学科的科学家合作研究的必要性,有关基因的新知识。她认为心理学将会商业化,并与药物和生物医学公司合作。她指出开始进入科学纪元的国家已意识到自然和人类资源的重要性。

俄罗斯有研究高级神经活动的传统,这其中有帕维尔·M.巴拉邦。访谈中他提到了从分子、遗传和药物学角度来解释诸如学习、强化等心理概念的研究。在他看来,在不远的将来心理学的一个有前景的研究领域是关于基因对心理功能的影响。

格里·戴德沃尔谈到了他关于知觉、认知、物体识别、前瞻性记忆的工作。他认为心理学可能被神经科学吸纳为一部分的问题是个伪问题,很多心理学家比其他"硬"领域的科学家在方法论上得到了更好的训练。

奥拉西奥·J.A.尼莫迪在另一个半球工作,他关于认知、数学心理学以及学术评价的研究对当代科学有着非常重要的贡献。尼莫迪是致力于这些领域的首批阿根廷人,他已经干了几十年了。访谈中他提到了混沌理论、数学和心理过程的关系、调整高等教育以适应冒尖学生的需要和兴趣、信息问题以及其他问题。

简·斯特里劳(波兰)和我们谈论了有关短暂生命的心理学研究的趋势。他研究生物性极端行为,尤其是气质方面。目前,他对应激、危机等感兴趣。他指出不同的文化和时代有不同的研究重点。

对爱德华·K.莫里斯来说,心理学是自然历史的一部分,行为实验分析需要在心理学中扮演更核心的角色,而心理学最终将演变成一门研究个体和文化的行为过程的自然科学。

德国人古铁雷斯认为未来的心理学的特点是:使用新技术进行研究和教育、学科交叉、国际合作以及强调心理研究的伦理问题。在科学研究领域,他提到神经科学、遗传学领域、进化和行为发展、跨文化心理学以及心理学和人口学的关系。

雷纳·K.希尔伯埃森(德国)认为研究应该基于生物学、心理学和社会因素的动态相互影响。对行为的生物相关的测量将会越来越重要。

马克·R.罗森茨韦格

他生于1922年,于1949年获得生理心理学的博士学位。从1951年开始他在加利福尼亚大学的伯克利分校任教授。他的主要研究领域是生物心理学和国际心理学,其中包括记忆、神经过程、学习、心理学历史以及心理学国际组织的历史。1988年到1992年他是国际心理科学联合会的主席。1969年到1994年间罗森茨韦格是《心理学年评》的编辑。他是美国国家科学院的院士,是巴黎大学(1980)和路易斯·巴斯德大学斯特拉斯布格分校(1997)的荣誉博士。

行为的可塑性

我:罗森茨韦格教授,我记得您的关于对白鼠的早期刺激研究,这项研究对进化心理生物学,总体上对脑和行为的新概念化过程有重要影响。今天,我想知道您对未来的心理学的特点的思考。

M.R.R.:讨论心理学的未来是不容易的,因为心理学是一门广泛而多样的科学。我个人的工作主要集中在生物科学中的生物活动和行为基础的关系上,但我也研究心理学的其他领域。最近,我有一段有意思的经历,那就是作为《国际心理学手册》(2000)的副主编,该手册有31章,涵盖了心理学的不同领域。这本手册是反映心理科学的极大多样性的一个样本,包括了人类和动物的行为的所有事宜。据此,我们能够断言心理学的一个主要特点是其多样性,而且因为行为是各式各样的,其研究方法也是多样化的,从实验室研究到自然环境都有。每一个这些领域都有其恰当的技术。我们面临的最重要的一个问题是:如何在心理学不同领域的工作人员之间建立起有效的沟通,使每个人都可以从其他领域的发现和洞察中受益。为了达到这个目标,利用现代通讯技术是很重要的。对数据的记录、加工和交流是非常有用的,但是需要巨大的努力才能囊括自己工作的特定领域,以及与我们工作相关的邻近领域。因此,心理学有极其多样性的问题,同时它需要进行更多的整合。

　　我:您认为整合有现实的可能性还是只是某个愿望而已?

　　M. R. R.:整合很重要。科学研究中,在很多情况下应用到现实世界的尝试是研究价值的体现;当我们在自然环境中看到某个因素与其他因素的联合作用时,我们才能理解这个因素。我们看到了复杂性的同时也发现了其他对研究也是必需的方面。我发现研究和应用之间有直接的相互影响:这些相互影响导致更多的研究,更深入的调查,也导致有更多的机会来应用科学研究提供的知识。

　　我:当然,不仅是心理学,科学哲学家也对研究和应用的反馈关系很感兴趣。您能谈谈您认为未来的心理学的主要研究领域是什么?

　　M. R. R.:有很多重要的领域。我觉得发展心理学领域,已经成为毕生发展心理学,有光明的未来。我们已经成功理解和应用了从人类发展的初始,到生命的各个阶段,直至人类生存的最后时期的知识。我认为如果在此基础上加上发展的生物学层面,结合发展心理学和生物学的研究,未来几年内这将是我们的主要研究领域之一。

　　我:关于心理学的应用,你看到什么趋势吗?

　　M. R. R.:目前,连同进化领域和生物领域,我发现过多强调了生命初期几年的重要性,似乎小孩到三岁的时候所有的事情都已经决定了。当然,生命初期几年是重要的,然而我们关于神经系统的可塑性和重要周期的研究,终身学习以及从经验受益的能力,促使我们重新思考这些问题。可能有一个多产的成熟期,多产的老年期,我觉得这里有很大的应用前景。

我:你期待着方法论发生变化以研究这些新的研究和应用问题吗?

M. R. R.:嗯,很难预测有什么新的方法会出现,但可以确信在神经系统的活动和成像领域会有些新的方法出现。总之,现在我们已经有越来越高的空间分辨率来研究脑皮层和神经系统的活动,同样,我们也拥有了比几年以前更合适的技术来进行时间分辨率的研究。

当前,脑成像是一个非常有前途的领域,但我们知道它仍然是粗糙和宽泛的,我们必须更多地研究涉及某种特定活动的神经系统的主要区域,而且显然脑成像本身不能回答研究问题,至少要将其置于行为实验的背景下。因此,从严格意义上研究行为的心理学,应该通过脑成像来帮助了解脑内正在发生什么,但要超越这一点,我相信需要提炼更多的神经学的知识。对脑加工过程的研究最终将让我们能研究神经通路、神经元的活动、神经元组甚至在特定条件下能到单个神经元水平。我认为研究方法的发展方向是研究越来越精细的分辨率,同时寻求最适当和侵入性最低的成像方法。目前,要得到脑成像,被试需要摆出一个不自然的姿势,周围是让人感觉不舒服的复杂仪器。今天,我们开始使用价格相对廉价的光成像、红外成像装置来研究脑活动,让我们能在更为自然的环境中研究人的思维以及研究卧床的就医病人,而用不着让他们去有许多复杂设备的特殊医院。当然,这些研究方法上的变化将让我们取得新的进步。

我:很好。您能谈一下目前您正在进行的工作吗?比如您的项目、观点和写作。

M. R. R.:我已经结束了实验室的工作,几年以前我从加利福尼亚大学伯克利分校退休,那时我最后一个学生刚完成了他的工作。我关闭了我的实验室,但我仍然努力工作,主要是写作。正如我前面提到的那样,我和其他同事一起编辑了《国际心理学手册》,我自己编辑了《国际心理科学联合会的历史》。现在我正在重写一本生物心理学的教材(Rosenzweig, Leiman, & Breedlove, 1999)。这让我和当前研究保持同步,我们希望这本教材不仅适用于生物心理学的学生,也适用于医学和其他生物学因素很重要的心理学专业的学生。这本教材用于美国、加拿大、英国、澳大利亚、新西兰等英语国家,也用于其他国家。这本教材已经被翻译成法语、意大利语和西班牙语,尽管我还没见过西班牙语的版本。

我:为什么没见过?他们没给您寄来一本西班牙语的吗?

M. R. R.:我还没有收到,但我已经有法语版和意大利语版。看起来在翻译家的帮助下让这本书不仅能让我自己的语言的学生读到,也让其他语种的学生读到很重要。教材要翻译成法语的时候,我和译者通过电子邮件就术语和概念进行了热烈的讨论,这样我能够以某种特定的方式参与到该书的法语翻译中。

我:因为您说法语,对吧?

M. R. R.:我法语说得很好。这本教材可能还会被译成其他的语言,我希望它在很多国家都有用。

我:您是如何对国际心理学感兴趣的?像您这样做基础研究的美国科学家,对国际心理学这么感兴趣的不太多见。

M. R. R.:嗯。部分是个人的原因,我的妻子是法国人,我们在美国相遇,但我们想和她的家庭保持联系,因此我决定学习法语。我们有小孩以后,我们在吃饭的时候说法语,所以小孩也学会了这种语言。然后,很多人帮助我提高法语的知识。我和我的孩子一起,学习了法语的儿童故事、诗歌和游戏,因此我是以反常的方式来学习法语:首先学习成人的法语,然后才是儿童的法语。此外,我在巴黎的保罗·弗雷斯的实验室做过研究工作,他在国际心理学领域非常活跃,他曾是国际心理科学联合会的主席,从弗雷斯以及其他同事那里,我了解了国际心理学方方面面的知识。

在美国,我当选为美国心理学会国际关系委员会的委员,1972年我是东京第20届国际心理学大会的美国心理学会代表。在那里我当选为国际心联的执行委员会委员,当选了几次,1988年到1992年我是国际心联的主席。由于我服务年限较长,我当选为国际心联执委的永久荣誉委员。因此,我长时间以来一直对如何在全世界范围内传播和促进心理学感兴趣。

另一方面,作为《心理学年评》的编辑,我制定过国际心理学文章的发表规则。《心理学年评》时不时会发表有关某个特定国家的心理学的文章,但当我做编辑的时候,我们开创了这样的一个传统:在举行国际心理学大会的那一年,《心理学年评》会发表一篇有关组织大会的那个国家的文章。这样,参会者能够了解大会主办国家的心理学活动、实验室等等。后来,我们针对国际应用心理学大会也做了类似的事情。因此,那几年里,每两年我们就发表一篇国际心理学大会或者国际应用心理学大会主办国的文章。我很遗憾在我不做编辑以后这个传统没能沿袭下来,因为《心理学年评》的编辑委员会认为心理学目前是如此的国际化,因此没必要发表有关特定国家的心理学的文章。我不太认同这点,但事情就是这样。确实,心理学本身正在变得越来越国际化,但还是需要有这些特殊的文章,如同在《国际心理学杂志》上时不时发表的那些文章一样。

我:最后,对国际同行的心理学家,尤其是那些年轻的心理学家,未来的心理学学生,您有什么建议?

M. R. R.:嗯,我觉得我的建议是尽可能在学科内获取所有可能的经验。他们应该开放地对待那些能够增进我们理解人类行为的心理学附近的学科。同样,他们应该了解其他国家正在发生什么。我相信在这方面国际心理学大会起特别的作用。另一方面,我很遗憾《心理学摘要》的印刷版没有包括非英语的文章,但是电子版是包括的。我认为突破限制去了解其他国家以及其他行为科学领域正在发生什么很重要。这样会得到一些对我们很有用的重要信息,帮助我们评价我们正在做的工作以及理解我们领域的工作。

埃塞尔·托巴克

她生于1921年,于1957年在纽约大学获得比较心理学博士学位。她一直从事比较心理学、社会和情绪行为的工作,发表了若干对心理学和生物学有重大影响的研究。从1964年开始,她的学术活动主要集中在美国自然历史博物馆(纽约),以及纽约城市大学。她创立了国际比较心理学协会(1983年),并成为第一任主席。她还主管《国际比较心理学杂志》。她一直感兴趣于心理学在科学结构中的地位、心理学的演化、非人类动物的心理加工以及复杂社会问题,例如与性别、社会阶层和生态学有关的问题。她是在现代科学界最活跃的女士之一,是有着广博的国际心理学知识的心理学家。在她纽约的办公室里,她和世界上许多国家的科学家和学生们一起工作。

行为的基因起源

我:纽约的美国自然历史博物馆的埃塞尔·托巴克博士,是一位在比较心理学、进化心理学、进化理论以及其他现代心理学的一些重要问题上的领军人物。埃塞尔,很荣幸您能接受我的采访。

E.T.:鲁文,谢谢你能邀请我。嗯,谈到新世纪的心理学的主要特点,我们必须考虑至少三个已经并继续对心理学有重大影响的科学进展。一个是新的技术设备的发展;我们正在以前所未有的方式在生化和生物神经水平进行研究,现在有还原主义的趋势,很多人相信在细胞、神经递质那里能找到心理学问题的答案。

其次,我们正处在必须联合其他学科来进行更多研究的位置,因为事实上我们没有能力在所有方面训练我们的学生。在认知心理学领域,已经建立起这种联系,但显然我们应该指出心理学在整个过程中的地位和作用。

基因组的进展对心理学作为一个学科来说是一个重大的挑战,因为行为遗传学家目前是信息和研究方法的主要来源,但是他们对行为和心理学一无所知。遗传学家与能提供可以被充分理解的量的数据的人讨论。对行为遗传学家来说,比较心理学家设计的用于理解动物行为的动物测试很重要,因为他们的目标在于理解基因在行为中所起的作用。以表面的非进化的方式,从事与人类基因组有关研究的心理学家致力于建议人们如何看待他们的基因,以及生育基因优良的小孩的最好方式。他们不研究"硬科学"的问题,因此研究队伍里没必要包括遗传学家。非常重要的是,心理学家应该向遗传学家展示,除了行为遗传学的发现之外,我们可以提供更多的东西。

遗传咨询有时被我称为"自发优生"。过去,某些人不能生育小孩,他们就去领养,但他们希望婴儿看起来有点像养父母,比如眼睛的颜色、头发的颜色等等特征。现在人们渴望了解婴儿会有什么基因,长相和外表吸引力的基因,智力的基因,一切可想像的东西的基因。因此,人们现在做的这种优生,不是正式的优生,我们可以称之为"自发优生"。

第三,新世纪的心理学的一个特点,我想讨论的东西对那些正在进入科学纪元的,已经意识到小心监控生物——植物和动物——以及人类资源的必要性的国家很重要。这些国家正在寻求发展拯救地球的政策。一个例子是姆贝基关于 HIV 的声明被误解的事件。我认为这个沟通上的问题是一个有趣的心理-社会现象,或者是心理-社会-文化现象。

我:您在谈论谁?

E.T.:我在说塔博·姆贝基,继任曼德拉的南非总统。

我:是的,我了解他关于 HIV,影响发展的社会因素,发展中国家制造药物的成本问题,以及其他同等重要的复杂问题的观点。

E.T.:你知道这场辩论。我记得曼德拉说过,必须注意姆贝基关于 HIV 会说什么。他没有宣称艾滋病可以用传统非洲药物或者其他什么药物治愈,但艾滋病与社会背景有关,与非洲的贫困、缺乏机会、缺乏资源、营养不良、低就业率有关,心理学家知道怎么解决这些问题,因此这些问题有着非常重要的清楚的心理成分。这个问题是心理因素、物理资源、健康、文化传统等之间关系的一个例子。

我还想指出的是,这与新世纪心理学的主要特点有关,如果国际化继续下去,如果科学发展出技术设备来开采自然资源,如果地球的居民继续增加,相对于研究、理论和教学,心理学将变得更为商业化。心理学将与制药以及生物医学公司合作(例如在基因工程方面),目的在于将生物医学研究的成果应用于可以用化学、基因和外科手段治疗的心理问题的诊断和治疗。美国政府对复杂人类行为的遗传基础研究的支持是导致这种趋势的国际化的重要因素。

我:关于新世纪的主要研究领域,您能给我们谈点什么?

E.T.:我认为心理学家将致力于我们刚才提到的那些大问题。我也认为他们将致力于新的药物产品的研究,以及发展神经解剖学及神经生理心理学的干预以治疗心理疾病。

我:我希望您谈一下心理学的应用。

E.T.:像我前面提到的一样,我认为人们已经认识到物理和人类资源的重要性。此外,我认为行为遗传学将成为教育心理学测试和教育实践的基础。自动化教学(例如通过计算机、电视等)的重大影响将继续下去,将会让我们强调群体的标准,而减少对个体独特性的注重。

我:您认为在研究方法上会有改变吗?

E.T.:尽管有较强的支持质的方法的趋势,这是因为目前人们对肤色、种族和社会阶层问题感兴趣,但我觉得两种方法都很重要,量的方法将继续占据优势。此外,量的研究得到更多的经济资助,因此,我认为将继续强调量的、正统的、传统的方法。大学里有什么新的职位空缺时,往往要求候选人是量的方法的专家。这让我很困惑,目前支持质的方法的趋势是否得到了认同。此外,很清楚我们心理学研究的是社会中行为的人,会有其他人的存在。对于这些情况,我们需要合适的测量方式和数据分析方式等等。如同20年前的心理学一样,现在认为,宣称只有量的数据很重要是错误的。有人可能希望在其他纬度,比如南非,心理学家会做一些不一样的、新的事情以解决现存的问题,但事实并非如此,不需要强调发展新方法来研究社会背景中的人。

我:您还想谈点别的什么吗?

E.T.:我认为回归到以前用于研究心理学重大问题的方法,回归到库尔特·卢因发起的动作研究很重要。我们有必要发展一个在全世界有社会责任感的心理学,这是世界心理学努力的方向。终极目的是为了人类和地球的利益。

我:结束之际请您谈谈您现在的工作和将来的工作。

E.T.:目前我在组织一个工作小组,涉及生物多样性、和平公园、冲突解决以及国际界限。此外,我一直领导研究生研究动物学,强调比较心理学在自然资源保护中人与动物关系的问题中的贡献,而自然资源保护对人和动物都是必需的。最后,我一直试图说服我的心理学家同行,我们应该深入了解基因组,这一点应该会在他们的理论、研究和教学中反映出来。

帕维尔·M.巴拉邦

这位行为神经科学家沿袭由谢切诺夫、巴甫洛夫、别奇捷列夫和索科洛夫等发起的研究高级神经活动的俄罗斯传统。他在莫斯科国立大学(俄罗斯)高级神经活动系的工作就来自这一重要传统。巴拉邦是索科洛夫的学生并继续了他的工作。他最近的著作(与 R. Miller 和 A. Ivanitsky 合著)题为《复杂脑功能——俄罗斯神经科学的理论进展》(2000)。

从俄罗斯看心理学

我:我们现在和莫斯科国立大学的帕维尔·M.巴拉邦教授在一起,我要先感谢他参加我们这个关于心理学的未来的著名科学家访谈的项目。非常感谢。我的第一个问题是您认为未来心理学的主要特点将会是什么?

P. M. B.:我个人认为心理学将和其他自然科学,如生理学、遗传学和药理学,有很强的联系,这将有助于了解行为的生理机制。很清楚,在行为水平对人进行的生理实验,需要背后的机制来理解行为。

我:是的,的确如此。第二个问题是您认为研究的主要领域将会是什么?

P. M. B.:嗯,如果我们要讨论有特殊作用的领域,我认为这与基因对心理功能的影响有关。今天我们甚至还不知道基因是否确实能够控制行为,但我们都知道行为是个复杂的过程。对一些人来说,基因太简单了,不可能影响行为。我认为这个领域的工作在未来将会长足发展并对心理学有决定性影响。

我:当然,基因决不会那么简单。

P. M. B.:它们决不简单,现在已经有些迹象表明,一些基因能够控制行为流程中的关键物质。基于这些研究,我们将能以全新的方法研究心理过程。

我：您觉得从基因跳到行为是容易还是困难呢？

P. M. B.：这很困难，但遗传学有新的方法，与遗传标记有关，这使得我们可以对成年动物而不仅仅是天生有缺陷的动物进行研究。当然在有特殊风险的领域我们只能研究非人类动物，对它们实施一个或两个小时的基因疗法，然后它们继续活动，或者治疗一到两天后恢复以前的活动。我们研究诸如海兔、蜗牛等简单动物，我们在这些动物中也发现了一些简单的行为模式。

我：比如？

P. M. B.：若干种基本行为模式，比如性行为还有其他。

我：性行为决不会是简单的。

P. M. B.：当然不会。不过它很基本。

我：您当然是对的，巴拉邦教授。您能谈谈未来心理学将有什么应用吗？

P. M. B.：有个较强的趋势是心理学家在科学研究中使用越来越好的新药物来增强功能、记忆和学习，我认为将会有很多其他可以增强心理功能的物质出现。我认为应用会被引导到这个方向。

我：您认为将会找到新的药物来增强智力、学习等等吗？有些药已经有了，我们都知道。

P. M. B.：是的，已经有一些，但这些药不是很好，而且我们缺乏细胞和分子水平的行为模型。我们需要更确切地知道什么是学习，什么是强化。我的同事和我致力于分子水平的分析。的确我们了解越多，就越能改进功能和行为。

我：这是一个奇妙的世界！您对研究方法有什么看法？您觉得我们现有的方法不合适，还是我们将必须发展新的研究和应用方法？现有的方法有什么必须是要改进的？还是说现有的方法和程序已经足够合适？

P. M. B.：嗯，这是一个很困难的问题，阿迪拉教授，因为心理学的不同领域有不同的方法；例如，药理学、行为的实验分析使用高技术，而其他领域使用的方法就不那么严格，不那么机械。比如对意识的研究就用到多种方法。随着脑功能机制的发现，心理学研究将有巨大变化。尽管如此，我不敢肯定都会这样，我不是研究人的意识的专家，不过在我们大学，在莫斯科有几个实验室在研究意识问题，使用新的和原有的方法来分析脑的电活动。他们分析心理能力的过程，分析人们理解和决策的方式。我们可以追踪与知觉时间，与决策相关的心理电过程，我认为这种方法将会有非常重大的进展。我们正在对脑加工的过程成像，即脑成像，这点很重要。我不是这些领域的专家，但我知道有新的进展和结果。

我：最后，您对其他问题有什么评论或者是您现在的工作、研究项目有什么可以和我们分享吗？我们会很高兴听到这些。

P. M. B.：我具体的研究项目的目的在于试图解释诸如强化和学习等心理过程，我们采用非常具体的生理学方法。对于借助药理物质在分子水平上使用遗传学和分子学的方法我很感兴趣。问题是分子水平的研究者通常不使用心理学的术语。我们发现，蜗牛有一个直接的行为队列，我们知道学习也发生在分子水平上；即我们知道分子参与了学习过程。我的意思是要有一个好的模型，使得我们可以分离细胞来进行实验，比如分离三个细胞，做出一些能在逻辑上重复心理现象的结果。我们正在研究脑的电活动的高频成分的功能含义，对情绪和认知、注意任务做脑成像，研究个体发生、个体经验的形成、人类和动物的个体差异、简单神经系统中的强化理论、行为的个体发生重组织、神经生物学的格式塔理论、类胆碱条纹系统和代表性行为的作用、习得性动作和姿势重组织、个体行为的生化相关、分辨学习等等。

我们已经分离了数个基因，蛋白质及其组合，以及它们对细胞的整合功能的作用方式。所有这些实在是非常有趣。

我：是啊，当然有趣。非常感谢。我很高兴看到有一条长远的路从巴甫洛夫和别奇捷列夫那一直通向 21 世纪。

格里·戴德沃尔

采访格里·戴德沃尔的时候，他刚好结束了国际心理科学联合会的主席任期。戴德沃尔教授在卢万大学约瑟夫·尼坦的指导下获得实验心理学的博士学位（1974）。他现在是这个大学的实验心理学主任。他主要的工作和研究领域是知觉和注意。

我们的世界知识

我：我们和格里·戴德沃尔教授在一起，他曾是国际心理科学联合会的主席，一直是知觉和认知领域的主要研究者之一，也是我们时代最著名的国际心理学家之一。格里，谢谢您参与到心理学未来这本书中来。第一个问题我想请您谈谈对未来心理学的主要特点的看法。

G. Y.：好，当然我希望心理学能更成熟，但实际上，这意味着什么？什么是一个学科的成熟？我希望心理学的各个领域继续发展自身，这样它们能够成熟起来。很多领域目前是分离的，但大家已经意识到彼此是相互需要的，这样我们又在学科内实现统一，仅仅是因为一些领域更彼此相互需要。

我：当然。关于研究的主要领域，您觉得认知心理学将继续发展或者您会认为别的分支会在研究领域中起更重要的作用？

G. Y.：如果我清楚明白地展示我自己的研究领域，那么重要的是，应该指出我是一个认知心理学家，但我认为未来将会沿着神经科学的方向发展，坦白地说，我认为这是一个伪问题。心理学家通常比"硬"科学的神经科学家在研究方法上得到更好的训练，我也认为在解释水平这个问题上有必要深思熟虑；例如，对脑成像的实验结果，在执行某个特定任务时如果发现大脑的某个特定部位会激活，那么这意味着两个现象之间有某种相关，并不是说这是对发生的事情的解释。我觉得使我们必须更深刻思考这些事情，我不认为某个领域会被另一个领域吞并。

我：您对不远的将来的心理学应用有什么看法？

G. Y.：我坚信心理学的应用范围会有很大扩展。我觉得心理学一直集中在有限的应用领域，但我们可以提供更多的应用。例如在这次大会（第 27 届国际心理学大会，瑞典斯德哥尔摩），我们不可思议地看到心理学是如何应用于外交问题，我应该承认在数年以前我是不会相信这种事情会发生的。在很多其他领域，心理学能够为解决实际问题提供它的知识和能力。

我:您能给我这些可能领域的一些例子吗?

G. Y.:我不是一个应用心理学家,但我在遗传咨询领域也用风险、知觉、决策的概念,以后父母需要决定是生育小孩还是不生育,因为要冒着小孩可能会有缺陷的风险。随着遗传学的发展,我们将来能够给父母提供小孩有严重疾病的风险的统计数据,因此对不确定的知觉,对那种情景下的风险知觉,可以帮助父母进行最好的抉择。应该说十年以前我不会想到心理学的概念会用于遗传咨询。我认为心理学的所有分支都会有贡献和帮助,尽管某些情况下不容易将基础研究的理论转化为应用。我觉得这是一个挑战,将心理学的应用领域多样化很重要。

我:作为诸如视觉信息的加工和记忆等基础过程的研究者,您觉得心理学的研究方法会发生什么改变吗?

G. Y.:我的回答又只能是片面的,因为我最近一直对脑成像感兴趣,这与我以前的工作没有直接关系。我认为我们心理学使用的方法已经不够用了。而在脑成像研究中使用的统计方法更复杂更微妙。我认为这些新的发展是一些挑战,我们必须思考在研究和统计方法中什么是真正重要的。但这些只是我基于对脑成像研究的兴趣的一些想法,很有可能在其他领域会有其他不同的方法论问题。

我:您愿意谈一下或者评论一下心理学的其他主题吗?您有什么特别希望和整个世界的读者一起分享的?

G. Y.:我想心理学会有光明的未来,我们刚刚开始往这个方向起步。尽管心理学已经有一百多年的历史,但相对其他学科来说,心理学仍然是一个非常年轻的学科。我觉得心理学的流派之间的斗争已经几乎完全消失了,而且最终会消失,因为我们的学科将会更成熟,将会集中在问题上,在这种情况下,要解决问题,站在哪个流派的立场上并不重要,重要的是解决我们面临的问题。

我:最后,您能谈一谈您的研究项目,您个人的研究吗?

G. Y.:这是一个难题,因为我这个人喜欢发起新的研究项目,新的观点,但随着项目的进展我会逐渐丧失兴趣。我在知觉领域工作了很多年,从场景中的物体知觉到广告知觉,到电视内容的知觉。我也对电影知觉感兴趣,因此,如同一些人所言,我的兴趣范围太广泛了,因此我面临肤浅的风险。我不敢确信我是否如此,但我想我还是喜欢开始新的事情,然后寻找其他人来合作继续下去,因为现在我对自己单干不感兴趣了。

我:现在您对什么主题感兴趣?

G. Y.:嗯,总体上来说与知觉有关,尤其是需要心理系统迅速辨别的情况。我们经常在特定环境中看到物体:对场景的知觉帮助我们加工单个的物体以及物体的部分。因此对物体的知觉和对物体沉浸其中的场景的知觉是有交互作用的。这与知觉有关。另一方面,关于记忆,我特别感兴趣的是前瞻性记忆,这是我们将来要做什么事情的记忆,比如记住明天有个约会,碰到某个朋友的时候要记得告诉他某些事情等,我们现在研究这种记忆更多一些,用脑成像来做关于前瞻性记忆的研究,而不是研究对过去事情的记忆。这与脑的前额部有关,但还没有研究得很清楚,在这方面还需要有更多的研究。

我:您觉得您把国际心理科学联合会留在了可靠的人手里吗?因为您在里面工作了很多年……

G. Y.:首先,我没有离开国际心理科学联合会。其次,我觉得新当选的主席(米歇尔·丹尼斯)非常好,我认识他已经很长时间了。在很多其他活动中,他征求过我的意见。我已经告诉他,如果他需要我的帮助他可以提出来,但如果他不提出来,我会尊重他的决定并试图保持沉默。

奥拉西奥·J. A. 尼莫迪

这位阿根廷心理学家和物理学家生于1913年,于1938年获得医学博士学位,又于1949年在芝加哥大学获得心理学博士学位,他待在美国直至1970年,在此期间他访问过欧洲、拉丁美洲以及世界的其他国家。1970年他回到布宜诺斯艾利斯建立了数学和实验心理学的交叉研究中心,归属于布宜诺斯艾利斯大学的精确科学与自然科学系,从那儿以后他成为该系的主任。

尼莫迪是伯纳多·奥赛、瑟斯通、柯勒、博林、史蒂文斯、卡特尔、吉尔福德以及 20 世纪其他著名心理学家的学生。尼莫迪的工作涵盖很多领域，尤其是认知过程、科学方法论、问题解决、医学教学、数学心理学以及其他领域。

阿根廷的实验心理学有悠久的历史，可以回溯到穆谢、皮内罗斯以及第一个实验心理学实验室的建立。随着心理分析的诞生，心理和精神病学的整个学科被弗洛伊德以及后来的拉康的思想统治。奥拉西奥·尼莫迪就在这个背景下生活和工作，他的方向与他的国家是相反的。

数学心理学

我：我们现在和奥拉西奥·J. A. 尼莫迪博士在一起，他是拉丁美洲乃至美洲大陆的心理研究先锋，尤其是南美洲的东南部。尼莫迪博士很友好，他接受了我们的采访。

H. J. A. R.：嗯，关于不远的将来的心理学的特点，我能够说的主要基于我个人的背景。我的背景不是社会科学，也不是人类学，而基本上是医学、数学，这些是我受教育的领域。我认为心理学的未来基本上取决于心理学如何趋近数学、物理以及生物的知识。目前，你也很清楚，我们正经受生物学知识的强劲入侵，而生物学是当今世界发展最快的学科。在此之前，占统治地位的是物理知识和数学发展。因此，我们正在从数学转到物理，从物理转到生物。我希望将来，我认为大家也已经看到，这将会触及所有的社会科学和人文科学，比如心理学、社会学等等。因此，我觉得似乎发展的方向正在转向社会科学。现在我自己就能感觉到这一点；我对混沌理论问题极其感兴趣，这是一个非常重要的问题。首先，我们要定义"混沌"这个词。我刚发表了一篇关于这个问题的论文。这个词的定义非常糟糕："混沌"被用来指代极其不同的事情。因此，澄清我们称为心理现象的现象是一个基本问题。此外，生物学的进展要求对很多事情要有个解释，对心理学问题也同样如此。这是我要讲的第一件事情，即有朝着更形式化的科学发展的趋势。

我：什么是硬科学？

H. J. A. R.：什么是硬科学？我不知道。我认为现在硬科学和软科学的差异正在消失。我认为心理学正在往这个方向发展。当然我的意见是很片面的；这取决于我的背景。在某些领域，比如临床心理学，我们已经看到了这个趋势。临床心理学在过去20或30年间发生了巨大的变化，以前觉得已经是永久确定的东西，现在看来非常脆弱。

我：那么您觉得将来心理学研究的主要领域是什么？

H. J. A. R.：在我看来，这基本上是认知领域，这与我几分钟前提到的与数学、物理等有关的说法一致。从这些学科发展出认知领域。那目前情感的方面要怎么办？坦白地说，我不知道这两方面如何联系起来。从这点看，坦白讲，要预测心理学将如何发展有点困难。嗯，我刚才说的是，已经发生了巨大的变化，尤其是在临床心理学领域，这意味着因此会有一些非常重要的变化。

我：您谈到认知心理学，这也是一个很大的领域，您指的是当前强调的认知的某个特定层面，还是广义上的认知？

H. J. A. R.：我认为是广义上的认知。例如，在今天我做的所有报告中，我是非常有目的的。我搜索了以往关于这些主题已经有什么说法。今天我提到了苏格拉底，然后我们谈到帕斯卡，然后是一系列的人。毫无疑问，这是科学的整体。此刻令我非常困惑的是信息在科学发展当中所起的作用。我认为这是机能反馈。伏特先生看到阳台的铁条上挂着的青蛙发现了电流。巴斯德只是拿了根试管，加热之后和没加热的试管相比较就发现了细菌，也就是微生物，从那之后细菌的各种情况就大白于天下。我不知道创造性的活动是否依赖于信息。

我：您认为是还是不是呢？

H. J. A. R.：是的，比如尼科尔的事情。尼科尔在北非看到蚊子叮在头皮上，由此萌发了关于一系列疾病的想法。

我：换句话说，不知道信息是否是必需的，或者是有这么多信息是好还是不好。

H. J. A. R.：信息过度不利于科学的创造。我们不能继续积累信息。生物时间和电子时间的关系是一个例子。这我称为混乱智力自我获得性综合征,因为信息积累导致没有足够的时间来分析信息。在生物意义上我们远远慢于电子。因此就会有差别,我认为这是很严重的。我认为有必要回归到中心的原始思想,那是我们文化和我们系统的基础,我们需要在大学里研究这些原始思想。比如,关于计算,人们认为做乘法是按一个键,而乘法不是按一个键,那是另一件事情。

我:显然这是另一件事情。

H. J. A. R.:我们正在往这个方向发展。我觉得这很严重。

我:嗯,关于方法论的变化,您觉得在方法论上会有什么变化吗?或者我们已经有正确的方法来进行心理学研究?

H. J. A. R.:嗯,我觉得统计的问题被夸大了一点,或者说夸大了很多。这里你要非常小心,对我而言,首先目前基本的事情是现象之间的关系而不是现象的大小,这是两件不同的事情。一件事情是测量,另一件事情是关系。我认为现象之间的关系是真正重要的事情。总之,我的意思是我不知道某个学科的知识和另一学科的知识可以在多大程度上分离,这是真的,这就是人们所说的"交叉学科"。目前,这是显然在全力发展的事情。嗯,那现在教育怎么进行?这个问题非常复杂,极其复杂,我不认为电子方式是解决这个问题的好办法。我认为这必须依赖于教师辅导的科目,依赖于教授和学生的交谈,弄明白学习的领域,等等。对我来说这是教育的方法;我们在阿根廷的教育研究院讨论了这个问题,觉得这件事情很难,因为成本很高。我在牛津大学时上过这样的课程,那不是以老师为主的课程,而是教授和学生之间的交流,不仅学生学会了,辅导老师也学到了东西。回顾我从工作中和在美国研究室的经验,以及在阿根廷,还有在乌拉圭和哥伦比亚的经历。我认为交谈和沟通、谈什么让你感兴趣、为什么你会那样说,都是教育过程。我不认为你能为师生关系订立非常严格的标准。

我:但随着教育的大众化,教师的问题变得复杂了,是吗?

H. J. A. R.:坦白地说,这我一无所知。现在,我相信你刚提到的教育的大众化。我深刻理解在大众化教育里我们必须考虑传授真正基本的思想。那些根本的基础的思想,那些许多世纪以前就有记载的思想。希腊人解释了很多这些基本思想。这些思想早有记载,比如在文艺复兴的整个时期,一系列的思想萌芽了。我认为我们现在处于新的文艺复兴时期,尤其是在生物学领域。简单来说,有些思想很基本,在教育中我们必须更多考虑这些基本思想,而不是科学家的新近发现。

我:尼莫迪博士,您能告诉我您在做什么吗?您的学生告诉我,您已经 87 岁高龄了。

H. J. A. R.:确切地说,2000 年我才 87 岁。一直以来我主要研究医学知识的评价问题。他们刚发表了一篇文章,那对我来说是个莫大的惊喜。那是《医学教育杂志》上发表的一篇评论,引起了我的注意,因为文章是这样结尾的:"非常感谢您,尼莫迪博士"。这与回归原始思想有关,我正与杰斐逊医学院合作做这个工作。我感兴趣的另一个问题,现在我也在研究,今天我们也提到了,是关于人的因素和变量的因素之间的关系。我刚在心理学期刊上发表了一篇论文,文中我论证了,同样的分数对两个人而言可以意味着完全不同的事情。两个人在一个测验里可以得到相同的分数,但从实际发生的事情来看,这可以意味着完全不同的事情。但让我感觉真的很糟糕,或许说让我害怕的是机会的观点。我刚在美国发表了一篇论文,现在我正在做这方面的研究。嗯,我简要解释一下。对某个矩阵,行与行做相关,列与列做相关,可以得到不同的相关,第 1 与第 2,第 1 与第 3,第 2 与第 3,等等。它们有不同的相关。现在,我继续把矩阵乘以它自身,再乘,再乘,直至 300 到 400 次,你知道我发现什么?所有的相关变为 1;这是死寂,这是热力学的第二定律。然后我问自己:做乘法的时候我们在做什么?我不知道,这让我感到害怕,我不想继续谈下去了。

我:但这很有趣,对吗?

H. J. A. R.:嗯,当然。相关必须为 1。如果我有两个系统,对这两个系统做相关,就是对两个不同的矩阵做相关,矩阵 1 和矩阵 2。我得到 1.0 和 1.0,但矩阵 1 和矩阵 2 似乎有某种相关并达到稳定。这里要小心,平均数在变,标准差在变,等同的却是不对称性。我不知道发生了什么,但我有点担心:在某一时刻事情会等同起来。

我：您已经不再管理数学和实验心理学的交叉研究中心了吗？还是您仍然在那儿？

H. J. A. R.：我还在管理，只要我还行。

我：您还继续这么活跃。您一直都是这样。

H. J. A. R.：我在中心成立时做的事情就像以前在美国做的一样。首先，他们和我一起工作了三到四年，我起指导的作用，然后每个人就可以独立按自己的方式工作。先是克里斯蒂娜·里绍；然后是卡拉·萨基；他们每个人都在某个研究领域工作，但先前有个准备阶段，那时候我们一起日夜研究同样的问题。不过让我们回到英国和那里的教育系统。

我：那很恰当，在历史上是很有效的，在科学上也表现出很好的结果。

H. J. A. R.：确切地说，那是牛津大学，那里尊重个体，有创造力。也就是说，某个人将在某个领域有创造性的工作，而另一个人将在其他领域，以此类推。我相信那样的教育系统，我已经在婴儿身上看到令人印象深刻的变化。我认为我们的教育系统很危险，因为它墨守成规。问题在于不是让学生适应方法、适应课程，而是让方法和课程适应学生。换句话说，应该为每个学生制订不同的课程学习计划。现在这么做是非常昂贵的。但我认为这是根本上应该做的，也就是说，根据每个人的特点制订教育计划；美国正在以某种方式这么做，而美国大学的成功则由此而来。在哈佛大学、芝加哥大学等一系列成功大学里，人们得到了不同的知识的教育，他们以后也继续因材施教，这样就会出现极其多样的知识领域，我觉得这是非常重要的，英国人原先做得很好，美国人也这么做了。

我：您对将来的工作怎么看？您会继续研究混沌理论和刚才谈到的那些重要问题吗？

H. J. A. R.：我将继续研究认知的基本问题。将来会发生什么？如果你再到布宜诺斯艾利斯来，请来访问我，我会给你看我们发现的一些结果。我们的结果让我害怕，让我感到恐惧。因为我并不真的知道在发生什么。那是心理学吗？我不知道。

我：这与数学的结构有关还是与认知更相关？我们将必须考虑这点，对吗？

非常感谢您和我们一起共度这段时间。您一直是南美大陆心理学研究的先锋,您还在非常困难的环境中造就了许多人。我认为现在在阿根廷,心理学的科学研究已经不那么困难了,现在已经好多了。

H. J. A. R.:当然。我记得在 20 世纪 40 年代,那时我常去哥伦比亚,那里有默西迪丝·罗德里戈,还有阿方索·埃斯格拉的实验室。后来,出乎意料的是,又出现了许多人。南美发生的事情,也同样在阿根廷发生了。我也在想有必要定义什么是一个国家。依靠我们今天拥有的手段,和美国的某个人联系并得到答复的时间,可以短于和同一个实验室的人联系并得到答复的时间。因为我通过互联网,马上就可以得到答复。但是,要去到同一个实验室的同事那里,我需要上楼,下楼。显然生物时间远慢于电子时间,它们有很大的差异。

我:您认为人们会轻易适应这种加速的技术变化吗?因为这导致了部分的难题。

H. J. A. R.:我认为这别无选择,只能去适应。如果不,我不知道我们以后会怎样。我们在计算上也有问题。做乘法你只需要按一个键,这已成为我们文化的基础。嗯,我不知道,在 21 世纪或者下个世纪会不会出现一个崭新的文化,但有趣的是所有的文化在某些基本思想上有很多交汇点,这些基本思想对所有文化都是一样的。必须研究这些思想,以后还要让每个人最终可以在这些思想系统里自由活动。做预测很难,我不想预测。

我:非常感谢,尼莫迪博士。很荣幸和您一起讨论数学、教育、心理学,还有南美问题。在 87 岁高龄之际,您仍然和 30 年前一样头脑清楚。

简·斯特里劳

简·斯特里劳教授就职于波兰华沙大学,是个体差异系的主任,行为遗传学交叉研究中心的创建人。简·斯特里劳教授一直是个体差异领域的主要研究者之一。他生于 1931 年,于 1963 年在华沙大学获得心理学博士学位,后来又获得了俄罗斯莫斯科的人文科学大学的荣誉博士学位。

他最近的一部英文著作题为《气质:其心理层面》。2000年,由于心理学的研究工作,斯特里劳获得了波兰授予科学家的最高荣誉,类似于"波兰诺贝尔奖"。

个体差异

我:斯特里劳教授,今天很荣幸能和您一起讨论心理学的未来。

J.S.:关于未来心理学的主要特点,我认为,从心理学的现状谈起很重要。我想很不幸,我们仍然有基础心理学和应用心理学的区分。我们甚至发现我们置身于辩论和摩擦之中,对立双方是代表做基础研究的机构的人和代表做应用研究的机构的人。我预测在不远的将来,就心理学来说,基础和应用科学将统一并将越来越彼此靠拢,也许在下一个十年还不会发生,但数十年后就会发生。我们的心理学将会面向社会问题,换句话说,心理学将以基础科学为基石来研究应用问题。从政府、私有机构所支持的与心理科学有关的项目里,我们可以看到这一点,这些项目都有实际应用的成分。

例如,我看到电生理的基础研究者,在诱发电位和其他类似主题为他们的研究工作寻求临床应用。可能这是双赢的结果,以后我们只有一个心理学,而不再有基础和应用两个不同的层面。

我:关于最有前途的研究领域,您有什么看法?

J.S.:如果只是断言认知心理学是值得研究的领域之一,这没什么意思。但是,我们应该看到心理学出现了一些新的趋势,新的领域在发展,而若干年后又几乎被遗忘。数学心理学是一个例子,它曾经很流行,很有前途,让心理学往数学形式化的方向发展,使得心理学在自然科学的意义上有很大进展。这是成为焦点然后又被遗忘的领域的例证。在今天的大会上,已经看不到数学心理学的论文了。可能认知心理学,或者认知科学更能帮助心理学的发展;但从我本人致力于人类功能的生物学层面,我认为我们正在往遗传学的方向发展。人类基因组是一个很有前途的项目,但我们只能读出符号、字母,我们还不能把这些字母组成句子。还有很长的路要走。行为遗传学,当然和分子遗传学不一样,两者的结合可以帮助我们更好地理解人类行为。

我个人认为,10 到 30 年里,我们将了解行为遗传学的所有基本问题,但不管怎样,这将会是心理科学最有前途和最值得肯定的方向。

我们要记住,基于行为来理解所有事情的行为项目已经过时了,尽管目前在某种形式上有反对心理学中的生物学取向的斗争,对遗传学、行为遗传学的统治地位有反对的声音。我觉得有必要在这些事情上保持平衡。

我:我们来谈谈应用。

J.S.:难以提出一般性的应用,因为我个人认为当我们谈及心理学的应用时,我们通常指非常具体的事情。例如在波兰,AIDS 的问题还不是非常严重,因此可以宣称,心理学在 HIV/AIDS 领域的贡献是未来的基本领域之一,对此我毫不怀疑,但此刻在我们国家还不是这样。很多应用对一个文化或国家来说是很具体的,尽管显然会有共同点,比如灾难。没有哪个国家不发生灾难的,不管是自然发生的还是人为引起的。

我:显然没有不发生灾难的国家。

J.S.:嗯,没有。在波兰,我们觉得我们没有灾难,但有很多由粮食引发的严重问题,很多人死了。有关灾难和大灾难的心理学是非常有前途的。协和飞机事故是心理学应用的崭新领域的一个例子。

在波兰,除了基础研究传统之外,我们还有应用心理学的传统。有成百上千的心理学家在这些领域工作,比如监狱系统中的法院心理学家,他们在监狱工作,致力于违法者的康复。在其他国家可能有其他独特的问题,比如毒品走私、酒精中毒及其灾难性后果……

我:比如家庭酒精中毒的后果。

J.S.:是的。这让我想到家庭的重要性,这是一个非常重要的问题,至少在我们国家是这样。无论如何,应用的主题对特定的文化和国家来说都是很具体的。

我:关于研究方法,您觉得已经足够合适了,还是必须要改进?

J.S.:这是一个好问题。我认为方法论的发展必须达到高水平,到一个很高的层次。

我:尤其是方法的改进和复杂性。

J.S.:正是。例如,如果我们比较实验室里关于学习的研究,我们可以看到实验设计已经有了很大的改善,分析数据的技术也是这样。现在,实验室的心理学实验比人们以前想像的要精致得多。如果我们把 20 年前做的有关诱发电位和其他类似现象的神经电活动的研究,和现在做的研究相比,结果也很惊人。变量的控制更为恰当,对数据的统计方法也是这样。

心理测量学的专家,以前局限于行为的描述,现在他们使用了更好的统计方法,因此至少可以得到对行为的半因果的解释。我现在谈的是关键路径的模型、结构模型、多变量等等,现在这方面仍在大步前进。但不幸的是,很多心理学家不能遵循这些精细的统计方法,也不能理解。

我:那些东西超出了他们的理解范围。

J.S.:是的。这样的心理学家有很多,形式化模型是不容易理解的。

我:很遗憾。我们进入下一个话题,您对心理学的未来还有什么其他事情想要分析的吗?

J.S.:没了,我想没有。

我:好,那我们来谈谈您的工作。

J.S.:我想从一个比较宽广而又特定的视角来看我的国家。似乎在很多国家里,心理学是作为一门基础科学,需要解释各种行为、各种产品,尽管过去心理学局限在狭隘的应用领域,比如临床、医学领域,但今天很难找到一个不需要心理学家和不需要心理学的地方。如果与帮助他人、改进工作效率,或者发展社区有关,很清楚没有心理学的帮助,这些问题不可能得到解决。

我:关于您个人的工作,您目前正在做的事情,还有在不远的将来您想做的事情……

J.S.:当然,你知道我做了很多工作,我致力于气质研究几乎将近 40 年。

我:是的,我很喜欢您最近出版的关于这个主题的书。

J.S.:我们可以说这是一个很窄的角度,因为气质只是人格结构中的一小部分。另一方面,由于集中于这个相当小的现象,我能够从所有可能的角度来进行研究。我做过心理-生理以及电生理研究;我做过儿童、动物及成人的气质研究。我对由气质引起的临床问题感兴趣。还有行为的调节,气质的遗传学研究。我有一个气质理论,它是理解和定位所有这些研究所必需的。除了环境因素,现在我更多地研究行为的所有遗传学成分。我认为气质应该被看作是一个调制器,它对所有这些现象有影响。

我对研究应激这种状态,以及应激的后果感兴趣。根据我的模型,我能研究所谓的"灾难中的人"、"危机中的人"、创伤性应激及其失调。我有个这样的研究项目,以波兰的标准来看,资助金额是很大的,尽管从国际标准来看并非如此。这是波兰历史上在社会科学和人文科学方面预算最高的研究项目。

我:恭喜恭喜!我希望您在新的研究项目里取得更大的成功!

爱德华·K. 莫里斯

爱德华·莫里斯的主要研究兴趣是行为实验分析。他生于1948年,于1976年在伊利诺伊大学获得发展心理学的博士学位。从1975年起,他在堪萨斯大学工作,现在他是人类发展系的主任,该系是行为分析的主要机构之一,注重基础研究同时兼顾应用。莫里斯一直从事实验心理学、行为分析、心理学的历史和哲学的研究。他最近出版的书有:《以现代眼光看约翰·B. 华生和经典行为主义》(与 J. T. Todd 合著,1994)、《以现代眼光看 B. F. 斯金纳和当代行为主义》(也是与 J. T. Todd 合著,1995)。

理解行为

我:埃德,您和我一直很担心行为实验分析在当代心理学中的地位,以及这个知识领域给人的错误印象。您觉得在不远的将来这些会有改善吗?

E. K. M.:我觉得这取决于心理学的发展方式。有些人,比如肯尼思·格根,宣称心理学不可能是一门自然科学。尽管不是这样,但如果这是真的,我不知道怎样告诉你行为实验分析在心理学中有什么地位。我相信心理学能够成为一门研究行为的自然科学,但要实现这一点心理学应该转向行为分析。也许这听起来有点惊人。行为实验分析是研究个体和文化的行为过程的自然科学。

现在,心理学是自然历史的一部分,它大部分是实验性的,但它基本上致力于人格、认知、情绪的研究。我认为其他学科也这样——比如生物学——科学应该用来解释自然历史,但在心理学里我们没有这样做。很多人格或认知的研究者发展了他们自己的理论,但他们的解释独立于其他水平的分析。

我觉得如果心理学要继续发展并彻底转变为一门自然科学,它应该转向行为分析,但实验分析给人以错误印象,心理学家,或者说他们中的很多人,不会接受这种转换。这可能是坎特的立场,即所有自然的东西应该能够成为自然科学的源头。在斯金纳看来,这会是一门科学。

我:您认为会有某些研究领域比其他领域更重要吗?

E. K. M.:这取决于该领域致力于基础还是应用分析。我喜欢史蒂文·海斯所说的,行为理论源于非人的有机体的研究,然后应用到人身上。或许有些原则不适用但其他的会适用。这甚至可能是社会历史和言语群体的特定类型导致的。对我来说,刺激等价性这个问题似乎非常重要。我也认为情境是值得研究的主题,人们会以不同的方式来作解释。

我:您认为某些领域的研究会加强吗?

E. K. M.:我不觉得我能指出具体的领域,因为我认为这是由社会背景、文化、亚文化来界定的。我对提出问题的分析方法非常感兴趣。

我:您认为在研究方法上会有改变吗?或者相反,您认为我们建立的方法论参考体系已经足以研究行为问题?

E. K. M.:我认为在个体行为水平,我们已经有很好的工具:书本上到处有合适的方法引导我们怎样提出研究问题。尽管如此,心理学的其他部分告诉我们,行为分析不是个好办法——"不,这不是提出问题的方式"。实际上,就预测而言,行为分析可以提出合适的问题。某些情况下,显然我们需要相关而不是实验研究。比如杰拉尔德·帕特森作的犯罪研究，使用了全局变量，分析了这些全局变量和其他变量的相关，用以解释、预测、减轻犯罪和暴力。这些研究是行为实验分析在有重大社会意义问题上的贡献。显然应该采用调节变量分析和相关分析，这是在特定条件下我们可以采用的最好办法。泛而言之，我们寻找解释、预测和控制。

某些情况下，很遗憾，我们能做的唯一事情是对条件或情境作适宜的描述，或是对行为作恰当的解释。每件事情都是分级完成的。实验分析的目标是控制行为，但显然更基本的是理解现象。预测和控制能帮助我们理解行为，因为我们了解控制的关系，而在基础研究中我们可以利用预测和控制来理解现象。

我认为从长远来看，没有行为的实验分析，我们就没有行为科学。只有通过相关分析和解释才能达成预测和控制。

我：关于心理学的未来，您还有其他什么事情或主题要评论吗？关于行为分析的未来，您想和我们分享什么重要的观点呢？

E. K. M.：在过去几年里，我一直对整合的问题感兴趣：基础和应用研究的整合、自然科学和自然历史的整合、行为实验分析和传统心理学领域的整合。我们常要回答关于人格、认知的问题，我认为如果我们对这些领域有统一的解释，人们将更能理解行为分析也将更尊重它。

我：在结束之前，我想问一下您目前的工作以及您近来的计划。您在做什么项目？在写什么书？我看过您的履历，知道您非常高产。我读过您几年前出版的关于华生和斯金纳的那两本书。

E. K. M.：我一直往大会提交论文，我希望发表一篇关于情境的鸿篇巨制。另一篇论文是关于直接动作。我已经发表了一篇关于自然历史和自然科学的论文。如果你读我这些年来的论著，你会知道我一直感兴趣于纠正有关行为实验分析的错误解释。除了生物因素，我还对文化和社会背景在行为中所起的作用感兴趣。理解文化中的控制变量，以及这些变量适用于个体的形式，是基本的原则。

此外，我希望有更多时间来重写我以前的一些论文。

格尔曼·古铁雷斯

格尔曼·古铁雷斯 1965 年生于哥伦比亚,1990 年在哥伦比亚国立大学获得心理学学位,1994 年在得克萨斯大学奥斯汀分校获得生物心理学的硕士学位,并于 1998 年在该校获得行为神经科学的博士学位。他是《拉丁美洲心理学杂志》的副主编,也是哥伦比亚在国际心理科学联合会的代表。他在国际一流期刊发表了有关比较心理学和学习的若干研究报告。他的研究兴趣包括行为进化、生殖行为和经典条件反射。目前,他是哥伦比亚国立大学的全职教授,还是研究生项目的协调员。

进化和行为

我:您认为在不远的将来,心理学的主要特点是什么?

G.G.:**使用新技术来教学**。计算机,尤其是因特网,从根本上改变了我们教学的形式。发达国家及其不发达国家的很多机构,都已经采用计算机作为辅助手段,在某些情况下则代替了传统教学。一些课程利用电子邮件列表来给学生提供有关课堂主题的额外信息。通过这些列表,学生可以向他们的教授或者研究助理咨询。其他课程有自己的网页,在网页上他们可以发布学习材料、实用的习题,甚至可以在计算机上进行测验。尽管如此,我们还不知道这些新技术对教育的影响。我们不确切知道新技术是否会促进学习,是否会提高学生和教授的动机,是有利于还是不利于教师和学生的交流。眼下,我们就像是拥有一件新的玩具,想探究其所有的可能性。

在研究中使用新技术 现在计算机的使用在全世界的心理实验室里是标准配置,由于因特网的极度普及,在过去几年里出现了一些新的主题式的、方法论上的、实用性的可能性。

使用电子邮件作为研究者间交换信息的一种迅捷手段已经成为现实不止十年了。同样,通过因特网正式传播信息也在增加。一些电子期刊已经创刊,并遵循印刷版传统期刊的学术质量标准。很多学术期刊除了传统印刷版外,现在也发布电子版。随着价格的降低和订户的增加,人们在争论不用纸张是否会降低运作、生产和分发学术期刊的成本。迄今为止这只是理论性的。鉴于有限的经验信息,没有多少传统期刊冒险完全改变他们的出版方式。此外,这样的改变对教育者和学生的阅读行为的影响也还是一个谜。我自己的经验,以及我对同事和学生的观察,让我觉得我们还是喜欢阅读纸版。因此,我们把从因特网下载的材料打印出来,我们只是把电子方式当作是传播的形式。当然,下一代可能会改变,他们很小就开始使用计算机。

我们不知道对一直订阅发行了几十年的期刊的机构和个体的购买行为有什么影响。或许价格是最根本的因素。

同样,我们不知道作者对在电子期刊上发表文章的有什么看法。在我的同事中做过一个小型的调查,结果表明大家仍然偏好印刷的期刊,尽管他们愿意尝试以电子方式发表一些他们认为学术价值较低的文章。

技术的快速发展也给我们带来了新的研究问题,新的数据采集的手段以及更强大的数据分析工具。关于未来的研究领域和未来的研究方法的变化的问题,我将讨论三个领域的影响。

交叉研究　这个问题已经讨论很多了,但我认为,高质量的交叉研究还很限。心理学和很多其他学科有交互,尤其是在应用领域。例如,在健康领域,心理学家数年前就是促进、预防和康复的标准团队的一员。但是,我们的研究工作基本上是单学科的。交叉学科研究工作的一个著名例子是神经科学,在过去十年里,围绕一组研究问题,该学科汇集了心理学家、生物学家、药理学家、物理学家、语言学家等等。交互的结果是令人印象深刻的高产,而且与某些人的预期相反,没有一个学科在这个过程中后继无力。

在其他领域,交叉学科的工作一直不那么有效。例如,在社会政治学的研究和发展领域,心理学家的参与的影响有限,而且经常因为采用其他学科,尤其是社会学的语言、方法和解释,从而丧失了自己的立场,我认为将来交叉学科研究的可能性和质量会继续提高,尤其是对于那些本来就处于心理学和其他学科边界的问题。

国际合作 借助网络进行交流大大促进了散布在世界各地的心理学家之间的交互。数年前,这还是发达国家的一些研究者的特权。今天开始有多国合作研究各种问题。由于利用了研究者间迅捷经济的交互,跨文化研究尤其令人感兴趣。这个趋势会继续增强,可以预期由分布在世界不同地方的多个合作者参加的研究将迅速增加。但是,这里有某种风险,指出这点很重要。不发达国家的研究者会发现自己虽然也参与了,但担当的研究工作是不平等的,更像是个助手。这很不合适,对这些国家心理学的发展也没有贡献,这让我们看到了历史上传留下来的知识的依赖性,迄今为止这仍是科学的一般特点。

强调心理学研究的伦理性 在过去的几十年里,心理学以及科学的研究和应用的伦理标准总体上一直是限制变得越来越严格。这对知识的发展有正面和负面的影响,取决于对研究者的限制程度。

毫无疑问,考虑到动物的福利可以提高实验室中以及饲养动物的农场里的动物的生活水平。但是,在某些情况下,这些要求越来越高,以至于忽略了饲养动物的习性。目前,在动物的社会刺激和环境丰富性方面,有些要求常常是毫无科学依据的,有的甚至违背了物种的行为习性。例如,一些伦理委员会要求非社会性物种保持在群居方式,或者是给那些生活在地道和洞穴中的物种提供开放空间。很多这样的不受经验证据支持的要求使得研究变得越来越昂贵,对科学工作起阻碍作用。

一些伦理小组不仅质疑那些让被试有不愉悦后果的实验,而且反对在科学研究中使用活的有机体,不管研究的性质如何。有关在生物医学和行为研究中使用动物的讨论高度两级分化,且倾向于用法律手段来解决而不是通过双方协商达成一致。这有可能导致一场真正的对研究工作的法律"围攻",这对科学知识的发展有非常不利的后果。例如,有关行为的厌恶性控制以及疼痛机制的研究已经大大减少了,这部分是因为这些压力的影响。

我认为在未来几年里,由于妨碍动物研究的政治和法律行动,这种意识形态的压力将会延续。当然,负责促进科学研究的机构有义务维护行为和生物医学研究。尽管如此,我们研究人员有必要努力离开象牙塔,在整体上向公众展示我们工作的重要性以及对人类的特定用途。

我：什么将成为心理学的主要研究领域？

G.G.：神经科学。当然，有些研究领域现在已经成为事实，将来它们还会继续增长。例如，在过去30年里尤其是最后的10年里，即所谓的脑的10年里(1990—2000)，我们在神经科学方面的知识迅速增长。神经科学汇集了一系列的学科，从不同的水平来分析神经系统。可以根据待分析事件的持续时间以及作这样的分析的空间来组织这些水平。事件的持续时间可在几毫秒到几百万年之间变化，如果我们考虑进化性的变化。事件发生的空间可以在原子水平到行为水平间变化，行为水平是神经科学家研究的最整体的水平。和这些变量有关，我们关于神经生物事件的知识发生了很大变化。我们在过去几年里获得的大部分知识集中在分子、细胞和结构水平，集中在持续时间短的事件。但是，只有少部分神经科学的研究集中在系统、整体脑功能或行为水平。心理学家在过去100年里一直占据在行为水平，而在其他水平分析的行为现象只有一小部分。值得一提的是在细胞水平对适应性和感受性，以及一些经典条件反射现象的研究。可以预期在未来几年在不同水平之间的知识差距将开始缩小，将会在分子、细胞、结构、系统和脑水平上研究各种行为现象。在过去20年里，脑成像的发展已经开始缩小这种差距，让我们能更完全和综合地理解脑与行为之间的关系。

遗传学、进化、发展和行为 关于人类以及其他物种的基因组知识的迅速发展，引起了有关现在和将来利用遗传工程的各种思考。尽管如此，这种热情主要是基于医学的发展，而和对遗传和行为的关系的理解没多大关系。对遗传和行为关系的研究所需的神经生物技术的发展，允许我们超越研究方法和手段（例如，双生子的研究），而去研究有关人类智力的各种问题，这些问题在神经科学的这个子学科历史上已经引发了很大的争议。显然，我们将要做的工作是寻找与行为相关的一组基因，这将集中在变态行为或者与医学问题有关的现象，如阿尔茨海默症。尽管如此，寻求一组基因和行为之间的关系只是朝着理解这种关系的机制的方向迈出的第一步。

在过去的几十年里,利用孟德尔的突变、杂交、选择性繁殖技术进行的动物研究已经开始提供了这一机制的一些线索。这些研究的结果让我们提出了老问题:基因组与环境交互是如何导致结构发展,以及整体功能及其特定行为的发展? 发展和进化是如何相关的? 尽管对这些问题以及相关问题有着或旧或新的答案,解决这些问题是研究发展和进化的心理学家和遗传生物学家在不远的将来的一个很好的整体目标。

心理学家和生物学家过去一个世纪里研究的,行为的现象和机制的进化普遍性水平是什么? 这是比较心理学的中心问题。但对这个问题的回答一直很有限。已经进行系统比较的只有一些物种(如哺乳动物、鸟类、一些软体动物和昆虫),一些行为系统(如食物系统),还有一些现象集合(如联结性和非联结性学习)。即使发现了现象的普遍性,还应该更详细地研究机制进化的连续性。此外,在比较方法上,应该在物种的数量和行为系统上加以扩展,比较的结果应该以进化和生态的方式进行分析。

最后,在最近几年,出现了以类似进化的方式来研究人类行为的趋势。这种兴趣起初以社会生物学家为代表,现在则由所谓的"进化心理学家"为代表。由于社会和政治原因,由于理论原因,这种趋势一直很有争议。首先,人们通常争论是不是社会生物学家引发了新达尔文主义,像E. O. 威尔逊这样的社会生物学家强烈否认了这种控诉。其次,人们争论,理论是不是从错误的前提推出来的(例如,特定等位基因和特定行为之间的关系);自然选择的单位是基因而不是个体,支持理论所选择的根据(例如,与亲属无关的利他主义的许多案例,或者是作为互惠源的利他主义的例子)都被忽视了,还有其他的解释也被忽视了。不管怎样,大家已经大量使用进化的观点来研究各种个体和社会的人类问题,比如杀婴、强奸和杀人。近来,人们扩展了性选择理论,评估这种理论对于理解人和动物的配偶选择和其他生殖现象有什么意义。目前对于动物物种实验性证据较强,而对于人类而言,间接性(相关性)的证据比较多。在未来几年里,可以预见比较心理学家和进化心理学家之间会有一场学科的辩论,他们对这些现象有共同的兴趣,但在某些情况下他们有着完全不同的假设。

跨文化心理学 在人类水平,关于现象的普遍性和行为的机制的问题是同等重要的。但对这些问题的回答不局限于与其他物种的比较,还可以比较世界各地的人。跨文化心理学已经有效地研究了社会行为的各种现象和维度(如偏见、文化适应、个人主义和集体主义)、发展(如依附)、正常和变态行为。尽管如此,它的可能性还没有被尽可能地挖掘,某种程度上这是由于在世界各地实施控制研究的逻辑困难。如前面指出的那样,发展有效而经济的通讯方式应该有利于发达国家和不发达国家的跨文化研究,在发达国家中居住的土著群落很少,而在不发达国家中有各种各样的本土文化。尽管这听起来前景不错,但有必要提醒一下,和全球发展联系在一起,我们已经看到全世界的很多土著群落在加速消失。这种消失可以是物理性的,如果土著人口急剧减少,也可以是文化性的,如果这个群落的文化适应性很强,那么在发展过程可能会迅速被入侵。因此,在进行跨文化研究中应该认识到这种紧迫性,至少对那些人口很少的文化是这样,这些文化很容易改变或者会物理性地消失。

心理学和人口学　在这个经济和社会变化迅速、交通安逸廉价的时代,人类社会面临的问题之一是世界各地的移民数量的增加。最常见的是从全世界发展中国家往北美、欧洲和亚洲的发达国家的大量移民。这种现象对这个过程所涉及的国家有非常重要的社会和政治的影响。例如,发达国家通常人口负增长,这促使它们接收,在某些情况下会促进移民。对不同国家的人的行为以及生殖决策的清楚理解,对更有效的社会政策的制定是有重大贡献的,据此政府可以调整移民入境和出境。

提供和接收移民的国家可能受益也可能受损,这取决于以前和现在对移民的投入以及能为移民提供工作和最低社会福利的能力。例如,如果移民在自己的国家有教育和工作经历,那么提供国的损失会非常大,其后果也很负面。

移民带来了一系列的社会行为效应,从各种类型的偏见,到文化适应效应。根据观察者的文化和政治视角,文化适应效应可以看作是必需的和正性的,也可以看作是强加的和负性的。社会心理学家已经研究了部分这些现象,但是,对于理解这些现象,以及其他直接与由移民、战争或者不那么剧烈的社会和经济变化引起的人口变化相关的现象,心理学应该还能够作出重大贡献。

我：主要的应用领域是？

G.G.：心理健康　我觉得心理学将继续成为对促进和维护大众心理健康有最显著贡献的专业。在世界的某些地区，心理学家已经成为高层职业人员，他们寻求在各种情况下，如冲突、危机、变化等，都能提供服务。尽管如此，出于经济或者大部分情况下是出于文化的原因，在世界的大多数地区情况并非如此。很多地区，尤其是发展中国家，心理学有越来越大的影响。在很多国家，随着基本社会健康计划的诞生，心理援助的成本显著下降。这将使得心理学服务的范围会增大，但也有可能导致服务质量下降。心理服务提供者和保险公司之间的这种相矛盾的经济关系可以有不同的效应。例如，这也可能导致致力于心理健康服务的心理学家的数量减少，因为心理学家的薪金水平下降了。目前，清楚理解这些效应，以及职业人员和健康提供服务之间的关系，对制定维护专业的社会和经济状况的政策以及专业构成政策，是绝对有必要的。这是全世界的心理学家协会的一项任务。

心理学和健康　过去几十年里，心理学的一个成功之处在于嵌入到有关健康的所有水平的研究和服务团队中去。目前，心理学家在这个领域仍然有更大贡献的空间；同时，研究表明人们的行为和健康之间有着紧密的关系。健康心理学的趋势，和医学还有其他相关专业一样，已经从关注疾病的治疗和康复，转到预防和促进健康。在这些水平上，正好个体行为可以对健康—疾病的过程有重大影响，因此，不难预见，心理学在各种机构的健康团队中将日益占统治地位。

环境心理学　从人口过剩对社会行为影响的研究，到视听污染对人的心理健康的影响的研究，我们可以发现，很多人类问题出于与环境的抵触性交互。环境可以以非适应的方式改变我们的行为，这点大家是有共识的。环境心理学是个成熟的研究和应用领域，我觉得该领域已经表明其最重大的贡献将要到来。我想指出将来会有影响的两个子领域：交通和人群拥塞环境中的人类行为，以及人机交互。人机交互领域的研究有些人认为和环境心理学不一样。人机交互领域的研究表明将来会有两个重要的可能。首先是模仿人类行为的现代机器的开发（会超越以往的水平）。其次是理解我们怎么和这些机器以及其他不那么"智能的"，日常生活中常见的机器进行交互。这已经是未来心理学在这个领域的研究和应用要思考的共同问题。

我：您认为在不远的将来在研究方法上会有变化吗？

G. G.：在我看来，实验仍将是建立变量之间的因果关系的主要和最好的方法。毫无疑问，这是科学历史上最重要的方法论成果。我认为在实验的限制条件方面会有些变化。从比较心理学、发展心理学还有其他领域，我们可以看到这样一个趋势：自然性的实验的增加，这是推广非常严格条件下的实验室实验的结果的一种方式。这种手段本身没什么新意。根本的变化在于实验者态度上的变化，他们想为数据寻求更好的生态学效度。目前，这些经验还是有限的，但我预期这种趋势会增强。

我确信我们将继续考虑用有机活体和动物模型作为研究行为的有效手段。如前面我所指出的那样，这种手段会受到意识形态方面的阻碍，但我相信支持这种手段的争论在今天仍然是正确的，如同 100 年前一样。我很怀疑替代心理学实验室的动物的提议。在我看来，这种手段不会被替代，但实验室里使用动物应该谨慎。当然，一旦某些过程和行为机制有了合适的定论，可以利用细胞或者模拟的手段来评价有关行为的某些方面的具体假设。但我仍然认为有机活体仍将应该是研究和分析的基本单元(尽管不是唯一的)。

我：关于心理学的未来，您想谈点别的什么吗？

G. G.：新的行为技术的发展。关于应用心理学尤其是临床心理学的未来，我比较关心行为技术的发展，这将会受到寻求新的治疗技术（比如新的药物或者遗传工程）的热情的阻碍。由于这不是我的研究领域，也可能是由于我不了解，目前我感到行为技术的发展速度减慢了。我认为，新的"奇迹"般的精神病药物的出现或者未来在基因水平改变特定行为问题的可能性，导致了 20 世纪关于行为治疗技术的研究的动力的减少。此外，未来可以开精神病药物的可能性（在某些地方现在已经是一个事实），会让这种担心成为一个事实。我知道这种观点与某些人认为是临床领域专业的自然步骤的观点不相符。但是,有必要思考这对我们的未来以及对我们的专业带来的可能的负面效应。

心理学参与社会政策的制定 心理学越来越多地参与到社会政策的制定过程中去。这是学科和专业的正面公众形象,以及诸如美国心理学会、国际心联等心理学家协会的有效的规划行动的结果。在发达国家这点更为突出,但在发展中国家不那么明显,这或许需要心理学家更紧迫地参与到社会政策当中。虽然可以说认识到这一点是每个国家的心理学家的主要责任,但是大家希望看到强大的国际心理学家的组织能够促进心理学家参与到有关健康、教育、安全、和平和与人类行为有关的各种现象和领域的政策的制定。

我:最后,如果您能谈一下您自己,您现在的工作以及您将来要继续的工作和研究,我将不胜感激。

G. G.:目前我的兴趣集中在研究学习的机制,关于多基因物种的选择的机体觉和内感受器行为。这个领域的研究试图发现这样的学习机制怎样随着物种的生殖系统而变化。性选择的理论原则起初是达尔文提出的,后来特里弗斯做了修改,但这些原则没有在行为系统,更没有在诸如各种类型的学习等复杂行为过程中进行过系统研究。

性选择理论对理解雄性和雌性的行为以及其他差异有重要意义。如迈克尔·多米扬和卡伦·霍利斯提出的那样,还可以扩展到学习能力以及调节这些能力的机制上。例如,一些多基因的物种,雄性有两个或者更多的雌性配偶,雌性主要负责照顾幼儿,雄性比雌性更有可能对意味着性伴侣的信号作反应。我以前在得克萨斯大学奥斯汀分校迈克尔·多米扬实验室的研究支持了这个预测。对那些雄性和雌性有稳定配对的物种(一夫一妻物种),父母共同照顾幼儿,可以预期雄性和雌性在学习机制上的差异较小。最后,对雌性有多于一个的雄性配偶的多基因物种,照顾幼儿的是雄性,性选择理论预期雌性比雄性有更强的能力来学习那些可能意味着会出现性伴侣的信号。此外,雌性会以更积极的方式来表达这种学习。这个预期还没有被证实,因为还没有对诸如美洲水雉的一妻多夫物种进行研究。

目前,从理论推出的预测还没有得到系统透彻的研究,这点从前文可以推断出来。我的研究项目是这个方向上的一步。我现在做的研究是关于日本鹌鹑的配偶选择。以后我计划发展项目的余下部分,用一夫一妻物种,如有可能也用一妻多夫物种来做实验。这是一个挑战,因为我现在还不知道任何与日本或欧洲的鹌鹑有亲缘关系的物种有这样的配偶系统。这个挑战很令人激动。

另一方面,我认为,我有义务为我的国家以及我的领域的心理学的国际化作贡献,推动我们在拉丁美洲做好的研究工作,以及在周边区域推动我的研究兴趣——即比较心理学。

雷纳·K.希尔伯埃森

雷纳·K.希尔伯埃森是毕生发展心理学的研究者,他强调青少年和成年初期,他以纵向研究和跨文化研究而闻名。他是德国耶拿大学发展心理学的教授,美国宾夕法尼亚州立大学的人类发展和家庭研究中心的副教授。他是德国心理学会的主席,《国际行为发展期刊》的编辑。他目前的研究项目关注的是,在一个大规模的纵向和横断面上比较德国政治统一前后的青少年的发展。

从德国看心理学

R. K. S.

1. **未来心理学的特点** 心理学将已不同的方式继续存在。我们将看到和现在了解的心理学不一样的统一的心理学,心理学将与生物学、分子遗传学、神经科学、(令人惊讶地)还有社会学结合在一起。目前我们有两个极端,一个更为生物导向,另一个更为社会科学导向。心理学的这两个极端近来都有很大进展,一个方面是因为遗传学,另一方面是因为关于社会变化的研究。

2. **研究主题** 研究的特定主题将集中在生物、心理以及社会过程之间自上而下还有自下而上的动态相互影响。在纵向意义上,重点将放在特定时间点和特定形式的相互影响上。

3. 应用　在健康方面将有最重要的应用,关于老年医学、工作和组织、毕生学习、(遗传)风险的早期检测及其行为后果、预防和干预等等。人们将对导致心理疾病、成瘾等问题的过程寻求更好的理解。

4. 研究方法　我认为以后我们将更信赖行为的生物相关量测量方式(就像神经心理学领域那些脑扫描技术所做的那样),而不是继续像现在这样强调自我报告的测量。

5. 与心理学的未来有关的其他问题　我认为心理学的不同应用之间的分离会继续增大,心理学仍将是一门科学。这种分离正在增大。有可能其他专业也会投入到心理治疗还有与心理学的应用有关的领域。

6. 我近来的计划　我想继续我正在作的研究,此外,我想研究内分泌和脑加工在青少年行为问题中的作用。更确切地说,是研究发生在青春期的动态交互作用。

第五章
职业应用

弗洛伦斯·L.登马克
　　性别和心理学
弗朗西斯科·桑托拉亚
　　心理学作为一种职业
查尔斯·D.施皮尔贝格尔
　　焦虑与压力
弗朗西斯科·J.拉夫拉多尔
　　越来越是一门科学而非"艺术"
伊里·霍斯科韦茨
　　从中欧看心理学
艾伦·E.卡兹汀
　　未来的心理学
伊丽莎白·奈尔
　　从新加坡看心理学
萨斯·库珀
　　心理学世界与南非
英格里德·伦特
　　从欧洲看心理学家的职业

20世纪初,心理学主要还是实验室中的实验科学。它一心一意研究知觉问题,例如,反应时,韦伯定律,费希纳、赫尔姆霍茨和冯特的工作,统觉,心理物理学,感觉系统的心理生理学,联想,等等。最关键的人物当然是威廉·冯特和威廉·詹姆斯。人们用德语来写作心理学,也很有可能"用德语来思考"心理学。实验研究试图找到主要适用于正常人和成人的普遍心理规律。那时,没有人想到心理学会有应用价值,也没有人会想到后来出现了类似于工程学和医学的心理学职业。

21世纪初,情况就大不一样了。大多数心理学家工作的地方不是实验室,而是应用领域。世界上总共有50多万名心理学家,几乎遍布所有的国家。在21世纪初,人们用英语而非德语来写作(和思考)心理学。而且,在所有文化和语言群体的努力下,心理学正变成普遍的和世界性的。100年前的心理"学派"不复存在,但是,心理学这门学科仍然没有达到人们所期望的也是必需的统一。这是不远的将来的任务。今天,心理学不再被认为是关于心智的科学,而被认为是关于行为的科学。

心理学是一项职业和一门科学,但是,或许可以肯定地说,在这个新世纪的初期,职业的地位更重要。应用领域发展迅速,分支众多:临床心理学,教育心理学,学校和工业/组织心理学,健康心理学,社会应用、社区和运动心理学,临床神经心理学,司法和法庭心理学,经济心理学,广告心理学,咨询心理学,生态心理学,应用老年心理学,家庭心理学,运输心理学,超常人群心理学,心理学和国家社会经济发展。

心理学有许多门类和领域,应用数不胜数。与冯特、巴甫洛夫、弗洛伊德和华生这些心理学的先驱们创立时相比,心理学变了很多。我想,在今天的国际心理学大会上,或美国心理学会(APA)的大会上,或国际应用心理学大会上,冯特、铁钦纳、威廉·詹姆斯们会觉得不自在。他们无法理解,心理学家们为了让公共医疗卫生服务提供者偿还心理治疗师的报酬而斗争;也无法理解,心理学家们会去争取处方权;同样无法理解,为同性恋者、妇女和少数民族赢得权利的斗争是如此重要。在21世纪的心理学大会上,心理学之父们会倍感失落和不适。

本章讲的是心理学的应用和职业问题。现在,让我们更感兴趣的是"改变世界",而不是"尝试理解世界"。谈到心理学家的职业,弗洛伦斯·

L.登马克向我们讲述了心理学中训练计划的认证,讲述了专门化的日益增加和成为通才的困难,讲述了处方权对于心理学家的意义。她谈到了女性心理学和性别心理学、社会心理学以及21世纪的国际心理学前景。

弗朗西斯科·桑托拉亚说,未来的心理学将会去满足全球化和新技术带来的重大社会需求。他担心,全世界获得学位的心理学家太多了,可能会有人难以找到工作。他认为,人口的老龄化会使老年心理学成为心理干预中的大明星。

1998－2002年度的国际应用心理学会(IAAP)主席查尔斯·D.施皮尔贝格尔声称,未来心理学的首要领域之一将是健康心理学。他指出,互联网会更多地用于获取研究数据。他说,计算机在心理治疗和咨询中的作用将会日益重要。施皮尔贝格尔本人的工作中心是情绪和人格因素对癌症、高血压和心血管疾病的病源学影响。

弗朗西斯科·J.拉夫拉多尔指出,不远的将来,心理学的最重要特性是,被积累起来的心理学知识将得到实际的应用。他强调为取得实效而必须发展技术,而职业组织和职业协会将起重要作用。他认为,不久以前还存在的那些(行为主义的、人本主义的、认知的等)"模型"的重要性将会减弱,甚至完全消失。在拉夫拉多尔看来,心理学将越来越是科学而非"艺术"。

捷克共和国布拉格的霍斯科韦茨是中欧应用心理学界最受尊重的人之一。他谈论了学科交叉,新的应用心理学领域,还有实验室研究、理论和应用之间的关系。心理学的社会作用是最基本的,而至今仍被忽视的领域内的工作也是最基本的。

艾伦·E.卡兹汀在研究、应用、临床心理学、职业事务、儿童和青少年的心理疗法、攻击和暴力等方面的工作是21世纪初最受认同的工作之一。在此,他谈到了他认为在不远的将来最重要的三个趋势:心理学和生物科学之间联系的日趋紧密;对人类和动物的基因组的研究;计算机科学、工程学和机器人技术的进步。卡兹汀预料,临床工作将越来越依赖证据,而不再那么依赖先入为主的概念和缺乏科学检验的方法。

新加坡的伊丽莎白·奈尔向我们讲述了信息全球化、电子通讯和跨国比较。她认为,吸引高素质的学生进入心理学职业是很重要的。

从种族隔离废除之后南非的前景考虑,萨斯·库珀谈到,必须让政治决策者具备心理学知识。他强调,需要拥有扎扎实实的科学数据,以避免心理学成为伪科学或歧视的手段。心理学的社会意义和期待——即心理学能对人类福祉作出什么样的贡献——都是未来心理学非常重要的组成部分。

英国的英格里德·伦特在欧洲职业心理学中所做的工作对于这门学科的进步产生了巨大的影响,他从科学和职业的角度分析了心理学的多样化。这种多样化每天都会增加,以至于我们很难再把心理学看成一个统一的整体。

所有这些心理学领袖人物,无论来自美国、英国、捷克共和国、西班牙、新加坡、南非还是其他国家,他们都在本国和国际上致力于使这项职业取得一个合适的定位,并且取得了相当的进展。感谢他们的努力,感谢成千上万的心理学家们的努力,这些努力使今天的心理学成为了 21 世纪初全世界高度认同的一项职业。

弗洛伦斯·L. 登马克

女性与性别问题的心理学这个领域在很大程度上与弗洛伦斯·L. 登马克的工作联系在一起。这位先驱者生于 1932 年,1958 年在宾夕法尼亚大学获得社会心理学的博士学位,曾担任心理学组织的许多最重要的职位:美国心理学会主席(1980—1981 年)、东部心理学会主席(1985—1986 年)、国际心理学家理事会主席(1989—1990 年)。只有极少的妇女担任过美国心理学会主席,而她是其中之一。她主管过各种学术项目,现在是纽约佩斯大学的心理学教授。她的主要研究领域是女性心理学和跨文化心理学。她让我们看到,与人们常常相信的和以往心理学书中的描绘不一样的是,心理学并不是完全属于男性的学科,女性也在应用和研究领域作出了重要的贡献。登马克的主要著作(1993 与 A. Paludi 一起编写)是《女性心理学:问题和理论手册》。

性别和心理学

我：我们请到了对心理学做出了最富独创性和决定性的贡献的人之一，弗洛伦斯·登马克。她也是国际心理学的一位领袖人物，致力于证明弱势群体在心理学发展中的作用。首先，请告诉我们，您认为未来的心理学的主要特性是什么？

F. L. D.：我想，心理学会变得更为全球化，不像从前那样孤立。美国的心理学过于地方化，以致我们很少关注本国以外的发现。互联网影响巨大，各国人士都参与的国际会议为数众多，我们最好能重视来自全世界的心理学信息。我认为，合作研究项目也会增多，作者们可以通过电子邮件进行交流。

我：您认为什么研究领域将会最重要？

F. L. D.：跨文化研究会因我刚刚提到的那些因素而增多。就我个人来说，我相信女性和性别心理学会持续繁荣。暴力仍然会是心理学研究的重要主题，因为世界上许多地区还存在着战争，而家庭暴力和针对妇女的暴力也还存在。另一方面，我相信，得到实证支持的心理治疗技术也会被研究得较多。我也相信，对领导（leadership）的研究也是一个重要领域。在建立行为模型时，考察塑造行为的文化和种族因素是一个成长中的研究领域，研究移民经历对心理的影响也是一个成长中的研究领域。针对老龄群体的科学研究会日渐增多。此外，也分析了进化心理学的赞成和反对意见。

我：让我们来谈谈应用。

F. L. D.：运动应用心理学是心理学知识的一个重要领域，至少在美国是这样。法律心理学也是一个重要的应用，它包括选择陪审团、证人指证和记忆错误。另一个应用是工业或组织心理学，包括培养管理人员、压力缓解、创建团队和组织最优工作环境。受到女性心理学的启发，将心理学用于男性，由此产生的男性和男性健美心理学也成了重要的领域。心理学应用于和平、积极补偿行动和其他社会责任领域的社会问题具有重大意义，在不远的将来会越来越多。同时，心理学家们正在争论药品使用、药物处方和更多地对儿童使用药物疗法等问题。心理健康行业将会经常性地使用"远程疗法"和互联网疗法等非传统形式的心理疗法。我认为,将心理学应用于身体健康或健康心理学会前途无量。而开发不带文化偏见的评估工具,训练更多的双语心理学家,在移民人群中开展工作也将是心理学应用的要点。

我:您认为,这会引发心理学方法论的变化吗?

F. L. D.:毫无疑问,传统的量的分析方法会存在下去,分析数据的计算机程序会越来越好。质的方法和个案研究也正在得到愈来愈多的应用。应该指出,量的和质的方法不是相互排斥的。二者常常被用于同一研究。许多研究者认为,引入"参与者"(participants)的观念很重要,不应该像用显微镜那样去研究"被试"(subjects)。

我:我想请您谈谈,您所认为的对于心理学的未来具有重要意义的其他话题或主题。

F. L. D.:在临床、学校和咨询领域,服务提供者的心理训练项目认证将是大势所趋。最近召开了一个关于认证的国际研讨会(第二届心理学家执照、证书和认证研讨会,挪威奥斯陆,2000 年 6 月 18~20 日),这表明,认证问题不仅在美国很重要,在世界上的其他国家和不同地区也都很重要。

对于心理学家来说,药品处方也是心理学的未来的一个非常中心的话题。许多从事治疗的心理学家积极争取为病人开精神药物的合法授权。我不太清楚其他国家是否也有这样的运动,但至少美国有。尽管这遭到许多心理学家的强烈反对,但最终这可能会成为事实。在美国,处方权需要在每一个州获得许可,而不仅仅是在联邦政府获得许可。

心理学将继续成长,继续朝专业化迈进。在这个专业化的年代,任何人都不太可能成为通才。知识总会越来越多,学生们一旦开始研究生阶段的学习,就要专攻一个领域。普通心理学知识似乎只属于本科阶段。另一方面,继续教育会变得越来越重要,以便使我们在自己的专业领域里能跟得上时代。

远程学习也是未来心理学的一个重要话题,课程传授的方式可以是通过电子邮件或通过电视会议。

我：在结束这场有趣的谈话之前，我非常希望您能向我们谈谈您自己、您所做的工作和您在未来开展工作的方式。

F. L. D.：我 1958 年在宾夕法尼亚大学获得社会心理学的博士学位。虽然我主攻社会心理学，我的同班同学主攻临床心理学、实验心理学和工业/组织心理学，我们上的课是基本一样的。我们都是有专长的通才。事实上，我最初从事临床心理学，后来才转到社会心理学，因为我对后者的研究更感兴趣。一个人改换领域很常见，虽然说女性不能进入工业/组织心理学领域，至少在那个年代的宾夕法尼亚大学是这样。

我一直对学术事业感兴趣，对教书和作研究感兴趣，获得博士学位之后，我开始在纽约城市大学（CUNY）的皇后学院兼职教书。那时我的孩子们还小。随后我在 CUNY 的亨特学院全职教书，从讲师晋升为教授，并有幸被选为托马斯·亨特心理学教授。我参与了纽约城市大学研究生中心的博士项目。我甚至当过城市大学 10 个研究生项目的执行主管（研究生主管）。

我的研究兴趣以实验社会心理学为基础，从研究领导到研究少数民族成就，最后我的兴趣变为研究女性和性别心理学。我写过许多文章和书。纽约的佩斯大学邀请我担任心理学系主任，我在担任这个职位的时候，被选为罗伯特·斯科特·佩斯杰出教授。

除了我的学术事业——教书、研究和管理以外，我积极参与美国心理学会（APA）和美国国内外其他组织的活动，包括泛美心理学会（ISP）和国际心理学家理事会（ICP）。我曾当选为 APA 及其三个分会（女性心理学、普通心理学和国际心理学）的主席，也曾担任过东部心理学会、纽约心理学会、心理学荣誉协会和国际心理学家理事会的主席。我获过由 APA 授予的多项奖励和荣誉，有教育和训练杰出贡献奖、公共兴趣奖、国际心理学进步奖。我也有幸在 1997 年获得由泛美心理学会颁发的美洲心理学奖。

我打算从国际视角继续开展女性和性别心理学的研究。随着时间的流逝，我对这个领域的兴趣扩展到世界上的许多国家。我对世界各地的妇女地位感兴趣,包括妇女和领导这个话题。我也希望成为美国乃至世界各地新进心理学家们的良师益友。

我:无疑,您在进行一项对于当代十分重要的事业。最后,我要说的是,诚如加西亚·马克斯所言,21世纪将是女性的世纪。

弗朗西斯科·桑托拉亚

弗朗西斯科·何塞·桑托拉亚1956年生于西班牙的巴伦西亚,现在是西班牙心理学会的主席。他在巴伦西亚大学获得博士学位。此前,他曾在巴伦西亚大学获哲学和教育科学(心理学部分)的硕士学位,还有护理学毕业证书。他主要研究精神分裂症,以及使用虚拟现实治疗精神分裂症。1993年以来,作为西班牙心理学会的主席,他是西班牙心理学的领袖人物。

心理学作为一种职业

我:弗朗西斯科·桑托拉亚博士,过去几十年里,西班牙心理学有了巨大的发展,而您在西班牙职业心理学的前沿担当着重任。人们公认,西班牙心理学会是除了美国心理学会(APA)以外世界上最大最重要的心理学家职业学会。据说,除了讲英语的心理学家团体,讲西班牙语的心理学家团体在世界上是最有影响力的。

今天,我们来谈谈未来的心理学,西班牙语社会希望对此有所贡献,并且已经作出了几十年前预见不到的巨大贡献。

您认为,在不远的将来,心理学的主要特性会是什么?

F.S.:我想,短期之内,心理学作为科学和职业都将面临着新的技术发展和全球化进程带来的巨大社会需求的挑战。要在这种急需答案的新形势下调整和重构心理学知识,所有的相关部分都必须进行深度的分割和聚合。在我看来,我们现在感受到的壁垒都必须被打破,至少,研究和应用之间应该有连续的反馈,这样,二者才能共同为快速变化的社会中的心理和社会关系问题寻找有效的解决方案。这使得我们去反思我们正在研究的相关理论模型,去为评价、干预和行为预测构建技术设施。

在不远的将来,理论模型必须考虑我们刚刚提到的这种跨文化和全球化的现实,而我认为,只有采用整体的和整合的模型,我们才能做到这一点。另一方面,全世界培养的心理学家为数众多,让我感到担忧,因为他们可能难以找到工作。从某种意义上说,我又不那么担忧,因为在未来的十多年中心理学家们将有可能在不同的情境中大展身手,有可能开拓众多的应用领域。不过,这个问题依然存在,而获得心理学学位的人们也还有希望,其中的一些人对进入心理学职业抱着热望。这些希望的破灭会带来非常负面的影响,那就是不能继续保持这个光彩的职业地位,而这一职业集体是一个受到当今社会高度评价的职业群体。

在这股潮流中,从业的必要条件也不容忽视;随着教育、学习和职业训练的复杂性的增加,在新的不同的应用领域中的专业化和进一步专业化也会增加,而且后者很可能发生在远离大学的新地方,需要用与原来情境不同的标准和方法来评估。事实上,美国、加拿大、意大利和一些北欧国家已经是这样,在这些地方,开业不仅需要获得大学学位,还需要通过认证程序。最后,要补充的是,这种复杂性意味着要重新审视所有的行为规范和职业道德,因为这些新应用领域中的干预都是心理学职业的一部分,每个新出现的情境都需要有特定的道德准则。

我:心理学的主要研究领域会是什么?

F. S.:我想,心理学的研究领域十分广泛,现在已经包含了与人类活动有关的各种话题。只需回顾一下过去几届心理学大会的记录,我们就可以看到这个事实;看一看我们的科学中现有的各式各样的出版物,也可以证明这一点。许多研究领域有悠久传统,与临床、教育、工作和组织、法律或交通等经典领域有关;其他的与体育、经济、政治、毒品成瘾的心理干预、一般和特殊的社会服务或心理老年病学等较新的心理学应用领域有关。显然,我们已能看到某些心理学研究将会起到重要作用;如新的交流方式将在人际关系和健康方面发挥作用;对互联网工作的适应;以及虚拟疗法的后果和问题;用互联网进行组织咨询在改进客户服务、为每个员工提供连续和个性化的服务、为解决用户通过互联网提出的问题提供建议;人群对基因工程和技术的发展新成就的行为反应等。上述这些是我不假思索就想到的,另外还有很多。

我:主要的应用领域又会是什么?

F.S.:前面我们提到了许多心理学起着或能够起到杰出作用的新应用领域。可以料想,神经心理学可能会在老人等人群中得到发展,用于改善其生活质量;也可以料想,法律心理学中可能出现质和量的飞跃,譬如法官在做出日益复杂的决策时需要信息和报告;另外,心理技术还可应用于运动的基础学习或用来在竞技中达到更高的绩效。但是,我的直觉告诉我,接下来的三年里,在西班牙,健康和社会干预心理学,特别是与妇女和儿童(包括性虐待)有关的治疗,将得到很大拓展,这门职业也会得到发展。最后,我又想起了我曾经提到过的:人口的老龄化将使心理—老年病学在这个年代后5年的心理干预中备受瞩目。

我:你相信研究的方法论在不远的将来会发生变化吗?

F.S.:新技术将对方法产生重要的影响;网际空间和虚拟现实的结合带来了一些足以评价人类现况的新对象和方法论。因此,开发新的精密的数学模型和购进新的仪器设备是必要的,它们可以使我们在短期和长期内都能作出更可靠的预测。

我:您想谈谈与心理学的未来有关的其他话题吗?

F.S.:有一系列因素都会影响到不久以后心理学的职业实践,它们直接影响着研究主题和心理学家的训练。在这些因素中,不能不提的话题是心理学家的超员,还有令人担忧的职业侵入(professional intrusion)。这会由来自其他相似职业的人造成,也可能由那些原来在某一固定领域工作、转入另一领域工作之前没有受到足够专业训练的心理学家造成。后一种情形更为严重,因为这是心理学家自己损害了我们的职业形象。

我想,超员和侵入的问题不可能得到根本的解决,因为它们并非为我们的职业所独有,而是在所有的职业(例如,物理学家、律师,等等)中都很普遍,甚至可以说是文化和社会变迁中固有的现象。

事已如此,我们唯一可做的是:提供高水平高质量的专门训练,对真正受过训练、为新技术作好准备、深切地知道我们的科学有哪些资源可以在职业中得到应用的那些专业人士进行认证。通过推广这种认证,社会可以选拔出在确定领域有效行使职责的专业人士。

我:最后,能不能请您谈谈您自己、您现在的工作和您将来的工作和研究计划。

F.S.:我现在正在进行的一系列研究与心理健康领域有关,具体地说,是对精神分裂症的研究。迄今为止,我一直在进行精神分裂症病人重新进入社会和工作方面的研究,我(或,我们)正在利用虚拟现实开发一种新的治疗程序。

查尔斯·D. 施皮尔贝格尔

施皮尔贝格尔担任过美国心理学会的第 100 届主席(1991—1992年),国际应用心理学会 1998—2002 年度的主席,国际心理学家理事会 1986—1987 年度的主席,还任职其他广有声誉的国际学会。查尔斯·D. 施皮尔贝格尔于 1954 年在爱荷华大学获得临床心理学的博士学位。现在他是行为医学和健康心理学研究中心的主任,是位于坦帕的南佛罗里达大学的一位杰出研究教授。

他已是超过 350 本专业出版物的作者、合编者或编者。他的研究工作围绕着下列主题:焦虑,压力,好奇,经历,表情和愤怒控制,人格和学习,行为医学和健康心理学,工作压力,压力控制,高血压、心血管疾病和癌症影响下的情绪和生活方式。他的书有《焦虑和行为》(1996)、《焦虑:当前的理论和研究动向》(1972)、《压力和运动》(1988)、《考试焦虑:理论、评估和治疗》(1995),还有其他的很多。

施皮尔贝格尔的《状态—特质焦虑问卷》(1970,1983)已被翻译成 58 种语言和方言,成为测量焦虑的国际标准形式。现在,查尔斯·D. 施皮尔贝格尔是研究压力和焦虑的世界级专家,他在这些领域内仍然非常活跃,在全世界的许多国家都拥有合作者。

在这段采访中,他指出了那些与不久之后的心理学的主要特质有关的那些东西,未来心理学的研究、应用、方法论的改变和其他的重要方面,以及他自己的工作。

焦虑与压力

C. D. S.:1. 在我看来,健康心理学是未来十年研究和职业实践关注的重点。互联网将更多地用于收集研究数据和识别需要心理帮助的人。

2. 提到科学研究,人们对健康领域的兴趣将会大大增加,特别是关于主要身体疾病的心理决定因子的研究,这类疾病包括心血管疾病和癌症,它们是世界范围内的两个主要死亡诱因。

3. 健康心理学将会更多地得到应用,在心血管疾病和癌症的防治方面心理学家将与内科医生进行更密切的合作。在心血管疾病和癌症病人的康复方面,我期待计算机更多地用于咨询和心理治疗,以帮助专业人士更快识别其顾客的问题。这样,职业服务会更有效率,需要的次数更少,公司将能够更充分地向那些专业人员提供补偿费用。

4. 在这个信息时代,我预感计算机将会更多地用于研究目的,用来收集数据。计算机也会用于测量情绪和其他的评价和治疗中的"关键心理标识"(vital psychological signs)。

5. 至于我自己的工作,过去十年我在工作压力的演化方面作了很多研究,发表了《职业压力调查》(Job Stress Survey, JSS),在商业和工业程序中担任了压力管理咨询师。人们现在认识到,工作环境中的压力是降低生产率、导致旷工、工作更替和许多身心健康问题的重要影响因素。

我的工作将继续围绕着经历、表情和愤怒控制,情绪和人格因素对癌症病因及其发展、高血压和心血管疾病的影响。我们也在测试我们的新的状态和特质抑郁量表的效度,它们现在是《状态—特质人格问卷》(STPI)修订版的一部分。STPI(Y 形式)由 8 个 10 项的量表组成,分别测量状态和特质的焦虑、愤怒、抑郁和好奇。我和我的学生正在开发一个多维好奇问卷,由测量感觉好奇、知觉好奇和认识好奇的个体差异的量表组成。

弗朗西斯科·J. 拉夫拉多尔

弗朗西斯科·J. 拉夫拉多尔是马德里康普顿斯大学的行为矫正教授。他同时还是这所大学临床心理学系和临床心理与健康心理研究生院的主任。他已经出版了 19 本书,代表作有:《应激控制新技术》(1992)、《有效心理治疗选择指南》(2000)。他还在西班牙国内外科学杂志上发表了 100 多篇文章。他获得过西班牙心理学会的拉斐尔·布加莱塔奖。现在他涉足两个研究领域:1. 压力和心身疾病。在这个领域,他研究环境压力造成的初始自动加工的变更,及其对应激的初始生理反应的影响,这些都是诱发心身疾病的原因。正是这类工作使得行为、压力以及偏头痛和高血压的解释模型得以发展,应用于这类问题的临床治疗程序得以建立,并且在临床样本中得到了评估。2. 赌博成瘾。研究涉及到非理性思维在持续病态赌博行为中的作用及纠正这种思维的价值。这项工作已经得到了一种非常有用的临床干预程序。

越来越是一门科学而非"艺术"

F. J. L.:1. 未来心理学的主要特性

a) 心理学是起源并成长在学术环境中的一门科学。它自诞生以来一直受到的挑战是,解答人们问到的关于人类行为的各种问题,解答人们试图用哲学或宗教等其他方式来回答但是不能完全解决的那些问题。这也许跟这些问题的起源有关,也许是因为这些答案太过"精妙"。在很长一段时间内,心理学的中心任务是发展解释性理论和实验室实验,以至于有人说它不太实用,没能解决普通人的问题或困惑。现今,心理学中已经有了足够多的科学知识,可以对许多这类问题给出解决方案或回答。心理学家越来越感兴趣于将科学知识实际而有效地应用于社会问题或需求,因为社会越来越需要实际的解决方案。毫无疑问,在未来几年里,心理学的最重要特性将是,关注将从已经积累的心理学知识得到的解决方案投入实际应用。

b) 作为这种实际应用的一个重要组成部分,将会出现使用更有效的技术。例如,操作起来更实用的手册(先行者之一当属"行为矫正技术"手册),有关"自助"的书和影音材料,快速通信路径(不仅包括直接的,也可以通过电话、互联网、电子邮件、视频会议等),解决某些问题,首先是帮助个人发展的标准化课程。这样,人们可以直接受益于心理学应用的发展,而不需要"忍受"与心理学家们保持也许会特别漫长而令人厌倦的关系。这也必然意味着心理学家与他们所服务的用户之间的职业关系将发生改变。这种关系会变得更简单、更灵活、更明确,在获取结果的时候当然也就会更有效率。

c) 朝着这个方向,我们显然也应该在评价、预防、干预、评估等各种类型的任务中更多和尽可能地利用计算机技术。例如,虚拟现实支持下的诊断和干预,通过互联网进行诊断或选择,呆板和线性的纸笔测验向计算机辅助的模拟程序、更灵活的学习系统和个性化的及时反馈转变,等等。

d) 用户—心理学家之间的关系发生的新变化的一个重要方面将是,重视对群体、集体和社区进行干预和应用。在心理学应用中,占有着重要的地位医学范式:医患关系简单,位于办公室之类的"人造"空间。长期以来,即使是在临床心理学领域中,使用的也一直是这种"范式"的干预。心理干预应该在产生人类行为的环境中实施,从根本上说,它是社会的。群体中人的行为和群体的行为,所有这些都处于产生它们的社会环境之中。

e) 在这种发展中,来自职业领域的贡献会日趋重要,改变现在这种几乎完全由学术界占优势的局面。这将部分得益于心理学家职业的社会和经济地位的提高,使得他们可以做一些不那么受经济需要驱使的工作、一些质量更高的工作、一些可以有更多的准备和思考的工作。与此同时,职业心理学家社会的活力和重要性,以及他们对社会现实的影响,都将得到很大的发展。

f) 从另一方面看,也是最后一点的先决条件,就是开发评价和评估心理学家绩效的系统。心理学家必须用清晰而有力的数据向社会证明,他们的工作是有成效的。而且,他们必须识别哪种干预有效哪种无效,应该在何种条件下实施。"什么都行"或每个人"都有好的一面"的时代该终结了,必须确切地指出什么经证明是有价值的而什么没有。

g) 强调干预评价会使不同心理学"模型"(行为主义的、人本主义的、认知的,等等)的重要性减少(消失?)。重要的将不是通用模型,因为它们在处理具体问题的时候不太好用,重要的是将已有的知识整合到特异的"微模型"之中,以解释非常具体的问题或现实的某些方面。这里假定,人们就收集有用数据或知识所必备的条件达成了共识;在这项任务中,使用正确的方法是关键。心理学需要开发一套共同的知识(这已经部分实现),摒弃很少成功的"通才模型",即试图根据极少的数据解释一切。必须从一个基础出发点创建一套"确定的知识体系",但是,在这个体系中,"学派"的发展毫无价值。

h) 发展"微模型"去解释各种各样不同的对人类行为的挑战,将有助于增加心理和生理的基础方面所受的重视。在一定程度上,识别"人类基因组"对于解释行为来说将是一个新的参考点,或是一个新的起点。

知道人类行为的复杂程序在其中得以发展的身体系统的重要性是不言而喻的。要注意的是,不要迷失在"生理学家指示"中。生理性基础的重要性显而易见,但是,在一百万基因之外,我们不能忘记每个基因都对应着至少数以万计的可能的容易发生的或成型的连接,这在很大程度上是由学习过程和个人经历造就的。

i) 对认知方面的研究也会非常重要。这类研究当前所受的局限,主要是由方法的局限所致,将会随着方法的改进而减少。但是,不要忘了,方法只是工具,重要的是要回答的问题。要形成好的问题,需要一些关于非常具体的方面的解释性微模型,这些模型会随着可得数据的增多而更加完整,更有建树。数据的贡献必须尽可能地完整;生物的支持与行为和认知的支持都很关键,但是不要忘了看看其他科学领域(神经科学、社会学和人类学,物理学……),可以也必须将它们的新数据整合进来。如果迄今为止,认知方面的工作已在更基础和初级的过程(知觉、注意、自动情绪反应,等等)的研究中获得特别的进展和成功,那么当这些方面变得更清楚时,解决更复杂的过程(动作组织、决策、问题解决、创造性……)将会容易些。

j) 所有这些将意味着关于人类行为原因的公众观点将发生重要的改变。人们的行为不是有魔力的（不是被不能解释或神秘的原因所主宰），不是复杂或困难到不能解释的，而只是现实的另一面，可以被心理科学所揭示，而心理学会日益科学而非"艺术"，会越来越平常。但是，要记住的是，无论心理科学进步到何种程度，要将随机性从行为的原因中完全排除出去仍然很困难。

2. 研究领域

要指出关键的研究领域是一件困难的事，特别是考虑到当前已有研究领域的数量和种类非常之多。另一方面，心理学被分割成了不同的应用领域，这使得类似我这样的临床等具体应用领域的专家难以形成一个整体印象。我会指出我认为当前发展迅速或重要的一些领域，不过请预先原谅我的无知浅见。

a) 首先，我认为，所有与知觉、记忆、学习、思考等基础过程有关的都将继续是关键研究领域。其发展部分地由基因领域的进步推动，这在某种程度上会导致对人类行为的解释向生物领域倾斜。就好像人们的行为必然是由其基因所决定，就好像他们是没有学习能力、没有在决定性任务中的行为能力、没有适应环境条件的能力的愚蠢机器一样。人与其他生物一样：如果人们的行为能适应（物理的和社会的）环境，他们就能生存繁衍；相反，他们就会消失。所以，在解释人类行为时发生的争执必须首先指向环境，那是人们行为的决定性原因和因素。因此，与环境的互动中所涉及的基本过程一定是基础的研究领域。

b) 我也认为，通常所谓的情绪和情绪反应领域也将是能激起人们特别兴趣的一个领域。差不多已经开始是这样了，尤其是从一些与情绪有关的工作所带来的社会影响上看。另一方面，对情绪的研究有这样一个优势，在很大程度上这些结果与从动物研究得到的结果是非常类似的，同时，它们都是些基础而简单的结果，因而在短时间内就可以弄明白。通常，它们也会包含重要的心理—生理成分，并且不难测量，这使得它们在短期内就会成为一个主要研究领域。

c) 随着基因组研究的迅速发展,任何与心理—生理研究或是生理心理学相关的,都会成为引起人们特别兴趣的研究领域。这些现象的研究所受的程序上的局限,特别是由记录技术的创伤性导致的局限,将会是最先被克服的方面之一,这将使人们能够在正常条件下以可靠和有效的方式接近生理学事实。在同一领域,对先天的或"准备好"的行为模式的研究也将获得重视。

d) 另一方面,在程序和临床心理学领域,对心理学的研究多为围绕其自身进行。显然,这类研究也应该面向其他领域,尤其是那些更直接的应用领域,以及心理学家的贡献被寄以巨大期望的那些领域,例如工作、法律或法庭、社会领域等。研究方法和技术不可能再是传统的那些,所以需要发展能够面对新挑战的新研究方法。

e) 在未来十年中,研究的一个重要特性可能是,人们会倾向于研究能迅速带来应用的研究主题,它们对每一时刻产生的社会需求都很敏感。研究越来越受控于政治家,因为政治家决定着哪些主题最重要,能够得到公共资源,这个事实有助于能够迅速应用的研究得到发展。

f) 一个必然备受瞩目的研究领域是老龄领域。特别是在第一世界或发达世界,这部分人口的重要性日益增加,这个领域产生了越来越多的工作和资源。为了更好地理解这种状况,使干预更为有效,特别是为了改善他们的生活质量而进行的研究会非常需要,无论是对于社会和政治机构,还是对于个人来说都是如此。

g) 最后,健康心理学领域的重要性会像上个十年一样继续迅速增长;除此以外,这个领域会越来越偏向于健康心理学而不是疾病治疗心理学。

3. 应用

当然,我知道,应用不会与前面两部分所说的有什么不同,不过我想简单总结一下我觉得最重要的东西。

a) 首先,最重要的应用当然是比较传统或经典的那些:临床心理学(从业人员的数量肯定是最多的)、学校心理学和工作心理学。

b) 一些比较新的领域已经被统合起来,像社会心理学。

c) 为了满足来自其他职业的需求,有多个应用领域将会被建立,或正在被建立:例如,司法和法庭心理学、运动心理学、医院环境中的心理学(跨服务部门的心理学家)、交通心理学,等等。从其他的公共生活和社区服务的其他部门可以预见,人们会需要心理学家的帮助:接受和整合移民、封闭式收容所人群的社会康复程序、关注少数民族、面向一般公众的预防和教育程序、交流,等等。

4. 方法论

显然,适当的方法论是科学发展的基本工具,心理学也不例外。事实上,当前心理学的方法已经发展得相当完善,这是心理学的传统所造就,值得我们自豪。但是,这种发展也不能停滞。方法对研究造成的局限频频遭到指摘,特别是对于认知行为和某些心理生理行为来说。心理学研究中获得的大量数据所针对的仍然是一位并不存在的假想的"平均被试"(男人和女人的平均、多个年龄的平均、有研究和没有研究的平均……)。基于单被试设计的研究的理论重要性在应用领域中必须得到体现,应该对这些典型被试进行更多更好的研究。

另一方面,无论是实验设计还是数据分析技术,现在都朝着确定只有少量交互作用的线性关系的方向发展。而人类行为的现实状况需要考虑多重交互作用和常常是非线性的关系。新方法的发展应该促进这种工作,现在已有人这样做了。

其他的方法发展应该开创更为新颖的研究局面,为至今尚不能把握的现实或行为量身定做精巧的测量程序。例如,开发识别和评价病理赌博者赌博时的想法的程序,或从唾液中鉴别儿茶酚胺或免疫球蛋白,等等。

有一个领域已经得到一定的发展,并且无疑将获得更大的发展,那就是计算机或专家系统(有关识别、记忆、恢复、决策等)形式的行为模拟,以及使用所谓的"虚拟现实"系统和技术。

5. 我感兴趣和工作的主要主题

我感兴趣的主题主要是人、人的生活方式和行为模式、人的行为逻辑和不合逻辑的行为方式。我自始至终都对临床心理学领域的工作感兴趣,这或许是因为当初我去研究心理学的时候没有认真考虑别的选择,也可能是因为我不知道怎样专注于别的选择,到现在我也不太明白。

就像绝大多数研究者一样,我不断地研究,也可以说是不断地回答问题,不过总会有些往复,偏离到具体方面(枝),又回到中心主题(干)。

现在,让我感兴趣的有两个主题,我正在研究它们。其中之一是试图确定哪个(些)过程使压力(更确切地说,是对压力产生强烈的、持久的或重复的反应)促成或诱发心身疾病发生。这是一个振奋人心的话题,它使我们可以或必须去考虑和整合生理和认知反应(既包括来自自动加工的,也包括来自控制加工的),以及运动反应;它使我们可以或必须既要发展更一般的参考模型,同时又要发展分别适用于每种疾病的微模型。另一方面,它有重要的应用意义,较直接的用途是心身疾病的预防和治疗。它使得更为基础的研究(在与压力有关的疾病的发展中自动加工的价值、自动加工导致的心身模式的变化、积极和消极的应对,等等)以及关于更直接和专门的应用的程序或提案的研究(开发用于头部或高血压问题的干预程序;确定由对不同电影场景的心身反应导致的海洛因毒品的消耗"需求",等等)可以得到发展。

另一方面,在过去的数年中,我对一种称作"病态赌博"的新病状颇感兴趣。目标当然是既要有尽可能有效的治疗程序,又要有能够预防人们产生这种问题而无需剥夺赌博给人们带来的闲暇和乐趣的预防程序。不过,我明白,要达到这个目标并不容易,我们首先必须确定影响这种行为的因素。具体说来,必须确定使我们能解释和预测一个赌博者是否会出现病态赌博问题的那些因素。最初人们试图找到神奇迅捷的解决方案,后来发现这是行不通的。现在,获证有效的程序被继续使用,但是常常并不清楚为什么有效。要解释从"正常"游戏向病态赌博发展的过程是一个相当有趣的挑战,特别是考虑了认知变量(关于游戏的非理性想法,例如控制错觉,或步骤之间的联系,等等)在其中的重要意义以后。也许因为我研究的是行为矫正技术,我常常被当成忽视认知变量的"行为主义者",可是,没有比这更荒谬的了。对于我来说,要证明非理性思想对于病态赌博问题的发展和维持(它们应该不一样)具有真正的重要性,以及它对治疗和恢复或后期复发所起到的作用,是一个十分重要的挑战。

人的许多其他的东西也是我过去、现在和未来都感兴趣的,但是其中的大多数,我并没有太多的兴趣去研究,我更乐意直接地去欣赏,像友谊、感情或爱。

伊里·霍斯科韦茨

伊里·霍斯科韦茨生于1933年,1966年在查尔斯大学(位于前捷克斯洛伐克的布拉格)获得博士学位,从1995年起至今担任那所大学的心理学教授。他在应用心理学方面的工作获得了很高的国际认可。霍斯科韦茨的工作涉及儿童诊断、职业安全、交通以及其他的一些领域。除了在查尔斯大学的研究活动以外,霍斯科韦茨还是美国的斯坦福大学和阿克伦大学的研究人员。他出版的书(捷克语和/或英语)主要有:《催眠理论》(1970),《捷克和中欧心理学简史》(与 Hoskovocova 合著,2000),《工作和组织心理学方法》(与 Stikar, Rymes 和 Riegel 合著,2000)。

从中欧看心理学

我:中欧的心理学尚未得到应有的传播。因此,霍斯科韦茨的参与对这本书来说很重要,因为他是中欧心理学中当之无愧的领袖,无论是在基础方面还是应用方面。

J. H.:1. 说起不远的将来心理学的主要特性,我想到的是,心理学是一门发展迅速的科学,它的许多进步都跟与交叉学科的合作有关。例如,脑与行为之间的关系问题得益于将心理学与神经解剖学、神经药理学、神经生理学、电子学联系起来进行研究。多亏了数学,心理学中才有了精细的概率模型和概率理论。每个心理学派都有某些类型的限制。一种通用的系统的研究取向取代了——或至少试图取代——心理学派的还原主义和发散趋势。心理学方法的信度和效度都有了改善。说到这一点,我推荐赫勒等(Heller,1999)的一本书,那是关于心理学中的量的和质的研究。我还推荐英语的《欧洲心理学家》杂志,它从历史的角度展现了欧洲国家的心理学。《心理学研究》也有类似的关注焦点，它是一份英语杂志，在斯洛伐克的布拉迪斯拉瓦发行，我是它的副主编。

2. 说到最重要的研究领域，我认为心理学家们会继续研究生物心理学问题和社会心理学问题。新的方法会帮助我们为许多老问题找到更满意的答案；例如，心理寄存器和心理的模块化。新的研究问题会被提出，例如，最初因为技术使用不当引起的恐慌，或像宇宙航行这样的非常规条件下的生活问题。在对由刺激不足或过度所致的压力的预防过程进行长期测量时，要获得精确的实验数据，需要有先进的精密仪器。关于这个话题的更多信息，参见马哈乔娃（Machacova，1999）书中关于压力的行为预防部分。

3. 心理学应用的趋势各式各样，它们围绕着一个中心，那就是心理学在许多领域中将更为有效。心理学家作出了关键的贡献。应用心理学应当基于理论和实验，而结果必须在实践中得到证实。2001年5月，欧洲工作与组织心理学会的国际代表大会在布拉格召开，会上讨论了全球化给应用心理学的未来带来的机遇与威胁。我担任大会顾问委员会的主任。提交的论文有英文版。我们也提交了一个对我们书中（Hoskovec & Hoskovcova，2000）的应用心理学部分进行很大改动之后的版本，是捷克文的，有英文摘要。施蒂卡尔等（Stikar et al.，2000）也写了一本捷克文的书，是关于工作和组织心理学的方法的。

4. 我想谈谈心理学的社会角色。现在，社会心理学为我们提供了关于小群体的许多信息。心理学对于较大团体中的工作也是有效的，但是我们对于能够有助于减少团体之间冲突的原则和技术还知之甚少。要研究人类行为的社会约束，需要有更多的支持。参见里格尔等（Riegel et al.，2001），是捷克文的，有英文摘要。

5. 有的研究领域被忽视了。我想看到将复杂的科学程序应用于研究意识、不同情境和内容下的记忆、想像，特别是与创造力有关的想像等主题。关于方法的优势，可以参见我们关于催眠和暗示心理学的书（Hoskovec & Hoskovcova，1998），是捷克文的，有英文摘要。

6. 心理学的统合取向是我感兴趣的一个话题。大家都知道，心理学中最偏重实验的领域和最偏重人文的领域是分别发展起来的。也许,心理学家们在未来必须面对将不同专业的结果联系起来的挑战。"认知科学"中有一个非常广泛的任务,心理学家、哲学家、语言学家、人工智能理论家、人类学家和神经科学家一起努力来增加我们的心理知识。要对此主题了解更多,请参见我们关于20世纪心理学的书(Hoskovec, Nakonecny & Sedlakova, 2000),是捷克文的,还有一本书将于2002年在布拉格出版,书名为《心理学实用手册》。

7. 谈到我们对现代心理学的贡献,我们已经研究了很久汽车操作和道路设计的安全问题。有一项技术进步来自于程序化学习。我们在研究怎样训练操作员,首先是司机,还在测试模拟器和其他技术装置的有效性。我们的实验研究试图证明,模拟器在改善其他驾驶操作的学习能力上也是有效的。我们打算在2002年发表这项研究的概要。

艾伦·E.卡兹汀

卡兹汀生于1945年,1970年在西北大学获得临床心理学的博士学位。他的领域是临床儿童心理学、心理治疗的疗效、青少年与攻击、研究、评价、职业事务以及其他相关主题。他从1989年起担任耶鲁大学临床心理学培训工程的主任。他写了许多科学书籍和文章,从科学的角度有力地推动了临床心理学的发展。卡兹汀最近期的出版物是心理学百科全书(2000),一共八卷,由美国心理学会编辑。这本书定义了:在未来十年中,心理学是什么样的科学,是什么样的职业,是什么样的技术,心理学的方法、领域、发展以及与其他学科的关系会是怎样。这样的宏大任务,只有像艾伦·E.卡兹汀这样的具有渊博科学知识的人方能胜任。

未来的心理学

A. E. K.:心理学是一个非常多样化的领域,触及科学和职业的许多其他领域,有生物的也有社会的。而且,心理学家的工作环境和情境也几乎没有什么限制。心理学是如此多样,不可能描绘出进步的全景,也不可能确定什么领域会在未来的心理学中更有优势。我觉得,辨别出少数领域中存在的某些动向是可能的,指出哪些领域会在将来得到很大的拓展也是可能的。我将重点讨论那些领域。

首先,心理学和生物科学很有可能还会紧紧地联系在一起。尤其是与心理学主题有关的脑研究会进展迅速。数年以前,有人表达过对还原主义的担心,也即担心心理学问题会被还原为"纯粹的"生物学问题,在情感、行为和认知水平研究心理过程会被认为是不重要的或不合适的。我相信,在这个领域,这种顾虑已经不存在了。事实上,一面要阐述结构和功能神经学之间的关系,一面要阐述心理学的核心主题,这在不远的将来会变得越来越重要。了解情感、行为和认知的神经基础不但具有生物学意义,也有助于心理学模型的完善。

心理学有很大一部分工作来源于生物学的评价方法和技术进步。我们发现,我们还在起步阶段,功能磁共振成像(fMRI)就反映了这一点,但是从迄今为止的研究中也能看到它的一些益处。对心理过程、发展过程中的变化和干预的影响的成像,给理解这些现象带来了新的机遇。许多主题都是心理学中的经典主题(学习、知觉、认知)。如果评价脑的加工过程有了进展,特别是与发展有关的(例如,语言的早期习得、老龄化)和与对环境的反应有关的(例如,丰富的环境、毒素)加工过程,对于我们创建心理学模型将会有很大的帮助,尤其是在那些与心理学经典主题相去甚远的领域中。例如,儿童虐待、父母压力和社会经济地位对于儿童的发展和成人的机能都有很大影响。神经递质和突触生长等水平上的机制,有助于我们理解和干预这些现象。

尽管大部分行动发生在脑水平上,但这并不意味着只有这一个水平。与脑联系起来不是心理学在生物科学的帮助下完善自己的唯一途径。生物化学、分子生物学和内分泌学这三个领域的进展都很有可能影响心理学模型。重视生物学,并不等于轻视非生物学层次上的心理过程。恰恰相反,新的研究领域将从评价、技术和其他学科的基础研究的进展中获益。

我重点讨论的第二个领域是,从人类基因组计划和其他动物特别是老鼠(是许多动物行为模型的基础)的基因组计划的进展中,心理学能够获得什么益处。理解基因的活动,对于理解情感、行为和认知具有广泛的意义。基因不是单纯的天赋,它们并非一成不变,它们发挥作用的方式是动态的。这意味着,物理或人际环境发生的变化对基因的作用有重要影响,能够在分子水平上决定什么起作用,什么不起作用。蛋白质发挥的作用和蛋白质组学领域,就是由于对基因组探讨的进展而带动新兴研究的例子。所有这些都具有心理学意义。最初,生物学重点关注的是疾病和干预的发展,这容易理解。除此以外,这些进展对于心理学研究也有价值。例如,当观念由基因演变到遗传活动,环境的调节就有了一席之地(例如,对于依恋、压力及其相关主题)。心理影响并不会弱化基因的表达。它们可能是遗传过程和环境过程之间的对话和互动的一部分。我们可以去更深入地评价可遗传性,更准确地理解结果怎样出现、什么特性控制着它们的出现。

我要谈到的第三个领域跟计算机科学与技术有关,其中的机器人技术正在发生惊人的进展。制造智能机器人(和智能动物)是一个挑战。在机器人学中,智能的概念是指机器人在很大程度上是自主的,因为它学会了怎样生存和适应环境。这与某些相关发展不一样(例如,无人驾驶的汽车)。从心理学的角度来看,人工智能与整合了情感、行为和认知的其他一些系统的发展,给人类和动物的机能模型带来了巨大的参考价值。在这个过程中,评价人类和动物行为的模型很可能取得进展,一些重要领域也很可能取得进展。

我:方法论的改变?

A. E. K.:我希望而且渴望心理学的研究方法会发生变化。有两点值得一提。首先,我们所受的心理学训练更多地是基于强调线性关系、主效应和简单因果模型的统计模型。统计模型不仅是分析数据的工具,还支配着我们的观念,关于这个世界如何运转,我们应该寻找什么。在未来数年中,我期待着发展,我希望人们会去寻求更复杂的关系和概念模型。影响常常是动态的、双向的和相互的。例如,我们知道,抑郁会增加心脏病发作的风险。而且,当一个人心脏病发作时,抑郁会增加死亡的风险。

这个例子说明,一个给定的变量可以是前因也可以是后果,可以扮演不同的角色,带来不同的结果。角色产生的方式,以及它们的心理和生物介质,会引导我们去探询那些不能被简单模型完全描述的重要而关键的问题。

统计分析会继续发展,为了发现加工过程,研究者们可以使用比方差分析和 t 检验更新式的分析方法。关键路径分析,结构方程建模,个体成长曲线分析,这些是已经发生的一些变化。其他科学的进展(例如,决策的复杂模型、博弈理论),考虑了多重变量和它们的同时运作的模型(例如,在气象学和经济学中),可能给心理学提供重要的启发。计算机同时处理多重变量和模拟参数评估的能力为我们理解日常环境下的行为提供了可能。

值得指出的另一个方法变化是质的研究。它更广泛地关注经历,目的是根据数据去理解现象。例如,哀悼的量的研究的中心很可能是考察群体之间的差异、服丧的人的相关和特性。另一方面,质的研究(不要与传统的轶事个案研究弄混)是实证科学,使用量的研究中常见的标准(例如,数据的效度和信度、确信度、理论发展)。这种研究取向并不为许多心理学家所知,传统的心理学训练中也没有包括进去。今后也许不会是这样。将来,在"正统的"研究杂志上,心理科学会更为开放地对待质的研究。

我:应用的动向。

A. E. K.:我自己的研究领域是临床心理学,因此我的评论大多集中在这个领域。近年来,好几个研究领域都为某些形式的心理疗法提供了证据。现在,儿童、青少年和成人的许多临床问题,都有一些有效的心理疗法。奇怪的是,这些发现很少影响临床实践。临床治疗固守过去的那些模型,几乎不支持当前进行的研究。

在未来的一些年间,我希望(也渴望)能在临床工作中看到两个影响。第一,临床心理学家会更多地去学习那些有证据支持的技术。当存在着更有效的替代物时,人们不可能固守他们所喜欢的技术或受过训练的技术。第二,需要对临床工作进行更多的评价。我们不可能让临床医师为病人的康复负责,但是我们能让他们对系统的过程评价负责,使他们将治疗决定建立在比单纯的意见更为科学的基础之上。对临床工作的系统评价肯定会遇到更大的阻力,尽管已有例子表明,在这个过程中病人会得到更好的照料。

无论是理论、研究还是应用,心理学都仍然是非常有活力的研究领域。这个学科的许多子领域会继续发展(例如,进化心理学和社会心理学)。而且,在心理学与相关领域的相互作用中,出现了许多交叉领域(例如,健康心理学、神经科学)。心理学与许多学科都有关系,而且无疑会继续分支,建立新的连接。

伊丽莎白·奈尔

新加坡的心理学与伊丽莎白·奈尔的名字联系在一起,她是职业和研究方面的先行者。她组织了第25届国际应用心理学大会(2002),是新加坡心理学会的主席,几十年来致力于在她的国家和亚太地区提高这个学科的水平,增进心理学的职业化。

从新加坡看心理学

我:我现在跟伊丽莎白·奈尔博士在一起,她是国际心理学的领袖之一,在这个项目中我非常感谢她的参与。我们可以从不久以后心理学的特性谈起,在您的观念里,从亚洲和西南太平洋这个角度来看。

E. N.:在我所在的这部分世界,在本科生阶段的学科中,心理学是一个非常受欢迎的研究领域,我想在世界上其他许多地方也一样。因此,我看到心理学知识和研究方法在增长,这些知识也能惠及使用心理信息的其他知识领域和职业。在学术世界中,通常这是非常好的现象。我发现训练心理学家(研究者或从业者)的标准越来越多,要求越来越高。

我:您认为,心理学现在的研究和实践方式与它正在发展的方式以及在不远的将来的发展方式会有什么差异?您认为它会继续像现在一样向好的方向发展吗?

E. N.：在我看来，研究主题正朝着电子交流的领域发展。我们有人研究全球范围的交流、大众交流、远距离交流。我想，我们的研究领域正在远离人际水平。夸张一点地说，我们也许会忽视有效交流中的重要因素。我们也许改变得太快，跟随技术向大众交流和极快速交流的方向而去，以至于我们对非常重要的人际有效性领域视而不见。

我：这么说，技术将会有巨大的影响，使人们之间的交流发生变化。

E. N.：我想，这场运动让我们可以更有作为，但它也使我们忘却了小的方面和个人方面。

我：您对不久以后的应用还有什么看法吗？

E. N.：我们会借助技术进入医学和生命科学领域，我们也会将先进的技术用于干预和交流。我想，有了新的技术，我们可以更好地帮助更多的人。

我：您觉得那是不是唯一重要的应用领域？或者说，您是否认为还存在着其他同等重要的领域？

E. N.：我想我们在一些领域做得不太好，比如说与人际或国家层面的互动有关的领域。世界上仍然有战争，而且我相信，国家和国际层面的问题仍然会继续存在。我想我们败得很惨，我们没能在这些领域发挥应有的影响。在战争、和平和暴力等方面我们没有去做我们应该做的事情。

我：是因为我们做得不够好，还是因为这些问题太复杂了？

E. N.：我想主要还是任务太艰巨了。在实验室环境里工作，我们会觉得更愉快，因为我们能控制这些变量，能够依次地单独地研究它们。但是在解决这些重大问题和重大冲突方面，我们还未获得太多进展。

我：您可以评论一下方法论吗？

E. N.：我知道我们还要继续使用量的模型。质的方法吓了我们一跳。就好像我们刚刚开始意识到质的分析能做什么一样。我们科学家害怕质的方法，因为我们害怕失去对事物的控制，因为我们只接受过量的方法的训练。不错，现在有一场运动，要把一切都质化，但是我更愿意看到杂志上发表更多使用质的方法的论文，而我没有看到这样的事发生。另一件重要的事情是，我们发表的文章不能只用大学生作为研究的被试，除非我们要做跨国的比较。但是这些变化发生得不够快。这也许是因为这些年来编委会没什么变化,决定发表什么不发表什么的总还是那些人。

我:换言之,您觉得心理学是一门很保守的学科。

E. N.:对,非常保守。

我:我同意您的意见,当然这是指与其他科学和知识领域相比较而言。

E. N.:这是一个非常保守的学科。要做任何必要的变动都需要斗争。如果我们要在减少人类苦难或有益人类方面发挥更大的影响,我们需要前进,去改变一些东西。

我:奈尔博士,您还有什么要对我们说吗?

E. N.:是的,心理学正变得越来越流行,如果我们想继续保有这个学科的声望,保有我们作为这个职业一分子的骄傲的话,我们必须吸引更多的聪明学生进入我们的领域。全世界范围内都应该这样做。我们必须与新一代分享我们在方法论、研究和应用领域的想法和意见。我们心理学家都有成为科学家的强烈愿望,而我们必须能够解释我们所做的事情,证明我们的陈述是可靠的、可信的、有效的。这很重要。要保持这门职业的地位,我们必须吸引全世界的俊杰。我们需要教育所有国家的新一代,吸引最优秀的人才成为心理学家。

我:我们这个世界的全球化或国际化。

E. N.:是的,让我们的知识和想法与整个世界分享。如果心理学的价值在我们国家被低估,这也会影响到其他国家,大家都会受损失。

我:伊丽莎白,我们现在谈谈您吧,谈谈您是谁,您在21世纪初的心理学中扮演了什么角色。还有您的计划,下一阶段您的生活方式。

E. N.:我在西澳大利亚大学读的本科,为期4年,那时属于从事职业前的训练项目。那是在20世纪60年代中期。我凭借新加坡的科伦坡计划奖学金完成学业,我在澳大利亚获得的学位使我在我国成为一名心理学家。我回国工作了一段时间,随后获得提升,成为首席心理学家和新加坡国防部人事研究部门的主任。

我获得了一项国家奖学金,到英国的诺丁汉大学攻读博士学位。我回到新加坡时,恰逢我国国立大学的心理学计划启动。这项计划非常年轻,它始于1986年,我开始攻读博士学位的那一年,我1989年回来,那时第一批人即将毕业。

我想,在我的国家,心理学家这个职业的可为之处还很多。我从前是一名应用心理学家,很荣幸能成为国际心理学界的一员。我是新加坡心理学会的主席,我是国际心理科学联合会(IUPsyS)的执委之一,也是国际应用心理学会(IAAP)的执委之一。2002年新加坡将举办第25届国际应用心理学大会。这是一件大事,我将它视为提升我国和我们地区职业形象的一个途径,在我们这里,心理学还不太为人所知,没有受到足够的重视。许多人仍然以为心理学家会读心术。

说到我未来的工作,我以前做得最多的是努力提升新加坡的职业地位。今后我将尽我所能在国际层面继续这项工作。我也给予了参与新加坡的心理学计划的学生攻读研究生的机会,这是面向这个地区的学生的。当我们拥有更多的心理学博士生时,这项职业就会进步。在我国这是一个非常年轻的职业。大家对心理学有很大的兴趣,重要的是要保证心理学职业的发展能使我们因为是其中的一员而感到自豪。

我:那很重要。非常感谢您与国际心理学界分享您的想法。祝您在这些任务中获得更大的成功。

萨斯·库珀

他在威特沃特斯兰德的南非大学和波士顿大学学习过,在后一所大学,他获得了社区—临床心理学博士学位。他曾是南非心理学会的主席(1996年,1997年和1998年),也是他所在的国家种族隔离政策废除后心理学的组织者之一。他一直关注职业、社会和社区方面,以及发展中国家的心理学与发达国家的心理学之间的关系。

心理学世界与南非

我:萨斯·库珀博士,我想与您交流一下关于未来心理学的看法,从南非的角度来看。

S.C.：我想，相当关键的一件事是重新评价心理科学的一些方面。特别是，在新的科学进展，尤其是在人类基因组研究的引导下，重新评价先天和后天这个话题。这将给行为科学特别是心理学的研究带来成效。

另一方面，我相信心理学必须面对实践与科学基础这个话题，这是我们在考虑心理干预的新需求时都看到了的。心理学的应用应该更加可信，研究推论应该更好，干预应该有良好的基础。同时，心理科学必须根据全球范围内发生的变化做出自我评价，这些变化部分但不完全是由技术进步和信息时代所致。一场类似于农业革命和工业革命的新的革命正在发生。技术和信息革命给人类的行为带来了巨大的影响。大环境正在变化，每个人切身的小环境也在变化。

社会需要包括心理学在内的所有科学都更加实用，它需要心理学在生活的许多方面变得有效。在这种情况下，那些做出政治决策的人、那些领袖、那些领导人们做出决断的人，确实需要理解心理学是什么。他们所受的影响源于心理学的通俗形象，仅限于心理疗法和心理咨询。许多领导者相信，心理学得出的结论与深奥的方法有关。许多人相信我们会读心术，我们总能分析人，我们能准确预测每个人的行为。

我们必须指出心理学对作政治决策的人能有哪些用处；否则，他们就会只根据经济学、政治学和其他社会科学来做决策。我们必须告诉他们影响人的方法，人在大情境和小情境中发生联系的方式。社会应用不应该局限于冲突情景或战争，或创伤的巨大后果和21世纪的生活压力。这些都是应用，但是应用不仅仅如此，如果心理学要继续对人类的生活有所贡献的话，它就必须以一种更加实际而紧迫的方式面对社会事务，如果我们不去影响那些作政治决策的人，我们就会失去认同，这不仅会发生在发展中世界，也会发生在心理学已经发展良好的发达世界。信任心理学应用的人想要结果，我们就需要给他们结果，我们要面对现实。

我：让我们谈谈研究。既然您谈到有些事务很重要，那您是否认为某些会获得优先研究？

S.C.：我想，我们必须在新的现象、技术—信息时代的变化和人类基因组研究成果等的引导下，重新审视一些基础的理论概念。为了使社会变得更好，社会发展领域会是优先的。我们需要在研究工作的界面外做事情。既然那些作政治决策的人信任的不是心理学家，我们必须采取主动。他们用不用我们的知识并不重要，重要的是我们要对政治家施加影响，使他们信任我们。

我：当然是这样。我完全同意您的观点。您觉得这项计划会给工作方法带来变化吗？或者说，我们的方法适宜于未来我们要进行的这类计划吗？

S.C.：在经典的实验室研究情境下，我们必须重新审视一些研究的应用性质。我想，做政治决策的人不会让我们像过去一样作研究。我们必须考虑研究中的伦理问题，并付诸实践。可能招致风险的研究越来越难获得公共机构的支持和伦理委员会的支持。因此我们必须审视实验室的研究。但是，很明显还有其他的方法，非常积极而且已经确定的一些方法，它们需要我们换一种方式去看待现象，它们也满足心理学家所习惯的科学研究的标准。会有更多的研究采用质的方法、批判性心理学和行动研究。这些研究会产生坚实的科学结果。所以，我们必须从改变对环境需求的意义上继续审视方法，但同时我们要维持高标准和坚实的科学取向。

我：您还想谈谈其他的话题吗？

S.C.：我想，某些话题会考验心理学的能力范围，比如说心理学家是否可以开处方。职业基础及其定位在处方权这件事上将受到检验。通常，社会越来越容易接受新的干预策略，我相信在对待心理学家是否拥有处方权时也是一样。不过，对于我们心理学家来说，在这方面将手段与目的区分开很重要。我们是会像精神病学家这种医学模式一样以强调用药为目的还是仅仅将用药看作一种手段？也许这只是另一种干预方式，而不管是什么疗法。我想，心理学应该不断寻求拥有足够基础的干预方法。

我：很好。我们来谈谈您的工作吧，您在做什么和您将来想做什么。

S.C.：我想，我将继续从事我现在所进行的规范南非心理学职业的那些活动。我希望提升我国和这个地区的心理学水准，达到世界级最佳从业水平。所以我国心理学的标准与世界其他地方是一样的。有要达到的最低标准,不应限制心理学的应用。当然也存在着滥用,特别是在上个世纪。这些滥用导致了我国的种族歧视和其他一些国家仍然存在的种族歧视,这是滥用的例子。我们要使那些继续以心理学为后盾的错误主张很快得到检验然后被摒弃。过去,优生学主张试图区别对待不同人群,这些主张在心理学中造成了影响,是伪科学,我们不希望这种事继续发生。我们要依据坚实、有效、可靠的方法去进行对社会有用的职业实践。我们要保证那些发生过的限制活动不再发生,特别是在南非情境中发生过的限制活动。

我想看到更多人投身心理学。这是一门精英科学,在很多国家都要求有高水平的研究生训练。但是它应该为尽可能广泛的人群服务。这样,为人类福利作贡献的真正使命才能得到优先考虑。

英格里德·伦特

欧洲的职业心理学与英格里德·伦特这个名字紧密联系在一起。她在 1993 年到 1999 年担任欧洲职业心理学会联盟(EFPPA)的主席,一直为整个欧洲大陆心理学职业的发展积极活动。这包括心理学家的培养、升职、几个国家和各大陆之间的交流、雇佣问题、研究以及社会上职业心理学的定位。

英格里德·伦特曾在牛津大学(获得文学硕士)、奥斯陆大学和伦敦大学(获得理学硕士和博士学位)学习。从 1985 年开始,她在伦敦大学工作,最初是在 1985 年到 1997 年间担任教育心理学职业训练硕士计划的主任。现在她主管着拥有 700 名博士生的教育研究所的博士生计划。

她是英国心理学会 1998—1999 年度的主席。她组织了 2001 年在伦敦举办的第 7 届欧洲心理学大会。

她在教育心理学、发展心理学和职业心理学方面进行了大量的研究。她是那些领域逾以百计的科学出版物的作者。

从欧洲看心理学家的职业

我：我们现在请到了英格里德·伦特博士,她是近年来欧洲职业心理学的发展中最具影响力的人物。谢谢您参与这本书,与国际同仁分享您对心理学的未来的看法。您能谈谈您所预见的在不远的将来心理学这个学科的主要特性吗?

I. L.：我想,心理学的一个特性是它极大的多样性。我相信,多样化会继续,分支和子分支继续变窄,心理学将变得如此的专门化,以至于难以将心理学科当成整体。

站在生物学和神经生物学这一端,我们的方法集中在自然科学里,这些方法几乎很难被这个学科的另一端,那些使用更加现象的和社会的方法的人所认可。研究人类行为的后一种取向更偏向解释和现象。我想,这种多样性有优势,但同时也使得这门学科很难结合在一起,在某些情况下心理学甚至很难被认作统一体。例如,在英国,我看到,有些心理学系喜欢称自己为认知科学,而另一些则称作文化研究。我想,这些系没有将心理学当成基础学科,它们更愿意与其他领域结盟。

在职业方面,我们看到了同样的多样性,专门化也在增加。职业心理学家正在发展越来越专门化的子群体,使应用心理学在许多情境下有着具体的应用:临床心理学、健康心理学、教育心理学、组织心理学、心理咨询、交通心理学、和平心理学、老年心理学,以及许多其他应用。走势是趋向更专门化。有些专业而狭窄的领域甚至有了特殊的培训指导,这意味着多样化达到了相当的程度。

第六章
重大问题

彼得·聚德菲尔德
　　心理学无国界
刘易斯·P.利普希特
　　人类发展
伊西多尔·S.奥博特
　　从非洲看心理学
埃丽卡·弗吕登贝格
　　积极心理学、乐观主义和应对
张厚粲
　　科学和人类福利
菲利普·G.津巴多
　　世界的重大问题
豪尔赫·A.格劳
　　生活质量和健康心理学
亨利·P.戴维
　　通往公共卫生之路
迪安·基思·西蒙顿
　　创造历史的人们
拉蒙·贝斯
　　帮助人们祥和而终
埃策尔·A.卡德尼亚
　　反常体验

心理学家总是对重大问题感兴趣。那些始终存在着的,既是心理学的也是意识形态的、政治的,甚至是哲学的和精神的问题。它们是与价值、生命、死亡、存在的意义、时间、世界的可知性和自我的可知性、贫困、无知、疾病、健康、生活质量、幸福、暴力、战争、和平都息息相关的问题。

在本书的这一部分,参与者们将谈论那些覆盖面广、意义重大的事务。这些问题包括:人类发展、技术对日常生活的影响、乐观主义、悲观主义、社会福利、适应、应对、生命周期的延长,以及其他一些复杂而重要的问题。

彼得·聚德菲尔德认为,心理学将会对那些曾经是"主流"以外的,但是使用最严格最严谨的科学方法论的问题感兴趣,无论是质的方面的还是量的方面的研究。后现代哲学家的虚无主义认识论将会因其贫乏而消失。心理学家将会与其他学科建立联系,寻求所谓的"积极心理学",提高他们的科学技能。和平、经济全球化、工作组织和心理障碍预防这些重大问题在不久的未来将是优先研究的题材。

刘易斯·P.利普希特则认为,未来的心理学将因其对发展、知觉、学习、动机等重大问题的贡献和来源于基础研究的应用,而逐渐获得更大的认同。他说,他对阻碍了不同领域心理学家之间交流的过度专门化和心理学科的分隔感到忧虑。21世纪对于心理学来说将是一个激动人心的世纪,基础研究者和应用心理学家正在建立比不久以前更有成效的互惠关系。在研究中,我们继续对那些萦绕我们多年的重大问题感兴趣,不过,要研究它们,我们现在需要更周密的方法。

从非洲普遍地看,特别是从尼日利亚来看,伊西多尔·S.奥博特指出,发展中世界最难解决的问题依然是贫困、无知和疾病。对重大社会问题的研究应该从基础研究出发,建立在对公共政治足够理解的基础上。将心理学应用于人们的社会经济发展在未来将有着重要意义。

澳大利亚的墨尔本大学的埃丽卡·弗吕登贝格谈论了心理学为谋取人类福利所能起的作用。她谈到塞利格曼所提倡的积极心理学、满足、希望和乐观主义。埃丽卡·弗吕登贝格的研究围绕着学校里、工作中和整个生命周期中的应对。目标是使人们获得最佳的适应能力。

在中国的张厚粲看来,心理学应当为增进人类福利服务。应该搁置意识形态的争论。她指出,发展中世界能够在心理活动的机制和法则上作出重要贡献。加强本土问题研究和从较发达国家学习科学技术都是必要的。

2002年度的 APA 主席菲利普·G.津巴多一直致力于研究人性这个重大问题。他提到了时间概念对人们生活的影响。他确信,"我"的概念、即自我的概念在很大程度上受着过去的影响;另一方面,关注现在的人会享受生活,而关注未来的人会努力工作、获得成功、忽视人际关系、忽视享受生活,等等。他也谈到了技术对下一代的影响,并认为下一个年代的男人和女人很可能不太爱交际,更为羞怯,更多地面对技术而非直接的人际接触。这都意味着,在不远的将来,这些人将会在生活中失去一些重要的东西。

古巴的豪尔赫·格劳关于健康和生活质量的工作在这个领域起到了基础的作用,他告诉我们,下面几个题目的优先级由高到低是:慢性疾病、事故、暴力和虐待。他认为,社会福利、工作福利、健康和教育会在未来得到特别的关注。

亨利·P.戴维关于计划生育的心理影响因子的工作将对我们种族、身体健康、感受到的生活质量和社会经济发展带来巨大的影响。戴维在生殖行为领域工作了30年,合作者遍布五大洲。他告诉我们,这样的研究改变了美国、世界卫生组织和其他具有全球影响力的国际组织对心理学的看法,使它们认识到心理学在理解和解决当前乃至未来的"重大问题"中的作用。

迪安·K.西蒙顿对人们改变历史的原因感兴趣,无论这些原因是政治的、科学的还是艺术的。他们关于科学创造性、领导和历史影响的研究都非常重要。他指出,心理学的应用已经前进了一大步,但是,他担心,心理学是否还会是一个连贯的学科。他对心理学家的心理学和心理学杰出人物的研究为从前的创造力研究和领导研究提供了补充。

西班牙的拉蒙·贝斯肯定地说,帮助人们在祥和中死去是21世纪的一个目标。他指出,死亡是不可避免的,不惜一切保存生命不应当是比让人祥和地死去更高的理想。他说,新世纪的心理学家能够帮助我们所有人在祥和中死去……

埃策尔·A.卡德尼亚认为,为了使人类和动物都得到公平对待,运用多种视角和专门的知识是必要的。他指出,那些简单的或一维的模型将被多学科的和多变量的模型所代替,后者考虑到了研究领域的复杂性和心理学的、生物学的、社会文化的和情境的变量之间的动态交互作用。

在这一章里,许多研究主题并非主流,而是更复杂的"尖端"问题,它们为心理学开辟了新的方向。要强调的是,这里的几位心理学家一直重视用科学的手段研究这些问题,尽管在某些情境下会用到多种方法,应用所有可取的工具。

彼得·聚德菲尔德

他1935年生于匈牙利,是大屠杀的受害者:他的母亲死于奥斯威辛集中营,他的父亲被纳粹送入了劳工营。彼得的一个姑姑在他8岁时将他藏在布达佩斯的一个红十字会孤儿院,使他幸免于难。1948年他移民美国。1963年他在普林斯顿大学获得实验心理学的博士学位。他的大部分工作都在加拿大的不列颠哥伦比亚大学进行,他是那里的心理学教授和研究生院院长。他是加拿大心理学会1998-1999年度的主席。他的研究涉猎甚广,从极地到空间飞行都有。它们围绕着人们在高压力和高需求情境下的面对和适应方式。他进行过感觉剥夺的研究(这个研究领域由加拿大的麦吉尔大学的唐纳德·O.赫布领导)。他的《受限的环境刺激》(1980)一书是这个主题的主要工作。在过去几年中,他研究了大屠杀的幸存者,研究创伤后的应激问题(他的研究结果表明这不是不可避免的)的长期适应和如何避免今后再发生大屠杀。他的研究一贯采用最科学严谨的方法,围绕着最重要最困难的社会问题进行。

心理学无国界

P.S.:心理学的前景如何?没有人能抵制住诱惑而不去回答这种问

题;想到没人能证明你是错的,回答的时候会觉得分外开心。毕竟,时间轴无限长;心理学的发展总是那么多样,以至于任何预测都可以找到相关趋势来证实。

首先,我相信,心理学家会在心理学的子学科之间和其他学科之间建立越来越多的联系。例如,社会心理学家会与社会学家、人类学家、进化生物学家、政治科学家、经济学家和认知心理学家组成研究团队。而认知心理学家会与经济学家、教育学家,特别是也许会与几个学科的神经科学家一起工作。临床心理学家会与流行病学家、保持健康的专家合作,当然,还要与神经科学家合作。心理学的方向将是用多种方法从多个方面研究问题。幸运的是,一旦其彻底的贫乏被认识到,许多后现代哲学家的虚无主义认识论(幸运的是,这种认识论的根源主要在其他社会科学和人性之中,而不在心理学之中)就会消失。

影响行为的一般法则(更准确而言,一般趋势)的表达的文化因素将引起人们越来越大的兴趣。基因影响这些过程的方式也将得到研究。一旦我们认识了行为的这两个影响源,我们就能更好地理解它们之间的相互作用和个人经历的调节效应。因此,还原论和狭隘的专业化在心理学家的培养和心理学的研究中都不会那么受欢迎了。

说到研究和应用,所谓的"积极心理学",即科学对人类能力和良好特性的注意,将变得愈来愈重要。心理学家会愈来愈多地研究群体之间的合作、忍耐、创造性的和非暴力的竞争、有效的决策、力量、有意识、逆境下的良好心理健康、带来最优发展的儿童抚育过程,等等。这不是替代,而只是平衡心理学科中那种传统的且几乎无意识的倾向,即注重冲突、神经症、暴力、歧视、创伤等负面因素。

最后,我预期曾经处于心理学主流之外的东西会引起人们更大的兴趣。这包括宗教、超自然体验、直觉和对健康的整体研究取向。这些主题一直令心理学家们感兴趣(至少从威廉·詹姆士开始),但是实验和临床的传统主义者并没有将这些结果纳入心理学科之内。我想,当对这些主题的研究变得越来越精确,当我们找到有效的方法和发现时,这种情形会改变。剩下的就是用严格的方法来证明它们,要像心理学中的其他发现和结论一样是可重复的,能被可靠的信息所确证。

应用将包括先前提到的趋势。对心理健康和心理功能障碍的预防将继续发展;现在这种认为人是创伤无助的受害者的观念会弱化;心理学家会越来越多地将他们的知识和技术应用于和平、战争、好战、种族—政治迫害、经济全球化、工作组织和利益分配、向民主的社会转型等主题。当然,这些不会很快发生,但是,一旦我们拥有了高水平的相关科学专门知识(不像不久以前,拥有的仅仅是,很少的科学专门知识和很多称之为知识的观点),就能让掌管这些进程的人更仔细地倾听我们的话。

方法还会随着时代继续进步,使实质性的变化有可能发生。从生物角度来说,这个过程将继续在脑成像及其相关技术中发生,人类基因组计划的成功会给我们提供关于脑与心理的更为翔实准确的基础知识。一些人会继续错误地将心理问题简化为神经或基因,但是我们希望犯这种错误的人不是太多。人种方法和质的研究的各种方法会得到更加广泛的使用,如果它们能更严格,不再包含可疑的程序,它们会得到更多的认可。大型数据库在心理学研究中的运用会有很多进展,这项活动目前还处于发展初期。

我的研究从减少环境刺激的实验室实验,转到了位于地球极地的工作站,和对普通人和社会精英的认知功能进行档案分析的实验工作。最近,我还进行了访谈、问卷和口语历史分析,来研究经受创伤的人(例如,经历大屠杀的人)的长期适应。因此,我综合运用了许多研究方法,有质的也有量的,合作者的范围很广,涉及医学、社会科学和人文学科。我现在的主要目标是,根据档案材料,看看在极端和反常的条件下人类的行为整体上会是什么样,从种族灭绝式的迫害到空间飞行都属于这样的条件。

本书的读者也许会觉得奇怪,我预言的在心理学的未来将要发生的事情可以在我已经进行的研究工作的方向上找到。这个结论大体正确。我相信,心理学已饱经下列的苦难:过度专门化,缺乏历史意识,每个研究机构和国家都追捧一个或少数几个理论方法取向而贬低其余的取向。这些束缚阻碍了我们的进步,使我们的学生心灰意冷,使普通大众满腹疑云。我一直是一个乐观主义者,我看到,许多心理学家正在破除这些偏向。我相信,我也希望,在今后几十年中,这股潮流能够壮大。

刘易斯·P.利普希特

刘易斯·P.利普希特献身于从科学的视角研究人类的发展,特别是最早期的发展。利普希特生于 1929 年,1957 年在爱荷华大学获得发展心理学的博士学位。从 1967 年开始他在普罗维登斯的布朗大学担任心理学和医学教授。他的研究聚焦于婴儿发展和知觉过程,为更好地理解人类的生命过程作出了贡献。APA 的许多科学活动都是刘易斯·P.利普希特一手促成。他的工作获得了很高的国际认同。

人类发展

我:利普希特教授,请谈谈未来心理学的特性。

L. P. L.:我相信,心理科学的下述方面在未来将越来越受重视:对有机体的知觉、学习和动机属性的研究,特别是对其发展的研究。理解有机体的这些各不相同的过程给我们提供了关于人格和个人命运的重要知识。而且,我们必须根据事物当前的事实,去理解和预测事物将来可能会怎样。因此,可靠而有效地应用行为科学需要为心理有机体的性质找到实证的基础。这要求心理学与生物科学建立紧密联系,特别是与基因学科。环境干预的后果和早期经验对后续发展和行为的影响,都有其生物约束。可以注意到,很重要的是,我们常常不知道这些约束,除非对它们进行检验。

我们对人类和行为发展的理解直到不久以前还被哲学和医学所主导。那时候,哲学与学习和感觉过程有关的那个部分,还有后来的与道德发展有关的部分,成为了心理学这个新学科的一部分。

从 1950 年代开始,在 20 世纪后半叶,发达国家和发展中国家都逐渐认识到,"健康"问题中最大的一块关系到心理学。

有了卫生的进步、食物生产和保存技术的发展、控制传染病的免疫程序,我们的公共健康和相关服务领域的专家变得更高效,继续存在的健康问题显然主要是行为问题。根据美国公共卫生局和疾病控制中心的流行病学统计,从出生到成年初期,更多的死亡和失常都与行为问题有关。事故、自杀、谋杀等问题,酒精摄入过量的后果,与暴怒有关的问题所导致的死亡、畸形和永久残疾超过了所有其他疾病的总和。

因此,未来的行为科学应该与"心理死亡"这个公共健康的主要问题紧密结合。这需要大量应用我们最好的行为科学理论,还需要行为科学家的参与,对所有类型灾祸的先兆进行实证研究。同时,这需要行为遗传学家、社会心理学家、学习过程专家和在发展及其起源领域工作的各类科学家亲密合作。

我:关于研究的主要领域……

L.P.L.:我想,行为遗传学家——那些以重视双向互动和在进化结果形成时多因果过程著称的人——将在未来的心理学中拥有重要的地位和重要的功能。在婴儿行为和婴儿发展的子学科中尤其是这样。与此类似,研究行为的经历起源的专家和研究早期经历对儿童、青少年和成人后来的行为的影响的专家,对于理解人类的本性和从行为上控制我们的命运非常重要。未来的心理学家将必须解开我们此刻如此信赖的那些相关关系绕成的绳结,最终我们会分离出由真正的因果关系导致的相关。

在这方面,我们也必须非常小心地对待脑成像和其他高技术系统,以保证我们观察到的脑的变化,和我们错误地确定为"由成熟导致"的东西,实际上是由经验导致的脑的变化。脑和行为之间的对应、遗传和行为之间的合作,都是双向的,其间的关系是相互的。

我:关于应用

L.P.L.:可以肯定地说,行为科学和发展研究的各个方面在现实世界中会变得越来越有用。心理学家中的心理物理学专家在异常发育和疾病过程的检测中将拥有更加重要的地位;他们已经在癌症诊断中获得了显著的进步。心理测量的专家改进心理评估的科学,使得我们不再那么信任那些低效度的心理测试。人类因素领域的研究者会继续在复杂工作面板的组织上取得重要的进展,就像在飞机上所做到的那样,目的是减少人类的错误,更好地检测到错误的物理状态。

儿童心理学的专家会更好地理解过度冒险和暴力行为的发展,并根据这些知识采取行动。心理生理学家和心理病理学家会帮助我们更好地理解脑与行为的关系,会更好地预测什么药产生积极的效果,什么药与心理机能发生坏的相互作用。社会心理学家会更好地理解各种人类群体效应,是什么群体力量产生出了相互损害的群体,归因和投射产生的效应各是什么,这些效应如何影响着对他人行为的理解和容忍。

21世纪会是一个激动人心的心理学时代。这个领域花了一百年时间成为一门成熟科学,拥有了一些属于自己的专业问题,但同时它也受到了最成熟最古老的科学的影响。基础行为科学家和应用行为科学家似乎准备好了建立一种比从前更有成效的互惠关系。

我:方法论

L. P. L.:所有科学的方法论都随着时间而变得更为精细,特别是受到所在领域技术进步的影响之后。心理学中很有趣的一件事是,许多在早期不利的情境下所研究的行为今天继续让人们感兴趣——例如,对非常重要的视觉和听觉刺激的区分,对辨别的学习,行为改变的强化效应,深度和距离判断,心理疗法功效的进展,帮助戒烟之类的抑制性干预的影响,特定经历效应(例如看电视对攻击行为的影响)。

令人印象深刻的是,我们继续对同样的问题、同样的变量感兴趣,但是因为近年来工具和技术的进步,我们需要比从前更高的精确度。

我:对心理学未来的思索

L. P. L.:心理学的分裂让我很担忧。观察和测量变得越来越精细,在科学中,这总是受欢迎的,也应该发生,有时这需要越来越细的专门化,而这种专门化需要高度精细的技术训练。我觉得,有时专门化会到了这样的程度,两个都称自己为心理学家而且都受过良好训练的人,不能与对方谈论他们各自的专业话题。这种事在化学或生物等领域中很少发生,那些领域中最专业的人士的所受的基本训练都是完全一样的。

我现在说到的分裂导致这个领域分为了不同的部分,各子学科之间变得疏远。既然科学中所有的大的进步几乎总是各学科合作的成果,在当代尤为如此,我想,我们在心理学中看到的这种趋势既不利于更好的合作,也不利于产生最佳的成果。

除此以外,我觉得心理学是一个美好的领域。在这个领域中,我生活和工作得很愉快,我的大部分同事也是这样。非常愉快,真的。

我:现在的工作

L. P. L.:我从1996年就退休(比较专业的说法)了,那一年,我达到了我所在的大学用慷慨的"退休礼物"鼓励教授退休的年纪。但是,我还没打算放弃;所以,在研究津贴的支持下,我继续我的研究工作,研究一群我一直在研究的相同年龄的人,他们都是在1959年到1966年之间出生的。现在这些人的年龄在37岁到43岁之间。所以我逐渐转型为一个生命周期发展心理学家。这给我提供了一些我作为研究型心理学家所感受过的最美好的经历。我正打算将这项工作继续干两年,到2003年,当我74岁时,我会将这群人移交给我年轻的同事们,那些迄今为止与我合作得最愉快的人们。现在,在去旅行的时候,去参加吸引人的会议的时候,去与我毕生一起工作的同事和终生的朋友、与我的家庭、与我结婚50年的妻子、与我的儿子和女儿友好相处的时候,我觉得比以前要轻松。

我的生活是一场奇妙的旅行。

伊西多尔·S.奥博特

伊西多尔·S.奥博特生于尼日利亚,在华盛顿特区的霍华德大学获得社会心理学的博士学位,然后在哈佛大学获得了公共健康的硕士学位。他目前在尼日利亚的乔斯大学工作。他的工作和研究领域是健康心理学、流行病学、毒品成瘾的预防和艾滋病的心理因素。

从非洲看心理学

我:心理学的未来

I. S. O.:要预测任何学科的近期发展方向都很难。不过,我们清楚地看到,在所有国家、特别是那些有过政府授权的排外行为的国家里,进行研究或实践时,考虑到多元性将会非常重要。在欠发达的国家里,强调应用(或可应用的)心理学的传统仍将保持。这是因为,尽管技术、商业和医疗有了重要的进步,这些国家最严重的问题依然是贫困、无知和疾病。在世界上的大部分地方,人们将会在有关行为和健康(包括老年人的健康和艾滋病)和疾病预防上投注更多的注意。心理学家会继续使用得到认可的方法来寻求进展,随着信息技术的快速发展,向公众"普及心理学"会很快成为现实。

心理学是一个在西方世界已经发展得很成熟的学科和职业,在发展中世界也在快速发展。未来进步的水平在很大程度上依赖于心理学研究与社会问题的结合。一个学科不能只在存在问题时才给出答案;相反,如果一个领域中的行为原则足够成熟,它们应该只作一些改动就可以很容易地迁移到其他领域或情境。既强调独立、同时也认识到文化表达的差异的真正的国际心理学的出现,会在一定程度上有助于这样的进步。情境会以一种特定的方式转变为我们工作领域成长中的重要问题。我的意思是,心理学家应该融入身边的世界,不仅要去解决问题,还要去影响那些阻碍人们自由或危害个人健康和福利的政见。

我:尼日利亚的心理学

I. S. O.:心理学家对社会问题感兴趣历史悠久,从社会问题心理学研究学会(SPSSI)的创立就可以看到这一点。尼日利亚的心理学家从这门学科在这个国家出现时起就表现出了对社会问题的关注。1966 年的 12 月 29 日到 1967 年的 1 月 5 日,来自 25 个国家的 100 多名代表和观察员参加了由尼日利亚的伊巴丹大学组织的发展中国家心理学研究会议。与会者进行了"一系列有关国家发展和社会变化问题的讨论,其内容让社会科学家十分感兴趣"(Hefner & DeLamater, 1968, p. 3.)。在伊巴丹会议的与会者中,有社会心理学家,也有其他的行为科学家,例如赫伯特·克尔曼、伦纳德·杜布、M. 布鲁斯特·史密斯、里米·克利涅、唐纳德·T. 坎贝尔、古斯塔夫·亚霍达、乌代·佩尔克、安德拉斯·曾普莱尼、F. O. 奥克蒂基、T. A. 兰博、奥托·克林伯格、哈里·特里安迪斯和阿利斯泰尔·芒迪·卡斯尔。

1968 年,由 SPSSI 发行的《社会问题杂志》(*Journal of Social Is-*

sues)为伊巴丹会议出了一期专刊。在序言中,编者承认,心理学(特别是社会心理学)对于现代化问题是有意义的,同时指出,科学家们应该参与但还没有参与这些问题。会议的目的是聚焦于心理学家曾经忽视的这一点上,激发较发达世界和欠发达世界的社会心理学家对社会变化研究的兴趣。

这次会议是在 1964 年尼日利亚的第一个心理学系成立后不久召开的(见 Obot, 1996),因为与会的社会心理学家都很重要,人们期待它会影响尼日利亚的心理学家对一般的社会变化特别是国家发展的兴趣。从这次国家会议发表的研究和讨论的主题来看,结果大体符合预期。尼日利亚的第一代和第二代社会心理学家有很多是在西方世界受的教育,在 70 年代末 80 年代初回国,他们一直感兴趣的是增进我们对社会经济发展的理解,以及将这些知识应用于身边的环境。1966 年的伊巴丹会议带来的一个明显的益处是,国际上的心理学家们知道了这个国家,他们中的有些人后来帮助这个国家的好几所大学建立了新的院系。

不幸的是,虽然那时心理学在研究、应用和职业形成方面都似乎有很好的前景,80 年代末,不在这个学科控制之中的政治和经济因素破坏了这种局面。由军方接管(第一次实际上发生在 1966 年)带来的连年不稳定和 80 年代的经济衰退,都是导致心理学在这个国家没有得到发展的原因。几乎所有在尼日利亚的大学任教的外籍心理学家在 1990 年之前都离开了,许多曾在西方接受训练的尼日利亚心理学家也移民北美、欧洲或其他的比尼日利亚条件好的地方。

从这次经历中我们得到的教训似乎是,因为外部事件对学术和职业的影响甚大,心理学家应该更主动地帮助社会减少动荡和冲突。正如斯塔格纳(Stagner, 1986)所言,由于外界经常"打击科学家,所以他们应该关注社会事务。"但是,正像在伊巴丹会议上看到的,尼日利亚的心理学与这个国家一样,依然"不发达"。

随着新的民主的到来,这个学科有一丝希望会回归本源,它将在影响这个国家乃至非洲的许多问题上发挥效用。许多这样的问题从性质上说是可以进行心理干预的:领导、政府事务、群体间的冲突、艾滋病以及其他的行为和健康问题。尼日利亚的心理学家应该将他们的专业知识应用在这种和其他的许多社会事务上，这样才对这个国家有意义。我们不仅要使用精巧的研究技术去研究这些领域的基础问题，还应该发展将我们的知识应用于这类问题的必备技能。而且，我们必须对政治施加影响，不仅将我们的研究发现提供给政策制定者，还要向他们宣扬我们的工作。心理学家不应该忘记身边发生的事情。要在多个层面参与社会事务，这样才能使这个学科获得更大的发展，使从业得到足够的保护。

我：您在这个领域的工作

I.S.O.：在过去的16年里，作为研究者和大学里的心理学家，我自己主要在这些领域里工作。我1985年回到尼日利亚，在此之前，我在华盛顿特区的霍华德大学获得社会心理学的博士学位，在哈佛大学获得博士后级别的硕士学位。那时，心理学家获得公共健康学位的情形还不常见。所以，在公共健康学院中，人类学家和医学社会学家比心理学家要多。对于我而言，这是一个自然的转型，特别是在研究了多年心理学因素在健康和疾病中的作用之后，我认识到非洲涌现出的疾病（即所谓的城市化疾病）与行为有关。我学过行为的习得和改变原理，而在健康机构中必须学习与健康有关的东西。那是一次宝贵的经历，学习公共健康的原理无疑拓宽了我在处理与行为和健康有关的事务时的视野。感谢密歇根大学的社会研究所和约翰霍普金斯大学的公共健康学院提供的博士后奖学金，那些年里我有幸拓展我的知识，专注特定的领域。

尽管我也对与行为和健康有关的其他领域感兴趣，我的研究和应用的中心是药物滥用。我进入这个领域时，药物滥用是尼日利亚的一个重大社会问题。我的部分工作包括使那些掌管政策、更一般地说是掌管公众的人相信，有研究证据表明，尼日利亚越来越多的青少年在服用成瘾药物。1990年，我们与乔斯大学心理学系的其他同事一起建立了药物滥用研究和信息中心（CRISA），目的是将更多的注意投注到有助于更好理解药物问题的研究上去。该中心和新的杂志《非洲药物和酒精研究杂志》现在成了药物研究工作的焦点，包括从基础研究到公共政策的广阔范围。

对药物滥用进行流行病学研究有时将我置于心理学研究的主流之

外。然而,因为越来越多的尼日利亚心理学家开始对药物滥用研究感兴趣,我曾经感到的那种孤独不复存在。要指出的是,即使是在美国,心理学和公共健康的联姻尽管为时还不久,但也展现出美好的前景(De Angelis, 2001)。

因为需要在尼日利亚发展心理学职业,我参与了各种不同的活动。在职业学会中,我先后担任了秘书、公共关系秘书、主席。心理学无论是作为学科还是作为职业,其发展在过去的十年中都遭到了破坏,这并不奇怪。一些心理学家移民到国外,留在尼日利亚的心理学家缺乏干劲,研究经费很少,这些都导致人们对这项职业的发展丧失了集中和持续的兴趣。

发生在尼日利亚的事情并不奇怪。政治上的不稳定导致了其他领域的不稳定,心理学也深受其害。情况正在发生变化,心理学家们正在重新给自己定位,以更有效地利用新的民主社会带来的益处。我相信,需要重新激发人们对可以应用到社会问题解决的研究的兴趣。因为有效的应用有赖基础研究,我们应该发展或加强做出好研究的能力。为此,我的同事们需要与世界上其他地方的同事们一起合作。跟国际资助的情况类似,其他国家的心理学家们也已经忘记了非洲。依照伊巴丹会议的精神,国际协作或合作研究是任何知识领域的进步所必需的。但是,就像我在尼日利亚《基础和应用心理学杂志》的创刊号序言中所写,真正的尼日利亚(或非洲?)心理学的出现"需要用跨学科的研究取向重新审视引进的概念和接纳的'真理'……需要更清楚地理解文化、历史和与心理学有关的人们的需求"(Obot, 1988, p. 9)。

25年前,在读本科时,我之所以会选择学心理学,是因为我意识到心理学在其他领域中的重要性。从我现在的角度来看,我相信当年我作出了最好的选择。许多事情变了,特别是我们的研究方式和我们应用知识的领域。我很早就决定要应用这些知识。

埃丽卡·弗吕登贝格

埃丽卡·弗吕登贝格的研究领域是临床、组织、咨询和教育心理学。

现在,她是澳大利亚的墨尔本大学的教育学院的心理学教授,她主管教育心理学教学单元。关于应对,她已发表了 50 多篇论文。1993 年,她和雷蒙·刘易斯一起开发了"青少年应对量表"(Adolescent Coping Scale),其西班牙文版本发表于 1996 年。这个工具研究者和咨询者都用得很多,由澳大利亚教育研究理事会(ACER)刊印。"成人应对量表"(Coping Scale for Adults)发表于 1997 年。埃丽卡·弗吕登贝格的主要著作有:《天才儿童的应对》(与 L. Cohen 合著,1993,1995),《青少年应对:理论和研究的视角》(1997,2000 年译成意大利语),《学会应对:人在复杂社会中的发展》(1999)。这些书已在澳大利亚、美国、英国和其他国家出版。

积极心理学、乐观主义和应对

我:埃丽卡,我想知道您对心理学的未来的想法,从澳大利亚来看,从您在职业生涯中有重要贡献的那些领域中的工作来看。

E.F.:显然,创新是进步的关键。而在现在和不久的未来,创新革命的发生离不开社会科学,心理学正是一门基础的社会科学。自然科学增进了我们对宇宙和我们物种的结构的理解,而社会科学使这些知识进步为人类服务。人的因素、动机、信心、社会和情绪适应、对他人权益的尊重、协同工作的能力、不同学科的人相互交流的能力,这些都是很重要的。所以,心理学家要继续与其他专家紧密合作。

现在,我们已经消除了心理学和其他一些学科之间的许多界限,如社会学、教育学、人类学,还有别的许多。这种重叠还会继续。我想,健康和福利事宜仍将占据主导地位。如果说,是人类基因组计划和与之有关的研究让我们知道了人类的局限和潜能,那么,是心理学继续帮助我们使人类达到最佳适应。

"积极心理学"这个术语最近应用甚广,马丁·E.P. 塞利格曼在其任美国心理学会(APA)主席期间使用得特别多。在《美国心理学家》(American Psychologist)杂志的一期特刊上,塞利格曼和齐克森特米哈伊提出了一种积极心理学,即抛弃强调人类缺陷方面的人类行为模型、采用将我们导向"美好生活"的模型,在积极心理学中,行动引向"福利,积极的个体和繁荣的社区"。二战以来,心理学一直是主要关注医治疾病、修补人类机能损伤的科学。强调病理学使人们忽视了人在何种情境下会繁荣兴盛。塞利格曼和齐克森特米哈伊(2000, p.5)宣称,积极心理学由"宝贵的积极体验:(过去的)幸福、满足和满意;(未来的)希望和乐观;(现在的)暖流(flux)和快乐"组成。

与这个主题一脉相承,保罗·B.巴尔特斯在2000年6月斯德哥尔摩的国际心理学大会上提醒我们,遗传学使我们成为更好的动物,而积极心理学有可能使我们成为更好的人。对于好人来说,目的和手段是统一的。换言之,我们所做的事情造福了大众。

现在,我正在研究莫顿·多伊奇的生平,他在和平和冲突、仲裁和社会公正等领域的贡献应该使他获得诺贝尔奖(没有专门的心理学诺贝尔奖)。让我惊讶的是,多伊奇的一生很大程度上反映了心理学迄今为止的历史,而且为心理学的未来提供了指引。多伊奇是当代最杰出的社会心理学家,也被认为是当前仍然健在的最杰出的心理学家。他的事业是在20世纪下半叶。他经历过心理学家比较少的时期。多伊奇于1920年生于纽约。那时心理学几乎全部是在哲学系中传授,后来心理学才脱胎为一个强大的学科。它渐渐成为广大领域里的科学和职业,这些领域包括:教育、临床、法庭事务、运动、健康,等等。多伊奇很好地向我们表明了,一个人可以既是实验室研究人员,又是职业的从业人员。他对协同和社会公正的研究使用了社会学、人类学和政治科学的概念。他的研究无疑受到了他的临床能力的影响。

我想,未来不太可能只存在一种心理学。就像在20世纪,心理学分为组织心理学、临床心理学、社会心理学、发展心理学、运动心理学、健康心理学等,这些领域还会继续细分。在分裂的同时,我们也会看到研究会更加多学科化,研究群体在发展、学习、健康、运动、工作区这些领域进行研究,这将意味着,会诞生一个或多个多重社会科学,它们的名字我们现在还不知道。

从业者和研究者之间的鸿沟还会加宽,二者的工作都会越来越复杂,导致相互之间更难欣赏和理解对方的工作。过去,研究者为从业的心理学家提供证据和理论。研究者会继续使用更为复杂的方法,使用不易于迁移到实践的方法分析数据。

对从业心理学家的需求会越来越大,因为人们对改善生活质量、应对日常生活的压力、更有效地交流、提高生产力、更好地运动感兴趣。能够传达其发现的心理学家就像记者和作家一样会赢得大量的听众;戈尔曼和他关于情绪智力的研究,齐克森特米哈伊和他的"暖流"的概念,塞利格曼和他关于乐观主义的研究都是这样的例子。随着科学研究团队的方法变得更复杂,随着分析数据的方式增多,将会需要有人能将数学模型翻译给从业者,而后者将信息传递给普通大众。

我自己的工作围绕着这样的需求:对年轻人之中日益流行的抑郁作出恰当反应,以降低西方世界的高自杀率。2000年6月号的《美国心理学家》杂志有一个部分专讲应对,当代心理学研究最多的主题之一。应对是我的研究领域,最初是关于压力和不能工作,现在变为与识别优点而非解决缺点有关。在历史上,人类对压力的反应被比喻成对威胁的"攻击或逃避"(Cannon, 1932)。最近谢利·泰勒及其同事的研究对此提出了质疑(Taylor et al., 2000)。她们的证据表明,攻击—逃避没有充分考虑到女性对压力的反应。在泰勒和她的同事们看来,描述女性面对压力的生物—行为反应最恰当地应该是"躺下来,让我们成为朋友"。这种反应主要是为了使本人和婴儿获得最大的生存机会,补充养分,保护生命体不受伤害,与他人联合以减少风险。这项研究对于性别不影响压力反应和应对的假定提出了质疑。面对这些挑战,我想,我们要多强调带来成功和成就的因素,少强调带来无助和绝望的因素。

我在应对领域中的研究围绕着工作和学校展开。青少年应对研究包括一个从1991年到1995年的跟踪研究。这项研究让我们发表了许多有关应对和离婚、中学最后几年的应对、年轻人应对社会问题等的文章。其中,最后一项研究扩展为一项多国研究,研究爱尔兰、哥伦比亚和澳大利亚的应对。

这个研究项目的中心是探索应对的功能风格与教育成就之间的关联,这包括对中学最后一年的压力研究。我现在的工作包括研究归因风格与应对之间的关系,我们已开发出应对能力程序,并在小学和中学中进行了评测。我们开发了一个分为 10 期的应对能力程序。在这项工作的基础上,我们还研究给年轻人提供应对能力程序时教学实践的改变,在一般学校课程中应对能力的发展。

虽然我的专业领域一直是应对,我接下来想在下述方面作出贡献:开发适当的形式去评价干预,并将其拓展到组织领导者和教育者身上,目的是获得更好的预防模型和帮助人们获得最优的适应能力。让我感兴趣的是整个生命周期,特别是社会中的特殊群体,例如有天赋的人、有学习局限的人、身体残疾的人、少数民族,等等。

关注积极心理学将继续是我未来工作的重要组成部分。我编写了《学会应对:人在复杂社会中的发展》和其他的一些书,正在编写一本告诉人们如何成功和兴旺的书,我希望这些书给研究者和从业者提供指南;不仅仅教给人们简单的应对,还能帮助人们成功,让人们懂得怎样利用自己的优势和长处、如何系统地提高能力,而不是将自己局限在改正缺点上。

张厚粲

她生于 1927 年,曾在北京的辅仁大学学习,1952 年获得博士学位。她感兴趣的领域是普通心理学、心理测量和实验研究。她曾担任北京师范大学心理系主任,美国的匹兹堡大学 1981—1982 年、密歇根大学 1986—1987 年、伊利诺伊大学(乌尔班纳/香巴尼分校)的访问教授。她关于心理学统计和实验心理学的书在中国获得了广泛的认同。她曾任中国心理学会的副理事长,现在是国际心理科学联合会 2000—2004 年度的副主席之一。

科学和人类福利

H. Z.:20 世纪,心理学从其早期状态演变为一门成熟科学。同其他事物一样,它也经历了几个发展阶段,由初生进入了青春期。显然,在世界的不同地方情况是不一样的。由于缺乏科学技术,社会经济基础不发达,发展中国家的心理学不像西方国家那样发达。即便如此,心理学还是对科学研究和有益于社会的应用作出了很大贡献。

回首往事,在过去经验教训的基础上,面对 21 世纪的挑战,心理学优先考虑的应该是什么?从我的国家中国的经验来看,我想,心理学在未来应该为增进人类福利服务。结合全世界所有的心理学成就,我们应该更加注重探索心理活动的机制和规律,我们还应该扩大心理学在社会问题中的应用。我们不应当像过去一样为了建立一个心理学新学派而沉溺于意识形态之争。

随着神经心理学的快速发展,可以预见它会成为心理学基础研究的一个新视角,无论是在认知方面还是在非认知方面。但是,除了要用在西方世界发展起来的先进科学技术方法探索心理活动的一般规律,指出世界其他地方的一些特殊研究主题也很重要;例如,与汉语有关的研究、汉语的表意字符、汉语的阅读和理解、汉语信息加工的大脑偏侧性以及汉语与西方语言的对比。我们已有一些重要发现能够促进汉语学习,增进对所有人类语言一般属性的理解。发展中国家的心理学研究不应当只为其他国家的发现提供证据,而必须提升科学层次,为发展中国家的人所用。

在作为一门基础学科发展到一定层次之后,21 世纪初,心理学必然会在应用方面取得进展。在大多数西方国家,大部分心理学家是各种各样情境下的专业人员;但是,在某些发展中国家,例如在中国,由于社会政治差异,应用心理学还很新。近年来,随着改革开放政策和市场经济的发展,许多咨询中心在学校和社会机构中建立起来。人员选拔和人力资源评估受到鼓励,特别是在大城市和经济最发达的地区。

但是,因为缺乏职业心理学家的认证体系,而日益增长的社会需求超出了心理学家所能满足的范围,所以,一些服务的质量令人很不满意。总结中国的那些可能也适用于其他国家的经验,我确信,要使心理学完全成为一门成熟的学科,一门在科学和应用方面都成功服务社会的学科,很重要的一点是,我们应该加强本土研究项目,应该多从先进国家学习科学和技术。

感谢国际心理科学联合会做出的努力,感谢全世界的心理学家,感谢学术交流的新机遇,心理学无疑将获得更大的发展,在 21 世纪成为一门更繁荣更成熟的科学。

菲利普·G. 津巴多

1990 年代初的《发现心理学》系列片,将心理学介绍给了普通大众,展现了它在当代社会中的地位。这应该归功于菲利普·G. 津巴多的倡导,他是斯坦福大学的心理学教授,也是社会心理学中最有创造力和独创性的研究者之一。

津巴多于 1933 年生于纽约南布朗克斯的一个犹太人区。他的父母只受过很少的正规教育,而他在这所城市的街道上长大,这使他对社会问题产生了兴趣,无论是在宏观维度还是在微观维度,无论是在社会水平还是在个人水平。他本科时在布鲁克林大学学习社会学和人类学,1959 年在耶鲁大学获得社会心理学的博士学位。他曾是纽约大学教授,从 1968 年开始在拥有全国最重要的心理学系之一的斯坦福大学担任教授。津巴多的主要研究与宏观的社会题材有关;例如,监狱中的去个人化(de-individualization)、暴力、害羞、时间洞察力、心理学在社会中的角色。他一直感兴趣于从最严格的实验心理学的角度将心理学与世界的重大问题、与我们时代的挑战联系起来。他的《心理学与生活》已经出了 15 版。他的其他工作,科学文章、电视讲话、参与宏观活动(种族、暴力、和平)等使他成为了 21 世纪初心理学中最著名的人。他当选为 2002 年美国心理学会(APA)的主席。

世界的重大问题

我:津巴多教授,您怎样看待不久以后的心理学?作为研究者、理论家和心理学的普及者,您已经在这个领域里非常活跃地工作了 40 多年,在许多方面都有非常宽广的视角,特别是那些与十分重要不同凡响的社会问题有关的方面。

P.G.Z.:我想,未来 10 年或 20 年的心理学在许多重要方面都会发生变化,首先是因为女性心理学家数量众多。去年,美国获得心理学博士学位的人每 100 个中有 68 个是女性。这比过去多多了。而在瑞典,每 100 个心理学家有 70 个是女性。在我访问过的许多地方,我发现大部分本科生和研究生都是女性。在 10 年或 20 年里,世界上心理学的创建者几乎都会死去,或退休。在第二次世界大战结束时他们还是年轻人,是他们为心理学建立了结构和组织。

21 世纪初,在美国,越来越多的男性似乎更愿意学习计算机科学、工程、商业和与技术有关的领域。我知道得不是太确切,是学习心理学的男性减少了,还是学习心理学的人中女性的比例增加了,而年轻男性的绝对数目没有变化。我相信,在当今的大学里,对咨询、疗法和社会事务所作的大部分研究都是女性进行的。我们不知道到 2010 年研究方法和兴趣领域的景象会如何变化。我们已经看到了这种变化,人们越来越多地强调人际关系、情绪、冲突解决,当然还有其他积极的方面。在社会和政治情境下对个体进行深入的方法学研究正在被抛弃,在研究选题方面,我看到的有,人们不再怎么研究攻击和暴力等消极的和反社会的行为,而强调研究正面的社会行为。我们看到了方法论的变化、对心理学中宽广而含糊的概念的兴趣、强调将家庭视为一个单元。看起来,传统的实验方法不再那么令人感兴趣了,人们更倾向于使用观察、面试和访谈。与实验室实验联系紧密的"操纵"概念不太受女性欢迎,因为她们觉得在历史上她们一直受到操纵,她们不希望这再次发生。控制和操纵的概念对许多女心理学家不太具吸引力。

我害怕我们会更强调观察和直觉解释,不太注重控制和预测的过程,而后者是科学的基础。如果我们认为未来 10 年大部分心理学家会是女性,她们将会强调一些被认为是"阴柔的"(不一定真是那样)与"阳刚的"(也不一定是那样)相对的领域。教育心理学、社会心理学和人格心理学,还有临床心理学和心理定位被认为是"阴柔的",而认知神经科学、学习、动机、心理生物学和其他需要较多技术的被认为是"阳刚的"。我希望,下一代女性会对技术感兴趣,不会对技术感觉不快。

我在妇女主导的那些领域中看到的一个危险是,它们贬值了。这些领域中的薪水降低了,责任减少了。性别不平等仍然存在,不过,我们希望,这在将来会消失。

我:您认为不久以后心理学研究的主要领域会是什么?

P.G.Z.:嗯,那正是我们已经看到的。数十年前,我制作了一个电视系列片,叫《发现心理学》。这个系列片中没有出现的两个领域是文化心理学和认知神经科学,但是我希望很快能拍出有关这两个领域的节目。我相信,这两个领域在未来有巨大的前景。带着对全球化的兴趣,我们必须重新考虑每个领域的目标,但这并不仅仅意味着美国心理学的目标与日本心理学的目标不同,打个比方来说。如果我们要成为好心理学家,我们必须在文化情境中理解心理学。规范、价值和文化规则都很重要。

另一个领域,认知神经科学,在新技术的影响下已经变强了许多;我们现在对大脑活动方式的认识比从前多得多,科学用一种恰当得多的方式向我们展示了心理与脑之间的相互作用,而在从前,我们只是含糊其辞,不太清楚我们所指何物。

另一件事与妇女对心理学应用的兴趣有关。这可能会导致应用领域有更多的研究,研究压力、健康心理学、生命问题、公共和社会事务、改善人类健康状况的方式、教育和工作界。

我:这是不是会意味着,研究方法会发生剧变?

P.G.Z.:不是,我们的方法越好,我们的研究问题就能表达得越好,我们获得的信息就越可靠。当我是学生时,方法是"输入—输出",现在不是这样了,已经复杂得多了,我们想知道什么是心理过程的中介。我们拥有分解和建构的技术,我们能够进行精巧的实验,分离和联合变量,去弄清输入和输出之间的媒介。一个真正的大问题如果得到清楚的表述,就能够用实验室实验去回答,但是必须在宏观层次上使用适宜的技术。计算机当然有用,流行病学信息当然也有用。我们拥有结合变量和分析成千上万种元素或变量的方法;我们能够在几个国家同步工作。方法论受技术的影响很大。我相信,过去时代的研究者做梦也不会想到,有一天我们的方法能够精巧到如此的程度。

我:最后,请谈谈您现在和未来的研究工作。

P. G. Z.：我一直对害羞感兴趣，现在我们知道它存在于成人和青少年之中，尽管研究者们曾经以为害羞只存在于儿童之中。事实上，害羞以多种方式影响着成人的生活。奇怪的是，在我的国家美国，害羞在一年年地增加。我相信，技术对此有影响，计算机将人们隔离；面对面的交往越来越少。我们发现，每 100 个人中有 50 个人说他们胆怯。我觉得，在计算机构筑的虚拟现实中进行交往的人会更难于进行面对面的交往。年轻人没有学习真正的交往能力，在面对面的交流中有许多非言语的交流，有许多动作；另一方面，如果用电子邮件或计算机聊天组交流，就不会有这些。没有时间去思考、斟酌；发信息、收信息。互联网使许多年轻人失去了生动的体验，没有学到社交语言。我担心，下一代会比这一代更不爱交际。下一代似乎更关注技术而不是人。这是一个值得研究的主题，让我十分感兴趣。

对我十分重要的另一个主题是，时间作为心理维度在人们生活中的影响。我们通常认为个人经历是用过去、现在和未来进行编码的，但是由于种种原因，我们过分强调现在和过去。许多人的注意力集中在过去发生的消极事情上，集中在创伤或记忆上。看似不太相关的是未来，而我想在研究中建立一个平衡。这依赖情景和任务，一个人可能想到过去或未来，想到拥有的目标，想到已做过的事情，想到这会以何种方式影响将来想做的事情。我的概念，自我的概念，与过去、家庭和社会紧密相连；一个人的自我认同与这个人曾经是什么和曾经做过什么有关。但是，如果一个人太关注发生过的事情，太关注对社会的归属感，太关注文化，这个人就不会接受新的想法。这样的人变得保守；喜欢的东西就是熟悉的东西。这发生在面向过去的人身上。另一方面，面向现在的人享受此刻、食物、酒、朋友，完完全全地感受当前的情绪体验，但是他们不为将来作打算，他们不用个人资源投资未来，他们不会节约钱，他们更愿意得到即刻的满足。面向未来的人会作计划，长远地看事情，是那些在学校和商务中获得更多成功的人；不好的一面是，这些人全部时间都面向未来的工作，忽视人际关系，过分关注任务和成功。他们只对工作感兴趣，工作对他们的生活影响很大，变为了绝对价值。

我希望有时间去研究这些重要的研究主题。

豪尔赫·A. 格劳

豪尔赫·A. 格劳是一名古巴心理学家,对心理学在他的国家中的社会介入(social insertion)和古巴心理学在世界上的传播贡献很大。他在古巴的公共卫生部及肿瘤学和放射学研究所工作,研究慢性疾病、癌症、死亡,等等。他的工作帮助古巴心理学"榜上有名",大大地推动了健康心理学的发展,所有这些都是从国际上科学的角度来看,有很大的社会实用性。作为古巴心理学家的组织者,作为研究者,作为健康心理学的领导者,他的工作在21世纪初的心理学中非常重要。

生活质量和健康心理学

我:在哈瓦那这里举行的心理健康2000是一个极好的大会。我们所有人都对古巴健康系统了解了许多,对您在这个岛上为了将心理学因素整合到完整的健康概念中所作出的重要贡献了解了许多。古巴无疑是世界上健康和疾病管理的主要领导者之一;心理学在其中扮演了至关重要的角色,这要归功于由您领导的心理学家的努力。豪尔赫·格劳,感谢您的参与。请先谈谈未来心理学的突出特性。

J.A.G.:我想,未来心理学的特性将是跨学科、整合理论朝向、为解决人类的主要问题而努力。

我:主要的研究领域又会是什么?

J.A.G.:我相信是下列这些领域:1)心理神经免疫学,2)社会和领导心理学,3)对服务最优化的研究,4)教学心理学,5)对生活质量的研究,6)患慢性病的病人的适应,7)暴力行为的预防,8)健康促进和疾病预防。

我:您认为哪些应用领域会得到优先考虑?

J.A.G.:我想,应该是健康、教育、社会和工作福利等领域。

我:您认为研究方法会有变化吗?

J.A.G.:我想会有变化。我相信,质的方法会得到很大改进,跟踪研究性质的准实验和实验研究会增加。探索将会很重要。多元分析的取向将不仅关注变量,还关注变量之间的交互作用。经典的测验将更多地用到自评和行为记录技术。诊断信念和情绪的方法应该会被完善。

我:您还想谈谈什么话题?

J. A. G.:我相信健康心理学是一个前景巨大的领域,其中,慢性疾病、事故、暴力和虐待都是要优先考虑的主题,对生殖健康和心理健康的研究也不可偏废。

我:您自己未来的工作会是什么样的呢?

J. A. G.:我现在是古巴肿瘤学和放射学研究所的研究人员。我在几个研究生计划中担任老师,在健康领域组织了许多活动。

将来我想深入研究几个主题。一个是肿瘤心理学,特别是心理神经免疫学的研究取向、(癌症的)C模式、对临终病人的照顾。另一个主题是疾病过程中的压力和情绪。第三个主题是对健康工作者的研究,特别是健康工作者的工作倦怠和健康工作中交流能力的发展。

我将来要做的最重要的事情是:写更多的书,发表我与同事们共同取得的研究结果和经验。这是我要在生命的最后30年里优先考虑的。

我:非常感谢,豪尔赫·格劳博士。祝您在拉美健康心理学协会(ALAPSA)和您关于健康和生活质量的研究中获得更大的成功。我希望,古巴心理学家现在从事的工作获得应有的国际认可。

亨利·P.戴维

他生于1923年,1951年在纽约的哥伦比亚大学获得临床心理学的博士学位。1972年,他在马里兰州的贝塞斯达建立了跨国家庭研究所,此后他一直执管此研究所。这是一个民间非营利性实体,致力于行为科学研究,关注的中心问题是生殖行为。该研究所在加州的阿普托斯、布拉格、莫斯科和墨西哥城都有分部。亨利·P.戴维也是人口与发展国际组织的创建者之一和领导者,这个机构在美国的贝塞斯达、泰国的曼谷、越南的河内都设有办事处。他也是总部设在瑞士日内瓦的国际心理健康同盟的副主任。戴维博士已经编写了 17 本书,是 300 篇文章的作者或合写者。

在过去 30 年里,H.P. 戴维的研究一直围绕着生殖行为和与之相关的公共政策,特别是在中欧和东欧。他正在进行的一个研究是布拉格儿童研究。他担任世界卫生组织的顾问,是莫斯科性别研究中心理事会的成员和墨西哥家庭与人口研究所的成员。2000 年 3 月,在亚丁大学的邀请下,他在也门的亚丁组织了一个有关生殖行为和父亲责任的专题小组讨论。所有这些国际经历使他获得了众多荣誉,其中包括 2001 年的心理学公共利益终身成就金奖。

通往公共卫生之路

H. P. D.:19 世纪 60 年代中期,当我是日内瓦的国际心理健康同盟的副主任时,丰富的旅行和日益增加的国际经历使我深信,人口增长、生殖与健康行为、妇女权益都是与心理健康紧密相关的非常值得优先考虑的事情(David, 1964, 1994)。这些经历使我产生了这样一种信念,心理学家对其所在国家的心理健康的进步负有特殊责任。在公共政策、公共卫生和公共利益中存在的问题上,国际心理学会的同事们表达了类似的观点。通过联合国及其专门机构的各种计划,心理学家越来越多地参与人道主义活动,例如,急救心理学家为受到内战和冲突创伤的儿童设计的计划、授予妇女权利的计划、在发展中国家和发达国家中为减少农村贫困而培训社区行动计划的人员。

许多年来,人口趋势的研究只是人口统计学家的工作,但是对生殖行为的解释逐渐开始采用心理学取向。在 1994 年开罗召开的联合国国际人口与发展大会上,政策发生了一个重要的变化。兴趣中心由宏观的人口数量、人口统计目标和人口控制转移到了微观的个人需要,由控制妇女生育变为帮助人们在生殖和生育上作出明智的抉择。重点在于促进生殖权利和对抗统治着两性关系的社会规范。开罗会议重申,夫妇和个人拥有以自由和负责任的方式决定是否想要孩子,和什么时候要孩子的权利。生殖健康的概念被采纳,人们认为它由社会经济发展、生活方式、健康服务的质量和可得性、妇女的地位决定,但是"最重要的是决策自由"(联合国,1995,p.33)。

性健康和家庭计划都是生殖健康的重要组成部分。将性健康与生殖健康结合起来减少了围绕着性健康概念的矛盾心理和禁忌,特别是那些与性教育和对青少年性行为的讨论有关的矛盾心理和禁忌。

由于家庭的大小现在被视为一个可选择的问题而不是一个机遇问题,如何使人们在多种社会—文化情境下接受现代的节制生育方法,为了给想要的孩子之间留出足够的时间和空间,为了用有效的避孕方法而不是流产来避免不想要的生育,社会和行为研究的重要性正日渐为人们所认识。当来自世界多个地方的同事们一起进行合作研究时,他们渐渐对公共卫生问题采用理性的科学取向,其注意的焦点是生殖行为这个非常敏感而且常常引发争议的领域。这个领域常被心理学家和大多数职业心理学家所忽视。科学理性主义这个概念意味着,决定是根据公共卫生价值做出,而不是根据其他人的个人、道德或宗教价值做出(David,1993)。在 20 世纪 90 年代,掌管政治决策的人好像不仅仅满足于科学结论。他们需要建议去帮助他们做决定。这使得对生殖行为的科学研究开始由确定某事的原因变为研究生殖行为能够怎样被改变、能够变得多快和以什么为代价改变。美国心理学会(APA)的成员在 2001 年确立了这个目标,因为他们决定将"应用研究发现以促进健康和公众福利"也作为他们的使命。

尽管性的生理表现是普遍的,文化、宗教和社会构成和影响性行为所在情境的方式存在很大差异,而所在情境关系到怀孕是否受鼓励。在最发达的那些国家,婚前性行为普遍存在,但婚前有孩子对妇女和社会来说都是不合宜的。

美国每年大约有 100 万少女怀孕。其中,20%的人出现自发性流产,剩下的大约有一半中止妊娠,另一半生下孩子。想要流产的绝大多数青少年都是单身,她们想流产是因为她们觉得自己做母亲太年轻了,不拥有养育孩子所必需的资源。计划生育的传统取向对这些青少年不是太有用。要帮助这些年轻人建立正常的关系,使他们获得互相尊重和平等的能力,抵制骚扰和暴力,心理社会方面的教育取向是必需的。

许多父母害怕与孩子公开地谈论性和控制生育。几乎没有学校准备将它们的课程向生物学方向扩展,将控制生育的实用知识作为生活能力课程的一部分。公共政策专家不愿意卷入敏感的政治话题,政府则因为害怕公众反对而没有开始怀孕预防计划。人们极少知道,单身青少年会发生性关系时,他们有没有相关知识,有没有避孕措施。

研究发现显示,青少年常常能够表达意愿,进行重要的生活抉择,这种情况比通常在医学和法律环境中认识到的要多得多(Adler et al., 1998)。心理学家越来越积极地制定与青少年、教师和掌管公共政策的人的合作方式(例如,Clay,2000;Pick,2001)。

正如马塞利亚(Marsella,2000)所言,西方心理学很少把我们的生活放在全球视野的角度进行考虑,减少世界上许多人所面临的问题,以一种更现实的态度面对个体与集体的生存依赖关系。我也想尽力使心理学课程和那些临床程序国际化,对学生们进行新技能的培训,这很可能有助于解决冲突,改进公共卫生,促进对文化差异敏感的社会发展的进步。当我们为世界级的问题寻求实际解决方案时,对人口、生殖行为和妇女权利这些问题采取公共卫生取向为我们提供了很好的范例,启发我们怎样从更积极的意义上为心理学定向,来积极应对21世纪这个变化的世界中国内和国际的问题。

迪安·基思·西蒙顿

西蒙顿生于1948年,1975年在哈佛大学社会心理学系获得博士学位,一直从事领导、科学创新、"伟大"问题、历史心理学等主题的研究。他现在是加州大学戴维斯分校的心理学教授。

创造历史的人们

我:感谢您参与这个计划。您是科学名人方面的专家,这个由最杰出的心理学家谈论关于未来的想法的计划肯定让您感兴趣。西蒙顿教授,请谈谈心理学在不久以后的特性。

D. K. S.：首先，我想，无论是在理论层次上还是在应用层次上，心理学的主题将继续呈现多样化。它很可能同时向两个方面发展：一方面是神经科学、认知科学和所谓的认知神经科学朝着越来越科学的方向发展，另一方面是朝着更为人本主义的方向发展。

我认为尚不可知的头号问题是，心理学在同时朝着两个如此不同的方向演变之后还会不会是一门连贯的科学，对于那些认为心理学的科学方向和人本方向同等重要的心理学家来说，这尤其是个问题。很难保持连贯。

我：请谈谈特别重要的研究……

D. K. S.：我在我的书和文章中谈到了这个话题。我想，心理学将要拓宽研究和应用领域。很大一部分的工作会根据国家利益和特定情境下的应用来开展。研究很可能会变得比现在"更艰难"。

除了对重大国家问题的研究，还有神经科学研究，还有一类是与乐观等问题有关的偏向人格和社会心理学的研究。

我：对于应用，您想说些什么？

D. K. S.：我相信，心理学中进展得最快的是应用。在美国，心理学专业拥有的本科生数量最多。每个人都想成为心理学家，但是这种兴趣与其说是对研究的兴趣，不如说是对理解人类的兴趣，目的多为使世界变得更美好。他们想要帮助人。他们想要在服务人类的领域中工作。最让我惊奇的是，许多心理学家最后都做着非心理学的工作，在他们的新领域中，他们做出了非常有创造性非常新颖的重要创举。其中一个例子是法庭心理学，它曾经大大影响了法律，心理学家在其中做出了很有价值的贡献。我相信，其他的许多应用领域也会继续如此。受过心理学基本训练的人正在进入其他领域，带着心理学的发现去解答应用问题。

我：这对心理学有好处，因为它在相关社会领域是有用的。

D. K. S.：当然。事实是，心理学家在新领域的某些事情上做得"太"好了，以至于那些不是心理学家的人被他们给吓住了。人们认为，心理学就像一个扩张中的帝国，正在占领许多从前不属于心理学的领域。

在我所在的大学里,心理学家们在许多行政管理岗位上工作。

我:我们谈谈方法吧。

D. K. S.:方法上发生的事情与我们谈到过的其他领域一样。心理学的方法也变得更加多样。我能够去做我正在创造力、领导、历史心理学这些领域中从事的工作,这个简单的事实表明,方法已经十分多样了。当我还是哈佛大学的学生时,我说起我博士论文想做什么;我的一个导师告诉我,那无疑很有趣,但是我将不能在好的科学杂志上发表结果。后来并非如此。心理学的大门已经向新的领域和新的研究方法敞开了。

另一个例子是,在儿童心理学领域中,我们已有的技术使我们基本上能知道一个年幼的婴儿在想什么。我们也拥有在数学上高度精巧的心理测量工具,同时,实验室实验正在丧失它们在心理学中曾经占据的中心位置。它们不像几十年前一样占主导地位了。那时,如果你想当一个伟大的心理学家,你就必须去做老鼠走迷宫的实验。

我:那是大约 30 年以前。

D. K. S.:我觉得没那么久远。现在,也有研究者在做这样的事情,那很好,但那不应该是心理学家所做的唯一的事情。

我:您还想谈谈别的话题吗?

D. K. S.:说真的,最让我不放心的是,心理学在发展和进步的同时,是否还能是一门连贯的科学。你知道,在美国,研究者和职业心理学家之间存在着争议,结果形成了不同的学会,美国心理协会(APS)和美国心理学会(APA)。发生在世界其他地方的事情,我知道的不是很清楚,但是我知道,心理学的应用方面(APA)和科学方面(APS)之间关系紧张。其实不必这样,不必有这些争议。我不知道很久以后我们是否会有两种或三种心理学,分不同的系或职员,如此这般。我不知道。

我:您认为那样对学科是不好的吗?

D. K. S.:很糟糕。我想,很大一部分研究会是神经科学的。一个领域中发生的事情可以对另一个领域有益,但仍有是学术和职业上的认同问题。如果参加了一个与原来从属的领域不同的新领域,人们就会不再阅读原来学科的杂志,不再被邀请参加大会、会议、研讨会,等等。

我：我们谈谈您未来的工作吧。

D. K. S.：我希望能够帮助心理学继续作为一门连贯的学科存在下去。我想使用心理学原理去理解心理学。我想知道，为了获得成功，作为科学家，作为从业者，或作为别的什么，心理学家做了什么。一个人需要什么才能成为最好的心理学家？我不知道我们是否已经拥有能用来评价这些事情的模型或一系列的概念。怎样评价一个人的杰出，即便我们不相信那个人所做的事，即便我们认为他的工作做得不好。

某些人的想法是有用的，即便我们认为这些想法已经过时或已经被超越。在物理学上，他们有他们自己的模型，他们崇拜牛顿和爱因斯坦；他们知道这些人定义了这个领域，即便他们的某些工作已经被超越了。这些模型和他们的想法使得物理学领域保持连贯的状态。我想弄明白，对于那些创造历史的人来说，心理学的历史上发生了什么。我想尽我的一份力量去帮助心理学继续拥有一个历史。但是这不是我要做的唯一的事情，我还想继续从事其他的研究。我想继续研究电影导演的创造性过程。我想将注意力集中于创造力的社会心理学，因为创造性工作是社会的和集体的过程。这非常有趣。现在，我将继续研究心理学家，研究是什么使得心理学成为一门伟大的科学。

拉蒙·贝斯

在 1970 年代和 1980 年代，拉蒙·贝斯是心理学和拉美世界之间的主要桥梁。我们甚至可以声称，那时拉蒙·贝斯就是西班牙心理学。他生于 1930 年，1976 年在巴塞罗那大学获得博士学位，从事研究方法、实验分析、心理病理学和健康心理学方面的工作。

拉蒙·贝斯是巴塞罗那大学的哲学和文学（心理学部）博士，也毕业于这所大学的临床心理学专业。从 1983 年开始，他在巴塞罗那自治大学担任基础心理学的教授，从几年前开始专门研究健康心理学，特别是下列主题：心理—神经免疫学、癌症、艾滋病、临终的人。他曾担任西班牙和其他国家多家大学和研究所的特邀教授。他在心理学和医学的专门杂志上发表了许多文章,也写过许多书的章节,还独著了几本书,其中有:《心理学科学方法入门》(1974,1978,1980),《行为药理学启蒙》(1997),《心理学和医学》(1979),《肿瘤心理学》(1985,1991),《艾滋病和心理学》(1995),《苦楚和死亡的心理学》(2001)。他担任过专业科学杂志的顾问、评审人和编委会成员。他从创始以来一直主管着"人类学习的心理学"博士计划;他是加泰罗尼亚—巴利阿里舒缓护理协会的创始人之一,还是西班牙多学科艾滋病协会的副主席。1995年,他因毕生工作被加泰罗尼亚研究与治疗学会(SCRITC)授予巴甫洛夫奖。到2000年末,他的出版物数量已超过了500部。

帮助人们祥和而终

R.B.:就像许多年前(也许是25年前?)一样,鲁文·阿迪拉正邀请我参加一个新的计划。近几十年来,我们都在许多有共同兴趣的领域中努力工作,但是我们很少相遇。上一次相见是在大约一年以前,我们在格拉纳达的一个大会上相聚了几个小时。不过我们彼此都通过出版物和共同的朋友知道对方的工作。

现在,鲁文想在一本书中收集一群来自不同国家的心理学家对心理学未来的共同思考。这个提议很有趣。当我决定参与时,我想如我一贯的那样实际。因此,我不会泛泛而谈,不会在当今心理学给我们提供的由多姿多彩的问题组成的巨大草坪上徘徊,我将会将自己局限在我最近工作过的领域里(心理肿瘤学、心理—神经免疫学、艾滋病和临终病人),局限在一个特定的重要方面,这个方面非常突出而普遍,影响了我们所有的人,给研究者、学者和临床医生都带来了巨大的挑战,是我们的学科在理论和方法上面临的最大挑战之一。

在国际医学界最有声望的科学杂志《新英格兰医学杂志》的2000年3月号上,戴维·卡拉汉(Callahan,2000)发表了一篇有深度的文章,总结了健康领域的新的敏感主题,这个主题是由埃里克·J.卡斯尔(Cassell,1982)若干年以前在同一篇杂志上正式提出的,在我看来,这将成为医学的过去和未来的分水岭。这个未来将以特别的方式,直接的方式,在互动、认知和情感领域影响着我们心理学家。

在其文章中,卡拉汉(Callahan,2000)提出了一种与当前医学观点截然不同的观点:医学的根本目的有两个,二者处于同一范畴,同等重要;一个是阻止死亡,但是,当我们的努力无法阻止死亡的来临(我们从来都不能使它无限期地延后),要使病人祥和而终。

卡拉汉将他的论点建立在两个前提之上:

a) 在上几个世纪,医学明白无误或确定无疑地将死亡视作它的头号敌人,因此,它的根本使命包括并且继续包括不断地研究以发现能够将所有已知的致死原因一个个地消除的方式,这些致死原因有:天花、小儿麻痹症、肺结核、癌症、心脏病、阿尔茨海默式症、艾滋病、神经性厌食症,等等。就这样,医学思想一直将死亡设置为一种理论上可以避免的现象,根据这种观点,病人的死亡无疑意味着到那个时刻为止的已有知识的失败,即便这可以暂时接受。即便认识到帮助人们平和地死去是值得高度赞扬的医疗任务,这仍然是一个重要性次于战胜死亡的目的,医生们只有在完全不能避免死亡时才求助于舒缓护理(palliative care)。

b) 但是,临床医生在日常实践中应该将死亡视为一种生物必然性。死是自然的,是迟早会影响包括医生、护士和心理学家在内的我们这个物种所有成员的不可避免的现象。死亡不一定是知识的失败,它从来都不能被无限期推迟。人都是会死的。虽然生物医学研究的进步非常明显,但只要我们这个种类没有灭绝,我们人就会不断地死去。

卡拉汉的提议简单而符合逻辑。如果死亡总是在生命的尽头等待着我们,健康专家应该像研究有助于延长生命的因素和机制一样有动力地急切地去研究怎样消除或减少常常伴随着死亡或丧失所爱的过程的苦痛。正如卡拉汉(Callahan,2000)所指出的:"我的观点是,既然我们大家都会死,维持生命不应被视作比平和的死亡更高的理想"。舒缓护理不应该只用在医学不能挽救的"生物失败者"群体上;它是我们所有人都需要的。就像不同的研究计划显示的那样(Lynn, Teno, Phillips, Wu, Desbiens, Harrold, Claessens, Wenger, Kreling & Connors, 1997; Support, 1995),我们还差得很远。另外,一些研究表明(Bayés & Morera, 2000; Porta, Ylla-Català, Estíbanez, Grimau, Lafuerza, Nabal, Sala, & Tuca, 1999),西班牙乃至拉丁美洲的医院环境在减轻病人以及家庭的痛苦方面,不应该与北美有很大不同。

在此,我界定了 21 世纪医学的一个基本目标:帮助人们祥和而终。这当然要去研究死亡过程的心理和情绪因素。这也意味着,在极端困境条件下,要加深理解临终病人、病人家属和健康专家三者之间的相互作用。

在这个领域中,设计用来检查和评价幸福、痛苦和死亡接纳的工具时,需要考虑简单性、信度、效度和对变化的敏感性,工具不仅不应带来创伤和烦恼,还必须合乎伦理,有利于治疗。我想,这将会是健康心理学要优先考虑的事项中最困难的之一。

在生命的最后阶段,在不低估医生和护士的有效而专业的工作对身体症状的控制的同时,情绪和心理因素的干预对于达到卡拉汉(Callahan, 2000)所描述的平和死亡的理想可能也很关键。从与我们享有共同历史的同一物种的成员的爱护出发,有效地利用咨询技术无疑是最重要的(Buckman, 1992)。利用好这些策略是治疗团队中的所有专业人员所要做的,但是,研究和改进这些策略,知道如何尽可能有效地检测、避免和对抗焦虑和抑郁,却是心理学家的分内之事。

虽然这才刚刚起步,已经出现了一些模型(Bayés, Arranz, Barbero & Barreto, 1996; Schröder, 1996)和一些检查策略(Bayés, 2000; Bayés, Limonero, Barreto & Comas, 1997)试图将医学观察资料(Cassell, 1992; Chapman & Gravin, 1993, Loeser & Melzack, 1999)与心理学的贡献(James, 1890; Lazarus & Folkman, 1984; Seligman, 1975)结合起来,所有这些都有待完成。

我们这些 21 世纪的心理学家将有希望以某种方式做出贡献,使得我们这个世纪和后几个世纪的大多数人能够祥和而终!

这就是我要说的,我的肺腑之言。

埃策尔·A.卡德尼亚

　　埃策尔·卡德尼亚是得克萨斯—泛美大学的心理学和人类学系的主任。他从事催眠、反常体验和科学忽视了的那些重要现象的研究。他生于1957年,1988年在加州大学戴维斯分校获得人格心理学的博士学位,是这些领域的积极研究者,并且一直从科学的角度进行研究。他最近的一本书(2000)名为《反常体验的多样性:科学证据大审查》。

反常体验

　　我:您认为,未来心理学的主要特性会是什么?

　　E.A.C.:在过去的十多年,心理学有两个对立的模型,它们之间还会继续发生争论。极端的情况是:一方面,我们有一个狭隘定义实证的心理学,它研究分裂的、不连贯的、通常与历史和文化情境相独立的那些领域。另一方面,有一个相对主义的后现代心理学,它给予每个命题同等的效度和实证价值。心理学不应该这样极端,心理学应该是辩证的和多义的(包括盎格鲁-萨克逊文化之外的其他文化),系统地研究传统领域之外的领域(例如,智慧、反常体验),更多地质疑理论和结论在研究之外的群体和情境中是否适用。

　　未来心理学的一个特性是,无论是研究还是临床领域,都将更具备多学科的特性。既然人与动物都是很复杂的,有一点日益明显,那就是多学科的角度和神经科学、医学、历史学等其他学科的专业知识也是必备的,这需要跨学科的研究群体的参与,并且发展出共同的语言。

　　类似的,西方文化的二元论正在瓦解,但并不一定会给还原主义的一元论开辟道路(Cardeña & Kirsch,2000),二元论通常认为是笛卡儿所创,但其实在笛卡儿之前就有。健康心理学、心理—神经免疫学、催眠和相关领域的研究证明,将心身绝对分开只是知识界的一种习惯,而非真理。分析一些生命代价和经济代价都最高的疾病(心血管疾病、肺病),可以明显地看到,诸如行为(例如,锻练、吸烟)和认知(例如,习得无助、乐观主义)这样的心理变量与生理过程之间存在着交互作用,因此,心理学家在健康领域中起着重要的作用。

说到我的研究领域,催眠技术在减少痛苦、易化手术流程和康复方面的有效性已被反复证明(Lang, Benotsch, Fick, Lutgendorf, Berbaum, Logan & Spiegel, 2000)。至于心理疾病的病因理论,最简单的模型(例如,疾病 X 只是由生物或心理变量导致的)已经让位于交互作用模型,后者认为生物变量(例如,遗传因素)、心理变量(例如,创伤的长期历史)、环境因素(例如,长期的噪音和压力)以及社会文化因素(例如,随着个体所在文化的不同,精神分裂症的病状诊断也不一样)存在着交互作用。但是,需要指出,心理学仍然是盎格鲁-萨克逊人主导的一项活动,通常会忽视或浅薄地对待种族中心视角的局限性。

总之,我想,在心理学中,简单或一维模型最终会被多学科多变量的研究所替代,后者会更多地考虑到研究领域的复杂性以及心理的、生物的、社会文化的和情境的变量。

我:您觉得主要的研究领域将是什么?

E. A. C.:尽管遗传的贡献(Lewontin, 2000)常常被误解或夸大,心理学无疑会对人类基因组研究的发展越来越多地作出回应,特别是在个体差异和风险因素的解释上。行为遗传学最有趣的结论之一是,环境的效应一般不能从遗传的效应中分离出来,因为它们会无休无止地发生交互作用(Plomin, 1986)。遗传研究与现象心理学惊人的一致,都证明了抽象的方式并不存在,因为同一物理特性是否带来压力依赖于个体的知觉和解释。

进化论观点近来也产生了巨大的影响。令人惊奇的是,荣格的直觉想法,即认为知觉和行动的心理特质是人类进化的结果,在近期的进化心理学模型中得到了一定的支持。联系弗洛伊德的一些直觉(非意识过程和早期关系的重要性),我们发现,有一些心理学思想之所以长期有效,是因为它们表述了有价值的直觉,即便它们的细节模糊不清而且包含错误。

脑成像技术将继续为催眠现象(Kosslyn, Thompson, Constantini-Ferrando, Alpert & Spiegel, 2000)和成功的精神病治疗(Martin, Martin, Rai, Richardson & Royall, 2001)等"主观"体验提供"客观"证据,但是它的最高价值将在于更详细地说明神经系统和心理过程之间交互作用的紧密联系。最简单的神经定位不过是变相的颅相学,正在被另一种理论所替代,后者认为,脑的各个部位以总体的方式发生交互作用,表现出明显的过渡性和不同水平的复杂性(Goldberg,2001)。

至于更特定的领域,APA 的新杂志《情绪》代表了人们对这个基本过程越来越浓厚的兴趣,过去,这个基本过程尽管没有在临床环境中被忽视,却在基础研究环境中被忽视。情绪研究的一个很大的好处是,它们是包括生理、认知、体验和行为在内的交互现象。除此以外,就像达马西奥(Damasio,1999)和其他人证明了的,甚至对于判断这样的看似抽象的过程,情绪都是很重要的。情绪明显意味着身体机能,它是认真考虑身体的少数几个心理学领域之一,而许多其他过程被描述得就好像发生在非身体的实体中一样。吉布森的知觉生态学观点是我所想起的另一个认真考虑身体的例子,还有梅洛—蓬蒂的观点。但是对于一个通常忽视身体是处于时空情境中的学科来说,这些例子只是例外。也许当心理学成为多个过程同时相互作用的完整人类的科学时,而不仅是一套孤立的和脱离身体的过程的科学时,我们将会拥有忠实地表达研究对象的模型和发现。为此,我们还需要写作真正完整的、而不仅仅是一系列无联系章节的教科书。

最后,说到我的专业领域,在意识研究重新变得合法以后,对反常体验和意识变更的科学研究才刚刚开始(Bower,2001)。除了在基础研究和临床环境中以外,这些体验已对而且将继续对大多数人很重要。尽管心理学在这方面的研究只有少数几个例外(例如,Tart,1969)。实验和临床方面的系统研究(Cardeña, Lynn & Krippner, 2000)和神经生理学研究(Newberg & D'Aquili, 2000)为研究者和理论家打开了许多扇门。其他复杂现象也十分重要,例如超常创造性或天才,它们刚刚开始被心理学以效度不可疑的方法来研究,例如,向数以百计没有特定差异的大学生发放问卷。

我:您认为心理学的应用会如何发展?

E. A. C.：当前,基础心理学和应用心理学之间、盎格鲁-萨克逊心理学和其他国家的心理学之间都有着公开的"分离"。说到这第一种区分,许多研究已将这个领域进行了如此多的过滤和简化(抱着"控制变量"的目的)以至于那些将心理学应用于日常生活的人们常常认为它是无关的而忽视它。另一方面,许多研究者抱怨应用心理学家缺乏科学领域中的基础知识,常常在评价各种形式的证据和理论时犯下基本错误。在心理疗法研究中也存在着类似的宗派,人们要么只评价效率(在实验的和控制的环境中的疗法,常常附有手册),要么只评价效力(在更典型的环境中的疗法,控制更少而且更多样),而没有尝试整合这两种方法。

当代心理学的一个基本问题是如何解决这些冲突。尽管我尚未见到太多的进展,我想,教育研究者和临床医生不应该搞宗派主义,在专攻一个领域之前确确实实地将这两个领域整合起来,这可以部分地解决问题。至于不同的文化差异,我发现,通常其他国家的专家都知道美国的心理学,反之却不是这样。我正与APA的2002年度主席菲利普·津巴多合作,寻求加强西班牙语国家心理学家和APA的交流与合作。只有持续不断的努力才能打破当前心理学的隔绝状态。

我们学科的另一个明显局限是受着心理疗法个体模型的束缚甚至近乎奴役,而在这个世界上,抑郁率正在惊人地增长着,资源的不合理利用和国内外的暴力影响着我们所有人,心理学却影响甚微。除了不忽视个体的苦难,我们还应该考虑到,在一个病态的社会中生活使我们都蒙受苦难,就像埃里克·弗洛姆在他的时代所指出的那样。心理学能够、也应该在国内和国际层面的基础问题的研究和解决中更积极地发挥作用。

我：您认为方法会有变化吗?

E. A. C.：方法本身会有变化,我还觉得如下几个趋势将会对研究造成越来越大的影响:

a) 心理学的多个领域都已证明,我们获得的结果从根本上依赖于我们研究现象的方式。例如,我们对人的记忆的概念随着我们使用的"外显"记忆测验或内隐记忆测验而变,前者测试人们记住了或认出了先前学过的词表中的哪些词,后者要求人们在只有前缀的情况下补全词语(此前没有再认或记忆过)。甚至在像智力这样的发展得很好的领域里,人们的智能也取决于是在智力测验这样的抽象环境中测量还是在日常生活情境中测量(Sternberg, Forsythe, Hedlund, Horvath, Snook, Williams, Wagner, Grigorenko, 2000)。这也是逻辑和概率计算的错误所在,当测验要解决的问题接近日常生活的时候,它们减弱或消失了(Gigerenzer, 2002)。意识研究领域里的一个例子是"感觉剥夺",程序能否诱发出一定的行为取决于研究的方式(Orne & Scheibe, 1964)。为了得出我们的评价形式既不抽象实际上也不中立而是从根本上决定着获得的结果这个结论,无需追溯到海森堡的不确定性原理上,因为它与心理学的关联很值得怀疑。

b) 即便对人格的细察包括了个体差异,心理学通常忽视这些差异,可能是因为认为它们是统计"错误",也可能是因为太注重显著性检验(Bakan, 1967)。这部分地解释了为什么"统计显著"的结果常常会与临床或实际不相干,为什么人们会过于重视数值的集中趋势并为此牺牲变异性。而且,知觉尺度不一定相等,而这一点通常被忽视(Carpenter, 2000)。在催眠领域中,直到最近我们才开始仔细研究"催眠大师"等群体中的基本差异,而这些群体常常被视为是同质的(Barber, 1999)。

c) 值得一提的是心理学中的"方法崇拜"(methodolatry)(Balkan, 1967),它导致人们过度崇尚实验,尽管这样做有典型的生态局限性,并且要以牺牲其他的研究方式为代价。在异常体验等有一定复杂性的领域中,有必要利用所有可用的方法策略(Wulff, 2000)。我想,排除量的策略是不必要的,也是不可取的,但是,我相信,一旦人们看到其他的策略(质的、历史的,等等)补充或有助于理解量的结果,这些策略就会得到更多的重视(Pekala & Cardeña, 2000)。一般而言,我想,心理学最终将整合不同的研究技术和模型,即便实验法可能依旧是价值最高的策略。

d) 最后,就像我从前提到过的,多学科框架中的多变量模型将取代简化模型,无论是在变量的类型上(例如,遗传和环境因素之间的错误敌对;Walker & Rosenhan, 2001),还是在解释层面上(所谓的还原论的和生物的解释从定义上看比交互的和非还原论的解释"更科学"的那种诡辩)。

我：我希望您能谈谈您的个人工作、您的研究和您在不久以后的研究方向。

E. A. C.：我的工作围绕着与意识的不寻常类型和意识变更有关的三个主题：

1) 对反常体验的系统研究（不寻常或在常规以外，不一定是病态的；Cardeña, 1996; Cardeña, Lynn & Krippner, 2000); 2) 对创伤事件的急性的、尤其是分裂的反应(Cardeña, 1997; Cardeña, Holen, McFarlane, Salomon, Wilkinson & Spiegel, 1998); 3) 对催眠技术的研究和临床使用(Cardeña, 2000; Cardeña, Alarcón, Capafons & Bayot, 1998)。在某些情况下，例如对创伤的急性分裂的严重反应，变更是与慢性病理事件有关的(Cardeña, Koopman, Classen, Waelde & Spiegel, 2000)。其他的但是后果有益的变更可能会自发出现（例如，神秘体验）或由专业人士引发（例如，催眠）。这些现象表明，意识的"正常"状态不再仅仅是威廉·詹姆士(1902/1961)观察到的体验世界的多种有效方式中的一种。

我未来的工作将主要集中在两个方面。其一是将现象学表现与脑的机能相结合，提出异常体验和意识变更的分类法，为意识变更的一般理论提供基础，无论变更是病态的或非病态的。催眠是一个被研究得很多的领域，这为继续研究这些变更提供了支撑(Cardeña, 1996)。实验的、行为的和神经生理的这三个因素相结合，使得我们可以将异常体验研究推进到更复杂的层面。

我要研究的还有急性分裂体验，它的研究历史较短，许多有着重要的理论和应用意义的问题还没有解决。例如，急性分裂体验的严重程度或特定类别在慢性病的发展中扮演了什么角色？有极度急性分裂体验的人有着什么样的特性和历史？就像超自然体验的研究中一样，这个领域中的神经生理学研究很少，系统的和多学科的研究是必需的。

从前有人预言说心理学将被生物学或其他科学兼并，我不相信，只要心理学还研究意识，研究心理和行为过程，面对它们复杂但迷人的完整性和复杂性，情况就不会是这样。

第七章
心理学的社会情境

哈里·C.特里安迪斯
　　跨文化视角
奇代姆·卡基茨巴塞
　　另一种观点
罗赫略·迪亚斯-格雷罗
　　历史—生物—心理—社会—文化理论
伊普·H.布汀格
　　心理学的可靠性和科学性
何塞·米格尔·萨拉查
　　身份
莫顿·多伊奇
　　和平与冲突解决
亚历山大·多尔纳
　　政治与心理学
胡利奥·F.维莱加斯
　　拉美社会心理学
克里斯蒂娜·J.蒙铁尔
　　和平文化

"孤独的人群"
社会进程、人际关系、群体动态、领导、群体对个体的影响、个体对群体的影响、小群体的行为、"大众"心理学、意识形态对个体行为的影响、政治与心理学之间的关系,这些都是在心理学的发展过程中始终让人很感兴趣的问题。

过去数十年里,社会心理学进展巨大,挖掘心理学家的工作的社会意义成了当务之急。人们反思:对于贫困、边缘化、暴力、和平与战争、授权、两性关系、性少数者(sexual minorities)等宏观问题,用什么方法研究最合适?庞大而复杂的问题无疑需要严格而有活力的方法。但是,严格和活力之间的平衡很难达到。

人类是无与伦比的社会动物。从出生到死亡,我们都处在某个文化、某个社会、某个国家、某个生态情境中,它们制约着我们的行为规范、态度和价值。动物行为专家说过,"一只与世隔绝的黑猩猩不是一只真正的黑猩猩",因为这种灵长类动物具有社会天性。同样的话用在人身上更合适:"一个与世隔绝的人不是一个真正的人"。科学拒绝鲁滨逊式的神话。

还要指出的是,退一步说,个体之间、群体之间、国家之间、文化之间、意识形态之间的关系常常是复杂、激烈而艰难的。我们尚未学会如何与他人和平共处。文化尚不能充分接纳差异,认可多样性。这个社会性的世界,是人类所特有的充满着冲突的世界。

在一群人中,每个人都是独一无二的。这就是大卫·里斯曼所谓的"孤独的人群"。

在本章中,世界上最杰出的社会心理学家们谈到了这些话题。哈里·C.特里安迪斯向我们指出,心理学中存在着两个极端,一极偏向生物,另一极偏向文化。他认为未来的心理学会更加注重跨文化和多学科。他肯定了来自多个文化的人研究同一现象的意义,认为这将有助于新颖和独特的视角的出现。特里安迪斯也为心理学的统一这个问题感到忧虑,不过,他觉得,这个学科尽管多样,仍会是统一的。

"从另一个角度",土耳其的奇代姆·卡基茨巴塞断言,在整体上,社会心理学将在人权、群体之间的冲突、文化这些问题上投入更多的注意。要使心理学在多数世界(发展中世界)得到发展,就必须证明心理学与社会经济发展是相关的。心理学不能是、也不能被看作是与社会经济发展不相关的奢侈品。

罗赫略·迪亚斯-格雷罗讲述了他在价值的历史社会文化前提、民族心理学和跨文化方面的研究工作。他谈到了研究幸福、美德和最佳人类机能的重要性,他表示,心理学是使人类掌握民主原则而生存的唯一选择。

布汀格在分析后指出,不远的将来,心理学家所进行的干预将更加可靠。他强调,应该重新评价所谓的"质的"研究取向的作用,这些方法与许多年前在欧洲使用的主观方法非常相似。他认为,未来的心理学除了关注文化情境以外,还应该关注人类行为的生物学基础。

何塞·米格尔·萨拉查谈论了拉美人的身份,还有量的和严格的方法的重要性,他向我们描述了这种方法在社会研究中扮演的先驱者角色。萨拉查说,心理学的未来有赖于世界的未来,在这种情境中,不能忽视全球化和地方化之间的对立。

对于莫顿·多伊奇来说,未来的心理学会在很大程度上受到生物科学、纳米技术、对神经过程(以及一般的生物过程)详细特性的描述的影响,这些描述说明了当各种行为发生时,它们是如何进行的。人类基因组计划对心理学的影响无疑是巨大的。网络交流,快速的社会变化,个人、家庭、组织和社会的变化,这些都预示了我们在不远的将来将要遇到些什么。莫顿·多伊奇指出,我们需要更有效地合作,需要建设性地解决争端,需要致力于减少社会不公正。这些都是多伊奇毕生研究的问题。

法国卡昂大学的亚历山大·多尔纳告诉我们,未来心理学的真正挑战是面对社会重大问题。政治领域的工作,精神领域(宗教或世俗)的工作,以及生物和社会这两个重要方面的工作都有着特别的意义。未来的心理学将会在个体、集体、生物、社会、环境和文化等维度重新得到思考。

在胡利奥·F.维莱加斯看来,心理学法则的普遍性问题(etic),与相反的现实中文化特殊性问题(emic),开始被认为是并且会越来越被认为是相关的。未来的心理学家将会从科学的角度关注宏观社会问题,而无需成为社会学家或经济学家。科学研究是训练心理学家的基础。这门学科是全局性的,同时也关心局部问题,拥有自己的学科贡献,同时也在多学科的情境中发挥作用,它将为21世纪的世界作出巨大的贡献。

在菲律宾这个国家,战争与和平的问题,边缘化和可持续发展的问题都有着重要的意义。克里斯蒂娜·J.蒙铁尔提醒我们,这颗行星上的大部分人生活在发展中国家,因此,未来的心理学应该致力于解决这个多数世界的问题。在新的心理学里,权力结构、不公平和对经历的主观解释都非常重要。

哈里·C.特里安迪斯

他于1926年生于希腊,在加拿大的麦吉尔大学学习工程,其后学习心理学,在康奈尔大学获得心理学博士学位。1958年,他开始在伊利诺伊大学担任教授。他领导了跨文化心理学的发展,是国际跨文化心理学会的主席,六卷本《跨文化心理学手册》(1980)的主编。他在希腊、日本、印度、美国和德国都开展了研究工作。他的书《主观文化的分析》(1972)十分重要。

跨文化视角

我:特里安迪斯教授,这是一本由这个学科中的杰出领导者提供的关于心理学视角的书,本书的读者感谢您的参与。请先谈谈,在不远的将来,心理学可能会具有些什么特性。

H.C.T.:我认为,在不远的将来,心理学的中心特性是,它的多学科性和跨文化性会远远超过过去;这意味着,它会与生物学、人类学以及其他相邻学科建立更多的联系。发生重大作用的地方将是这些知识领域的交叉点,像"心理学与法律"、"生物心理学"和其他类似的交叉课题都会有长足的发展,得到更多的研究,拥有专门的学会。每个领域都会举行自己的大会,它们会越来越专业。

同时,心理学也会具备更强的跨文化性,来自不同文化的人们会从若干文化视角研究同样的特定课题。

我:您认为心理学与生物科学的联系跟它与社会科学的联系会一样多吗?

H.C.T.：我相信是这样。一方面,遗传学还会继续取得很大进展,心理学与遗传学之间会有非常亲密的关系。另一方面,心理学与人类学、社会学、政治学和经济学之间的关系也会比20世纪末要更为接近。我也认为,在极端生物群体与极端社会群体之间会产生分野。之所以提出这两者,是因为心理学对这些领域会有许多贡献,更关键的是,我们会对日常生活和整个世界作出贡献。有分也必定有合。也许会出现个牛顿或爱因斯坦,来完成这个统一。

我：或者是个达尔文……

H.C.T.：是的,一个不害怕大理论的心理学界的达尔文、牛顿或爱因斯坦。

我：关于研究领域……

H.C.T.：我相信,研究领域会与其他学科建立联系,特别是与遗传学和生物学,这很重要。其他学科使用的方法也会在心理学中取得成功。这是一项重要的互惠互利的活动。

我：特里安迪斯教授,您是否相信有一些领域会变得特别重要？

H.C.T.：当然。由于发现了遗传密码,生物学和遗传学会变成非常重要的媒体用语。我相信它们会对心理学造成影响,但是我不知道影响会有多快。这终将成为一个对我们十分有意义的领域。

我：我们来谈谈心理学的应用。

H.C.T.：应用无处不在。例如,在心理学领域中,已经有人应用了与识别面孔有关的基本心理学原理。成果发表在不久前的《美国心理学家》杂志上。这将对法律层面的实践产生影响,例如,权利、犯罪见证、证词的有效性、犯罪研究者根据心理学因素做出决定,以及许多看似简单的基本事情,像阐明问题的方式,因为它严重影响着回答问题的方式。更一般地说,在心理学的各个领域,在青少年犯罪中,在心理学与国家发展的关系上,在组织心理学中,在经济学中,在人们所进行的经济决策的类型上,在政治心理学中,在教育心理学中,还有许许多多的应用,特别是我觉得政治心理学是一个相当大的领域,大有可为。国际应用心理学会(IAAP)有多少分会,就有多少应用领域。IAAP甚至打算出版一部《应用心理学百科全书》。我相信,那些新应用领域的名称会十分有趣,它们将有助于确定新的应用领域。

我:是的,我熟悉这部《应用心理学百科全书》;它肯定会非常有用也非常重要。您觉得这部书与由卡兹汀出版的 APA 的《心理学百科全书》(2000)是什么关系?

H. C. T.:我不知道这两部百科全书之间是什么关系。不过,我相信,《应用心理学百科全书》的编撰程序是,选择一系列题目,然后选择一系列专家去写作相应的题目。这是一项规模浩大的工程,将会成为心理学应用的支柱。IAAP 的这部百科全书很可能会在很多年里界定应用心理学是什么,每个领域包括些什么,它的方法、发展和活动领域是什么,它与其他领域怎样联系在一起,等等。

我:在所有这些发展中,方法是一个十分有意义的方面。

H. C. T.:是的,我想,方法是多样化的,方法的进步对心理学非常有用。就方法来说,最重要的是,心理学家们不仅使用他们最喜爱的方法,最习惯使用的方法,也使用内容分析和其他方法来收集数据。马坤进行了一项十分有趣的研究,表明美国北方人和美国南方人属于两种不同的文化;北方人比南方人要温和,因为北方人从前是当农夫的北欧人,而南方人从前是猎人或采集者。后两种人习惯于获取想要的东西,获得所需的东西,他们更富于攻击性,这种攻击性在美国南方文化中得到了保留。南方人更倾向于使用武器,更倾向于表达攻击性,南方的法律可以反映出这种倾向性。其论文主要发表在《人格和社会心理学杂志》上,描述了在美国南北方对雇主进行的实验研究,结果肯定了这个假设。

研究这种复杂的题目,需要使用多种方法,在这个例子中,方法包括了内容分析和实验。

我:与心理学的未来有关的其他事情,还有哪些您想要告诉给国际上的同仁? 本书的读者正是他们。

H. C. T.:我们必须做的是建立联结,将跨文化心理学与生物心理学联结起来,将它们与其他的发展和多种方法联结起来。我们取得的进步在某种形式上将会相互影响。未来,我们可能会以全新的方式采集研究数据,如果是这样,我一点也不会感到奇怪。不同文化之间和不同知识领域之间的相互作用对于心理学将是非常重要的。

我:那么,我们还会是一个统一的学科吗?

H.C.T.:是的。我相信,无论如何,我们还会是一个统一的学科。

我:心理学的统一是人们谈论得很多的一个话题。

H.C.T.:为了实现心理学的统一,您进行了行为的实验整合。跟您一样,我相信,心理学还会继续保持统一。当然,有合必有分,心理学里会诞生新的领域。会有新的研究和应用领域,新的专业学会,新的大会,但是同时,我们也会有一个统一的学会,像 APA。不错,APA 是太庞杂了,以至于许多科学家不再参加它的年会。但是有这样一个学会还是很重要的,毕竟它有这么多会员,这样的权力,他们可以在这个职业中投入金钱。它是一种联合所有心理学家的方式。尽管有分割,有隔绝,有概念、方法和工作领域上的差异,各领域的心理学家有这样一种统一,好处还是数不胜数。

我:好极了。请告诉我您现在正进行什么工作,您此刻在做什么。

H.C.T.:说实话,我现在没有进行新的工作。我在写作,整合和总结概念。我在两年前正式退休了。我不想重新开始耗时太久的工作。我不想做将要持续十几年的事情,我对三年以内的研究或项目感兴趣。

奇代姆·卡基茨巴塞

在发展中世界,获得国际认可的心理学家屈指可数,其中之一就是奇代姆·卡基茨巴塞。她于 1967 年在加州大学伯克利分校获得社会心理学的博士学位。在她祖国土耳其,她研究家庭问题,父子关系和文化情境下的人类发展。她的一个主要项目是母子教育基金,其研究涉及土耳其的 6 万名妇女,由土耳其教育部提供资助。她曾经在加州大学伯克利分校、哥伦比亚大学、哈佛大学和荷兰做过访问教授。她曾担任国际跨文化心理学会主席,国际心理科学联合会副主席,许多国际组织的顾问,比如 UNICEF 和欧洲理事会的顾问。她被美国心理学会授予 1993 年的心理学国际进步奖。她用英语和土耳其语发表了许多科学论文,写了19本书,包括:《跨文化心理学的发展和进步》(1987),《从另一个角度来看跨文化的家庭和人类发展》(1996)。

另一种观点

我:我们现在在波兰参加第15届国际跨文化心理学大会,奇代姆·卡基茨巴塞博士接受了我们关于心理学的未来的采访。奇代姆,谢谢你!

Ç.K.:鲁文,谢谢你。

1. 第一个问题是,在未来,心理学作为一门学科的主要特性。我想,回答这个问题之前先要区分作为自然科学的心理学和作为社会科学的心理学,因为这种双重身份无疑是存在的,而且我相信,这种差别现在存在,在未来、在不远的将来很可能继续存在。我看到,作为一门自然科学,心理学有了很大进步,的确发展很快,特别是在与神经科学、认知神经科学、脑研究和遗传学等其他学科的关联上。所以,我觉得,那些领域的发展将是惊人的。事实上已经如此,所有这些的意义,特别是遗传学的进步,对于治疗心理机能障碍的意义,对于匹配心理特性和人格特性的意义,对于疾病易感性和一般性的整个心理健康领域的意义。

我想,这整个领域的特性将来都会随着基因疗法、基因置换疗法和其他类似事物而发生变化。我们今天所谓的心理治疗将会改变,会变得非常不同,心理学将在其中扮演核心角色。随着我们从脑的机能、脑研究、计算机技术、数据加工和一般的认知科学方面对学习的了解,对认知、知觉和感觉过程的理解,心理学将会取得巨大的进展。所以,我想这个领域将会有重大进步。

但是,也要注意,这样的进步可能会对心理学的整体性带来威胁,因为对进行此类研究的心理学家们来说,这也许是一种离心力。它可能导致这样一种局面:那些现在隶属于心理学系的认知心理学家、生理心理学家或生物心理学家转入认知科学系、行为遗传学系、生物学系或医学院。我担心这会是一股离心力。极端的情况可能是,只有那些关注心理学的社会科学方面的心理学家们还留在心理学系里。这仅仅是一种推测,当然，它依据的是现有的事实。我想，作为社会科学的心理学在心理学系中将会更加引人注目，它将会强调某些领域以保持其地位，保持心理学已经在社会科学中占据的崇高地位，或是在某些国家中提高这种地位。我想，这就将我们引向了第二个问题。

2. 我已经提到过的研究领域有生理心理学研究，对脑的研究，与遗传学有关的研究，等等。但是，对于作为社会科学的心理学来说，我认为当今主要的研究领域仍然是在社会心理学、组织心理学、人格心理学和人类发展等方面。我想，更重视某些研究主题是必要的，特别要重视的是情境主题，例如，关于人类行为的情境。在这方面，我相信，同时也希望，文化和跨文化心理学将会对普通心理学作出越来越多的贡献。因为，我深信，情境是重要的，整个20世纪的心理学研究，在许多方面（在方法上，在指出行为和心理过程的问题领域上，等等）都做得很好，但是，在对行为情境的分析上却做得不好，而我希望，有更多的研究在解释人类心理学时认真考虑文化因素。

3. 第三个问题是关于应用的，但是，在谈论这方面之前，我们必须记住，心理学是一个非常广阔的学科。如果如我所强调的那样，我们只将心理学当成一门社会科学，我想，一旦文化纳入心理学的考虑之中，新的研究领域将会诞生，原来人们已经感兴趣的领域将会发展。随着对跨文化的重视或一般性地将文化纳入考虑，会出现更多的与人们生存和活动的环境有关的变量。我相信，这会使心理学研究丰富许多，这些变量会使各种可能影响心理学结果的环境变量更多地得到研究。例如，我预测，社会心理学会更加重视文化事务、人权、群体冲突，等等。但是，就第三个问题，就应用来说，我相信，应用心理学是重要的，将心理学提供给需要它的公众也是重要的。发现可能带来应用。那就是应用研究。我想，应用研究将会在心理学中变得日益重要。但是，我所说的应用研究不是指盲目的经验主义，不是指试错法，我所说的完全不是这样。我想，理论在应用研究中是非常重要的，因为，库尔特·卢因指出，没有什么会比好理论更加实用，我相信他是对的。有了好的理论，就会知道，应该去哪里，应该干什么。特别是在像我们这样的发展中国家，或者我们所说的多数世界，资源有限,试错法——试试这个,试试那个——是奢侈的,因为这会造成资源的巨大浪费。我们需要发展出更好的理论,能够在人类现实的全球多样性下仍然有用的理论。我们不能仅仅满足于应用在另一个情境下发展出来的理论,不能将主要来源于美国心理学的理论应用于所有地方。我们需要检验这些理论,看看是否需要修正,或者需要发展出适用于不同文化的新理论。有了更好的理论,更好的理念,我们就会有更好的应用研究。同时,研究给理论以反馈,在许多方面使它得到修正、改进,这样,理论与研究之间就有了一种富有成效的关系。

我想,应用研究在改进心理学的社会地位方面也是重要的,特别是在发展中国家,人们常常会认为心理学对发展毫无裨益。这里我指的是社会经济发展。心理学不能是没有意义的奢侈品,或被看成是这样,因为社会发展是当今所有国家的头号问题。影响着社会发展政策的实施的研究容易获得经费,在心理学、社会学、经济学等学科中都是这样。

因此,心理学要在这个领域争得高位,要被一般公众和那些制定社会政策的人认为是重要的,就必须进行对社会有意义的研究。研究应该基于正确的理念,对于应用来说有文化效度的理论。越好的应用越能在总体上为人类谋得福利。

4. 说到方法,我想,我们要面对的最重要的争论涉及到量的方法(硬方法)和质的方法(软方法)之间的关系。心理学用来收集数据的最适宜的方法是什么,这是文化心理学和跨文化心理学之间争论的焦点。尽管事情本不必如此,事实是,文化心理学家对质的、整体的和文化特殊性的方法感兴趣,而跨文化心理学家对量的和文化普遍性的方法感兴趣。我想,这两种研究取向不应该发生冲突:从文化内部研究文化采取的是文化心理学的视角,而从比较的角度研究文化采取的是跨文化的视角。无论是从这些术语还是从数据采集来说,我想,文化特殊性和文化普遍性这两种视角都不应该发生碰撞。我想,双方都有充足的空间,它们可以相互补充,相互支持。一个人对所谓的"本土化"的现实知道得更多,就能更好地理解文化群体或社会的动力学,更好地进行能够有效比较的测量。不熟知一个社会,只是从国外照搬测量方法,希望它们也适用于这个特定的社会,这样做是不对的,会带来问题,产生无效的数据。因此,我想,很有必要采用文化的视角和情境的研究取向来更好地理解一个社会,然后我们才能将它与其他社会相比较。我自己的工作采用了情境的也采用了标准的视角,这具有普遍意义。将这两种研究取向结合起来是可能的,我们应该在它们之间建立桥梁,以获得具有文化效度的数据。我们既使用质的方法,也使用量的方法,我们偏爱的是对于我们的问题最合用的方法。

没有必要给我们自己选择和设置限制。使用多种方法有很大的潜力,如果使用了不同的方法,有必要比较那些方法,看看它们是否趋同。如果在分析用不同的技术——例如,质的方法和量的方法——获得的材料时,我们看到结果是趋同的,就可以有趋同效度。对待这些事情思想不要太狭隘,而要灵活地使用常识和原来积累的知识。无论使用什么方法,都必须正确使用。正确!事实上,不仅量的方法需要在分析数据时非常认真,质的方法也需要这样,二者都需要相当的注意和细心。仅仅翻译然后应用一个量表是不够的,每种收集数据的方法和技术都有着特定的需求。我想,我们应该认真对待这些需求,增加信度和效度。我想,这些都是关键问题,特别是在比较文化研究中,我们必须向学生们强调它们的重要性,并且在我们的研究中也重视它们。

我:最后,我想问的是,你当前在做什么,你未来的研究计划是什么,你如何看待你的工作。你的职业生涯的下一个阶段是什么?

Ç. K.:我没有特别的计划,只是会继续我的理论和应用工作,因为这些对我很重要。我们先前提到的是应用研究和基础研究中的方法问题。现在,我更关注的是对自我的研究,对自主的(autonomous)和关系的(relational)自我的研究,我想用实证支持这种建构,在研究中测量它和证明它。同时,我也在进行其他研究。我对考察国际项目在妇女、在自我概念、在自尊上的效应感兴趣,我的研究兴趣是多样的。一方面,我在为这个理论寻找研究证据,或至少检验这个理论。同时,我也在为掌管社会政策的人进行应用研究。需要有给予弱势群体权力的国际项目。所以,在我的兴趣范围内,我参与了不同区域的活动。我的兴趣十分广泛,理论和应用都是我的所爱。

罗赫略·迪亚斯-格雷罗

他于1918年生于墨西哥的瓜达拉哈拉,曾在国立墨西哥大学学医,1943年获得硕士学位。他在爱荷华大学完成生理学和心理学的博士学业,在那里他与库尔特·卢因、肯尼思·斯彭斯以及其他的重要的心理学家一起学习。他于1947年获得博士学位。回到墨西哥后,他建立了墨西哥心理学会,也参与决策了1951年泛美心理学会(SIP)的建立。他组织了墨西哥、泛美和国际大会。迪亚斯-格雷罗组织了第23届国际心理学大会(阿卡普尔科,1984)并担任主席。

他的主要研究领域是跨文化心理学,其中最重要的是婴儿发展、价值、应对方式等,还有广义上的科学研究。他在民族心理学中的工作帮助他建构这个领域。罗赫略·迪亚斯-格雷罗写了许多有关社会心理学、认知发展、生命哲学、语义微分、发展中世界的社会心理学等的书。在国际上,他一直守卫着墨西哥和拉美的文化价值。

作为科学研究者,作为墨西哥心理学的建立者,作为管理者,作为墨西哥和拉美其他国家几代心理学家的教育培养者,这些工作使他成为20世纪墨西哥心理学界举足轻重的人物。

历史—生物—心理—社会—文化理论

我:您认为,在不远的将来,心理学的主要特性将是什么?

R. D.-G.:我相信,心理学突出的特性将是它所具有的爆炸性影响力。这就像生物学所发生过的一样,我们不用担心心理学是否会是一个单一的学科,也不用担心它的若干分支是否会走向独立。这个以心理学命名而诞生的现代科学,如同"亚马孙"河一样,会凭借普通心理学的心理过程和其多个分支的研究,无论是基础的还是应用的,将会构建出一个知识体系。这是使人类掌握民主原则而生存的唯一选择。

我:您认为哪个领域会是主要的研究领域?希望您能对不久以后重要的心理学应用领域进行评价。

R. D.-G.：在 2000 年 6 月 APA 的《心理学观察》的第 11 页上，有一张统计图，上面有 1999－2000 年授予博士学位的心理系各领域正教授的收入的中位数。因为最重要的研究是在授予博士学位的大学产生的，在一个培养博士最多的国家，这可能成为什么课题会得到更多研究的一个指标。

收入最高的是神经科学的教授，不过并不显著；稍低的是社会心理学的教授，在社会心理学领域，随着跨文化和国际心理学的兴盛，关于文化是否是心理学中不可缺少的变量有着激烈的争论。当然，文化终归是应用于交流和防止种族冲突不可缺少的，而且也是科学心理学的全面发展所不可缺少的。要弄清文化特殊性（emic construct）在多大程度上严格反映了每种文化的特殊性，或多多少少是文化普遍性（etic construct）的同义变量。但是，发展中国家应该应用普通心理学发现的心理过程的一般原理，例如强化原理（例见 Ardila，1997；DeGranpre，2000），依靠测验、量表和其他理解和测量居民的个人和社会生活的工具（例见 Díaz-Guerrero & Díaz-Loving, 1990; Domínguez Trejo & Olvera López, 1996; Díaz-Loving, 1999; Díaz-Loving & Torres-Maldonado, 1999; Silva Arciniega, 2000)。

我：您认为方法会有变化吗？

R. D.-G.：我一直坚信，方法应该符合被研究行为的本质，但也应该依据研究者的能力和对相关文献的研究程度，以找到最适宜的言语和概念来探索所研究的行为，并翻译成可以量化的术语。对于我来说，伯格曼-斯彭斯的操作主义仍然是获得操作术语的方法。我相信，把它与多元统计方法进行必要的结合，将成为使主观心理事件和社会行为的知识不断进步的唯一有效方式。

名为"质的"方法的反作用被夸大了，在一些情况下甚至造成了混淆[参见 Hammersley（2000）对 Gretchen 和 Rallis（1998）的书的综述]。在心理学中，也许除去生理心理学，所有的量的研究都需要关键而良好的质的努力，有时需要质的先期研究。

我相信，社会心理学和人格中的基本的东西跟现代物理学中是一样的,那就是相对性,即各种复杂程度的相关。我想,这些心理学领域的未来就有赖于此。

我:关于心理学的未来,您能谈谈其他您感兴趣的话题吗?

R. D.-G.:最近一篇文章(Kendler, 1999)和《美国心理学家》更近期的一个专刊(2000)的内容令我感兴趣,也会对未来心理学和我们学科的学者有兴趣。

肯德勒认为,在事实和价值之间,总有一条不可跨越的鸿沟,而心理学能做的,就是评估社会政策的结果。我想,在心理治疗中,如果目标是使个体的行为在不危害他人的同时满足个体的需要,这是符合伦理的;那么,如果在满足个体的需要之外,行为还能满足他人需要,或满足越来越多的个体的需要,那就更合理了,这样,合乎伦理的行为就变成了那些在不危害个体的同时服务于人类或整个生态系统的行为。我发现,那些既使个体成长、又促进他人成长的行为的正当性并没有更多。有益于其他所有人的英雄主义行为又如何呢?那样不好吗?我相信,与心理学知识有关的价值问题在未来会是至关重要的。

那期专刊讲到的是幸福、美德和最佳人类机能,虽然没有点明与价值之间的重要关系。那一期由塞利格曼和齐克森特米哈伊编辑,包括与这些概念有关的15篇文章,有它们的实施,有对这些事务的研究,如对福利的计算、积极性的发展、幸福的演变、乐观主义、自主理论、情绪和身体健康、智慧、美德和创造力。正如编者在引言中所概括的:"一门关于积极的主观体验、积极的个体特征和积极的体制的科学"。APA很重视这些研究,而它们本身也颇具吸引力,因此,这个领域前景光明。

我:最后,请向我们描述一下您当前的工作,还有,您在不久的未来将会怎样推进这些工作以及其他的工作。

R. D.-G.:鲁文,我一度相信,墨西哥家庭的历史—社会—文化前提,他们的应对方式的某些方面,生活哲学,墨西哥人的一些典型特征,还有它们所造成的后果和局部贡献,将会促进民族心理学的发展。这些综合就是我的创新。现在,我在努力撰写这方面的最后一些文章和小册子。

一个偶然的发现(Díaz-Guerrero, Díaz-Loving, & Moreno, 1995)表

明价值并不独立于需要,它加快了这个进程,我对此不喜也不忧。概念性的研究、微理论的出现、相关测量工具的发展、与美国和加拿大的跨文化研究合作的发展、这类研究的大量结果、在大会上展示了的和已经拿去发表的首批文章(例如,Díaz-Guerrero & Díaz-Loving,1998,待版)表明,我更应该将这些前提的未来研究留给我的同事们去做,我自己将来则专心研究价值的本质。

首批跨文化的结果说明,平均起来,在满意度从低到高的等级,与满足的难度等级之间,以及因满足(强化)与价值有关的需要而获得的乐趣之间(例如,健康需要—健康价值、权力需要—权力价值、知识需要—知识价值、宗教需要—宗教价值。研究的30个价值代表了马斯洛金字塔的每一级),以及三个国家的大学生被试赋给价值的重要性之间,都存在着显著相关。

对这些结果的近期分析表明,每种价值都有着自己的相关公式,需要与价值之间的相关有文化差异(正是这激发我将未来的全部时间投入此类研究),将现有的量表进行修订,就可以确定个人、群体和文化的价值有多大程度上是内化的(例如,在墨西哥,权力和知识等几种价值的重要性对相关需要的满足的依赖,要少于在美国和加拿大)。

你看到了,这让我很着迷,这很复杂,需要很多时间。我必须协调这件工作与发表论文的要求,和 UNAM 心理学系全职研究工作的各种事务之间的关系。这是我没有参加波兰和斯德哥尔摩大会的主要原因。

伊普·H. 布汀格

他曾在阿姆斯特丹自由大学学习心理学,并于1971年在那里获得博士学位。从1972年至今,他在荷兰的提耳堡大学担任教授。布汀格是国际跨文化心理学会(IACCP)主席,国际测验委员会(ITC)主席,欧洲心理学会联盟(EFPA)主席,国际心理科学联合会(IUPsyS)和国际应用心理学会(IAAP)执行委员会成员。他主要研究那些能比较多种文化下的心理学数据的情况。他在南非、印度、印尼、墨西哥和荷兰都进行过研究,研究的领域有信息加工、基本人格、情绪和心理——社会变量。

心理学的可靠性和科学性

Y. H. P.：沉思心理学的未来，你可以想象会有许多潮流，但其中只有少数是可以预知的，而且只能很有限地预知。心理学的未来很大程度上依赖于整个世界的状况，特别是经济状况。它也依赖于现在还未知的不久以后的新发现和新潮流。在此，我将谈谈我预期的三个潮流，不过它们可能更多地代表我对心理学的未来的希望。

1. 心理学家进行的干预将更加可靠。或许这个潮流在欧洲会来得更猛烈些。数年以前，有人向欧盟提出了旨在保护服务业顾客的指导方针。对服务不满意的顾客可以质询和起诉服务的提供者，服务提供者包括心理学家和精神治疗医师等专业人员。如果这个法案在今天已经生效，情况就会是，不是要证明服务是不恰当的，而是需要服务提供者证明原告所受的任何伤害都不是因他们的服务而导致。这个计划实质上意味着服务取得成功的举证责任落到了服务提供者身上，而不是在原告身上，虽然它被暂时搁置起来，但是这种思潮无疑会再次出现（Poortinga & Lunt, 1997）。

还有其他迹象表明对服务可靠性的需求会增加。一般地来说，在过去数十年里，公众对专业人员的能力和品质的信任都大幅下滑。很久以前，如果病人要求再找一位医生提供医疗建议，这会被看成对医生的极大的不信任，但是，在好几个国家，这已经逐渐成为一种审慎。而在心理学中，人们越来越注重职业伦理。伦理规则要求心理学家的工作符合科学和职业知识，在自己所在领域和所受训练的范围之内。尽管这仍然只是一种"期望"而不是"法律"（见 American Psychological Association, 1992），标准已越来越精确。例如，在 20 世纪 60 年代，对荷兰心理学家的要求是，主要是为顾客的利益工作。而较新的荷兰心理学家伦理规则对好的职业实践应该遵守的原则进行了细化。细化之一是一套使顾客能够获得其个案历史和记录的守则。一个经历了某个岗位选拔过程的候选人甚至可以要求心理学家不要将其报告呈交给雇主。雇主为报告付款这个事实与顾客的权益比起来,还在其次(Nederlands Instituut van Psychologen,1997)。

这股流向可靠性的潮流并非没有风险,它会使心理学家们更不愿接受这样的要求,宁可依赖非正统的顿悟。但是,如果看看心理学的历史,就会看到,当我们责怪自己因疑虑太多而裹足不前的时候,更多的时候,我们似乎是因为遵循了可疑的顿悟而犯错误。

2. 我们应该常常重新审视所谓的"质的"研究取向的没有根据的主张。传统的科学方法取得的进展常常令人失望。这些方法存在局限,它们不能用来分析个体行为中的复杂、独特、不重复的事件。而且,这些方法常常被机械地运用。因此,出现质的研究这样的替代品也就不足为怪了。

最传统的研究取向(更为量化)的经验周期分为两个阶段:探查或发现,确认或验证。确认或验证阶段的特征是,对数据的其他解释被排除,只有一个解释被证实。传统研究取向可能因为在确认过程中主要寻找趋同证据,不太分析判别确认(discriminant validation)而受到批评(见 Campbell & Fiske,1959)。但是,质的研究在这方面更应受指责。事实上,质的研究说到效度的时候,一般指的是数据的解释程序,而这完全依靠相同的研究人员,因此,这些程序十分主观。

在20世纪前半叶的欧洲,心理学的很大一部分以主观方法为基础,与当今质的研究者采用的方法非常类似。证明效度的需求曾经推动了量的研究取向的发展,在不久的未来,它或许也会发挥作用。

同时,应该认识到,在大多数研究中,得到解释的变异与总变异比起来只占很小的一部分。心理学家们应该认真地认识解释和预测的限度。量的和质的研究取向的当务之急是互相兼容,甚至互相补充,而不是互相排斥。

也许近期的混沌和突变模型能让我们更好地区分什么服从人类行为的法则,什么超越了人类行为的法则。不过,心理学家们必须认识到,混沌模型主要应用于确定性的有限情况。只有在受到这些条件限制的空间里,我们才能找到非系统的变异,也就是那些存在于行为和人类认识中的总会超出预测和科学解释范围之外的变异(Poortinga, 1997)。

3. 人类行为的文化情境和生物基础都将更加受关注。现在,心理学常常被当作社会科学。这非常令人遗憾,因为个体的全部行为是生物有机体的表现,需要从生物方面理解。历史上,心理生理学和动物研究给我们的知识带来了重要的贡献。在未来的几十年里,神经科学、习性学、人类生态学和进化生物学会为心理科学,并最终为心理实践作出重要的贡献。

强调人类行为的机体基础与社会倾向并不对立。恰恰相反!人类是一种社会动物,我们拥有生产文化的巨大能力。发展心理学认为,婴儿生来就拥有与照料他们的人有关的特性,而后者则拥有互补的倾向。用被称作"母性的"特定音调对婴儿说话这种(普遍的)倾向就是一例。孩子长大以后,照料的安排和社会化在特定的文化中是各异的,这导致了进化轨迹以及结果的差异(例如,Keller & Eckensberger, 1998)。很明显,在生态和社会文化情境中研究人类有机体将会是心理学中得到发展的最重要的领域之一。

4. 结论。且不说那些遥远的先驱,心理学作为一门科学也已经走过了大约一个世纪。回顾起来,与花费的努力相比,取得的进展很可能并不那么让人印象深刻。这无疑反映了这个领域工作的难度。尝试过的路径并不全部有用,但是过去被认为有希望的一些在今天已经实现。无论我们从今以后向哪个方向前进,我们都会遇到许多激动人心的挑战。

何塞·米格尔·萨拉查

何塞·米格尔·萨拉查是社会心理学中最具献身精神的研究者之一。他的研究领域包容了广阔的社会问题,并且独创性地研究了其中的许多问题。他的学术生涯在委内瑞拉中央大学及其心理研究所中度过。他的书《民族主义的心理学基础》(1983)在这个新世纪里有着特别的意义。何塞·米格尔·萨拉查于2001年辞世。

身　份

我：我们请到了何塞·米格尔·萨拉查博士,他将回答与未来几十年里心理学的前途有关的问题。非常感谢您接受邀请。

J. M. S.：说实在的,要回答心理学在未来的主要特性这个问题,需要思考未来世界的特性,因为心理学将是沉浸在那个世界里的。当然,我们当今所在的世界有两个看似相反的潮流,一个是全球化,另一个与之相反,强调每个国家和地区的独特的性质。这两种现象将影响着心理学的未来。不过,所有这些发展都无疑会开辟新的研究领域。我相信,最初的步伐已经迈出;例如,到处都是网际心理学:我相信许多人通过网络进行心理学研究,这会带来新的研究领域和应用领域。

我们应该想想这种能力意味着什么,如此快捷地将我们与世界的其他部分连接在一起意味着什么。甚至有人提出使用互联网开展心理业务,组建支持群体,甚至通过互联网进行治疗。我相信,这些领域都是有前途的,因为,就像从前电话可以派上用场,现在网络的范围更广,可以创建讨论组,可以打开整个一系列通往通讯全球化进程之路;但是,同时,这些全球化现象也很奇怪地强化了对差异和更具限制性的身份的意识。我相信,不久的未来,也就是未来约 20 年里,心理学将会增加对特定身份的文化差异的研究,无论身份是否孤立,是在小群体中还是在大群体中。

在方法上,我相信方法多样性。现在,质的方法和语篇分析正在蓬勃发展,所谓的实证主义方法被抛弃,但是我相信,不应该丢掉这种观点,虽然有人可能会认为这是一个新实证主义的问题,方法的双重性还是应该保持的。我相信,人们现在越来越多地看到,量的方法和质的方法是互补的。不久以前,我遇到了一件事情,我是唯一的一个递交了包含数目的项目申请书的人。别人问我,"那些数字是什么?"年轻人想要使每件事都绝对是质的,每件事都是语篇分析。虽然这可能是一种贡献,不应忘记在测量时在几个人之间达到一致性。我相信,心理学会更加丰富,但是我也相信,量的方法会继续存在,涌向质的那一岸的潮流一旦超过极限,就会转向,给数据的获取造就一个略微稳定的境况。

我：您相信质的方法和量的方法都会有各自的位置吗？

J. M. S.：它们当然会有各自的位置，各自的侧重。我是跟数字一块儿长大的，因此我离不开它们，不过，我当然认识到质的方法也是有用的，两种方法应该是互补的；方法再多样，得到的都会是同样的现象，这样它们就相互补充了。现在，我相信，心理学的发展与我们所在世界的普遍发展联系在一起；整个世界正在变化，这个全球化工程还在持续，首先是通讯全球化及其引发的问题，它们将在心理学中得到考虑。我相信，有的困难已经被克服，有的还继续存在，这很重要。但是我不知道在不远的将来人们将会怎样处理它们。

我：不远的将来可能指的不止20年，而是更长，不过也不是太长。

J. M. S.：不同社会科学之间的限制会越来越多地被打破。我相信，限制的打破会缩小社会科学之间的距离。社会科学是一个总称，包括人文、历史、心理学、人类学。它们之间的边界会日益淡化；人们将不知道某个特定的贡献是属于人类学，还是属于心理学，或是属于社会学，甚至属于生物学。同化正在出现，它不仅仅是工作着的有机体，例如，作为心理状态，它是心理一神经一免疫，这三个系统相互作用。说到心理学的发展，我相信，未来的学科差异会变小，重要的是特定的问题；有些问题还是那样，另一些我们不知道，新的问题会出现，有着更普遍因素的维度也是重要的。

我：谈谈您当前的活动吧。您还在继续研究和写作吗？

J. M. S.：我现在正在研究哥伦比亚—委内瑞拉关系。

我：一直都很困难的一个课题？

J. M. S.：不错。我组建了两国学术团队的一部分。一个团队来自哥伦比亚国立大学，另一个团队就来自委内瑞拉，反之亦然。一个研究团队经磋商组建，研究课题包括哥伦比亚—委内瑞拉关系的全部范围。我们已经写了一本书，而且还会继续研究。我现在主管舆论，但是这涉及了哥伦比亚—委内瑞拉关系的方方面面。在我工作的特定项目里，仍然令我感兴趣的是拉美人身份这个问题。我正在试图将这涵括在更一般的兴趣里。以前我研究智利，现在我研究哥伦比亚。这十分有趣，因为1999年

5月的新研究数据表明,我们酷似猫狗相互仇恨的局面已经改善了不少。

我:索科罗·拉米雷斯也参与了吗?

J. M. S.:索科罗是哥伦比亚的协调人,赫苏斯·玛丽亚·卡德纳是委内瑞拉的协调人,赫尔曼·雷伊也在这里;通常我们都互为补充:他研究哥伦比亚部分,我研究委内瑞拉部分;我研究舆论方面,而赫尔曼·雷伊在社会基金会中研究文化部分。当然,还有其他的群体研究游击队问题、毒品问题、边界问题以及教育问题,每个人的研究范围都不一样,非常有趣。

我:评估您这些年来的研究,应该是硕果累累吧。我的意思是,在同样的研究范围内,是否有一些人延续了您的想法和原则在继续工作?您的生命奉献给了社会心理学的科学研究,并在学生和同事身上得到了延续,我想是这样的吧。

J. M. S.:我相信是这样。首先,我进行了初期的工作,我也必须做许多组织工作。在组织了社会心理学项目之后,每个人都各得其所。我也组织了实验心理学项目,人们受训去自己取得进展,没有人完全跟着我,但是在各自的研究中,我们有时会碰巧采取了相似的思路。至少我相信那是一种遗产。现在的事情是,人老了以后,有时会发现很难跟上所有的新事物。也许,那是我不太接受新的质的发展的原因,因为我真正地学过统计。

我:对于您的工作,或是您的想法,或是心理学的未来,您还想补充些什么吗?

J. M. S.:特别说到委内瑞拉,我希望心理学家这个职业有更广的分布,因为我们对训练心理学家所做的限制有点过头了。已经形成了一个封闭的群体。我相信,我们应该有更多的心理学院,扩大我们的阵营,委内瑞拉与其他国家比起来,我们应该使心理学有更大的发展,使更多的人接触这个学科,因为我相信未来存在着许多可能。后人们会做些什么,我们还要拭目以待。

莫顿·多伊奇

他曾是哥伦比亚大学(位于纽约)教师学院的教授和国际合作与冲突解决中心主任,现已退休。莫顿·多伊奇生于 1920 年,曾在 MIT 的群体动态研究中心与库尔特·卢因一起学习,1948 年获得博士学位。他发表了许多著作,因对群体之间关系、合作—竞争、冲突解决、社会依从性和关于公平的社会心理学的先驱性研究而闻名于世。他的书有:《人种混合居住》(1951)、《社会关系研究方法》(1951,1959)、《预防第三次世界大战的一些建议》(1962)、《社会心理学理论》(1965)、《冲突的解决》(1973)、《社会心理学的应用》(1975)、《分配的公平》(1975)、《冲突解决手册》(2000)。

莫顿·多伊奇的工作广受认同,被授予库尔特·卢因纪念奖、G. W. 奥尔波特奖、卡尔·霍夫兰纪念奖、AAAS 社会心理学奖、塞缪尔·弗劳尔曼奖、APA 杰出科学贡献奖、SESP 杰出科学家奖、内维特·桑福德奖、哈里·莱文森奖;他也是美国心理协会(APS)的威廉·詹姆士特别会员。他在处理冲突、合作学习、和平心理学、心理学在社会问题中的应用等方面的毕生成就也为各个职业学会所认可。他还因对教育的贡献获得了教师协会奖章,因对心理学的贡献获得了赫尔辛基大学奖章,纽约城市大学的名誉博士。多伊奇在下列机构担任过主席:社会事务心理研究协会,国际政治心理学协会,东部心理学会,纽约州心理学会,和平、冲突和暴力研究协会,美国心理学会的几个分会。

和平与冲突解决

我:请您谈谈未来心理学的主要特性。

M. D.:我相信心理学将会受到生物科学中革命性发展的巨大影响。我想说说两类发展。其一,发现人类基因组的数目有限的基因(3 万—4 万)并开始测定其结构和功能。这使我们对影响着人类行为和发展的遗传因素和环境因素之间的交互作用有了更精细更负责的认识。反过来,这将有利于进行干预,以预防和减少机能障碍和心理不足。

其二，我想说说新的纳米技术，它使得在人类的几个生物系统内部放置微型感受器和微型计算机成为可能。这样，我们可以充足而详细地测定神经生物过程，甚至广义的执行任何行为的生物过程。它也使得我们可以仔细研究发生在临近的社会和生物物理环境中的变化所带来的效应。随着生物科学的快速发展，心理学开始对影响着人类发展与行为的内在环境和生物环境有了更为精细的知识。

在过去的10年中，社会科学的发展并不是同样迅速，所以还没有一个系统而连贯的计划用以测定人类的社会环境和组成它们的元素。不同社会科学中的研究者作出了一些努力，但是，如果没有充足的经费来支持多学科的攻关，这种规模的测定在近期内不太可能完成。但是，我想指出，要对人类发展和人类行为的决定因素做出一个完整的说明，既要系统地说明与内部生物环境相关的心理属性，又要系统地说明与外部社会因素相关的心理属性。

我：关于科学研究……

M. D.：在我刚刚提到的生物科学进展的基础上，我相信有两个研究领域会得到许多关注。其一是为改变影响心理发展和行为的过程或生物结构而进行的干预。其二是不同社会环境影响生物过程和结构的方式。

我：关于心理学的应用，您能说点什么吗？

M. D.：心理学将会被包括在一个多学科的计划之中，以影响政策和对下列问题的态度：卫生保健、婴儿福利、教育、组织机能、各种类型的社会冲突、能源节约，等等。

我：在您的预想中，心理学方法会改变吗？

M. D.：我相信，有三个根本的方法变化会影响不久以后的心理学。首先，得益于技术进步，可以对行为的内在过程进行频繁而连续的测量。其次，计算机的发展使得处理和加工海量数据成为可能。第三，分析复杂数据的方法发展得越来越精密。

我：您想谈谈其他话题吗？

M. D.：互联网、持续的交流、全球化、文化的快速变化、全球变暖等带来了社会世界的变化，这为心理学的研究和理论提供了一些重要而有趣的问题。

我:莫顿·多伊奇教授,请谈谈您现在和未来的工作。

M.D.:最近,在回顾我作为心理学家的一生时,我确立了个人、家庭、组织、社区、国家和在世界范围内必须面对的基本问题,也就是位于我的研究和理论核心的那些问题:合作与竞争、冲突、公平。为了让我们的子孙后代能够拥有情绪更充实的生活,生活在更人性化更和平的环境中,我们必须增加我们的知识和能力去有效地合作,积极解决冲突,减少存在于我们的社会生活的各个等级、我们的家庭中、组织中、国家中以及国际社会中的不公平。

现在,我正致力于发展理论、研究和教育创新,以带来合作,带来积极的冲突解决,减少不公平。

亚历山大·多尔纳

亚历山大·多尔纳生于智利,现为法国卡昂大学的社会心理学和政治学教授,社会心理学硕士项目主任。他曾经在阿尔及利亚、墨西哥、西班牙、委内瑞拉和智利当过访问学者。他于 1999 年创立了法国政治心理学会并担任首任主席。他的主要著作如下:《意识形态与品行》(与 H. Méndez 合著, 1979);《有魅力的领袖》(1998);《政治心理学基础》(1998);《共和国的重要人物》(2001)。他在世界政治心理学特别是法国的政治心理学中做了许多先驱工作。

政治与心理学

我:不久以后心理学的主要特性。

A.D.:说到预测,我们的理性框架给予了我们巨大的智慧。心理学是社会知识体系的一部分,而社会的演化比空想家们设想的更简要。有一件事是明确的:心理学的重大任务将会深化,它们会随着新的技术而调整但本质不会变。我想,心理学的传播和"普及"不知会发挥何种作用。在 20 世纪初,一位作家预言:21 世纪是心理学的。当然,这只是文人的直觉。

理解人类行为习得、保持和变化的机制是一项长期的任务,我发现科学方法的优越性与之息息相关。当然,新的问题要求理论和方法作出某些调整。

我发现了一个更大的无法回避的事实,那就是生物科学的吸引力会在心理学中引起更大的变化。我们看到,在过去几年里,这门学科的各个经典分支之间的距离增大了。普通心理学中的人类主要心理功能在一定程度上都获得了自主。另一方面,像人格这样的通用模型已不再是大家共同关注的焦点。这门学科当前的分裂有利于一些比较先进的分支(神经心理学、人类工效学、认知过程,等等)朝着研究的另一个方向前进。因此,"认知"心理学越来越多地被神经科学和语言学的实验范式所整合。人工智能和计算机科学的发展使这个方面变得越来越自主。

因此,未来的心理学会改变外貌,不仅因为与其他学科的融合,也因为其内在的研究目标的问题需要被解决。如果说,几百年来,先是灵魂其后是意识在解释"人类本质"中占据着核心地位,那么,在20世界的"华生"革命中,行为成了心理学家们不可逾越的范围。同时,"心理主义的反向革命"不断将主观作为心理"任务"的本质。现在,在漫长有时甚至不公平的认识论"战争"之后,新的平衡,一种共生达到了。的确,要使这门学科在直觉上和方法上保持一个完整的概念已经不容易了。

举例来说,什么是"社会的",什么在社会科学的边界上。如果说个体与社会之间的矛盾在今天已经被抛开,复杂模型的发展使得我们可以将集体的人类功能的变量和修订后的个体取向整合在一起。

在未来的心理学中,人们将重新思考个体和集体维度,生物和社会维度,环境和文化维度。这些知识分支如果相处和谐,作为社会人的科学,心理学的存在和意义都会发生质的变化。这门学科也许会丧失统一性。遭到损害的共同根基也许会有新的形式。未来几十年里,很难说共同的躯干能否承担承受新知识的重量而保持挺直。在认识论发生变化的各个时期,不寻常的变化的确可能出现。它的巨大肢体与其他知识来源相接触,将会产生常青藤效应。但是根源还在。与所有的发展一样,变化并不重要,重要的是记忆将永存,也即根源将永存。不要紧,历史总有办法提醒后代他们来自何方。

总之,学科比学科的成员更灵活。我在想,要有利于公平竞争,在尊重新形式的同时不排斥旧的,说到心理学时应该加上复数。真的,如果心理学在独特的外观上失败了,它可以通过其他事情取胜。

我:心理学的科学研究的主要方面是什么?

A. D.:我们看到,心理学将会在知识的生物和社会这两极之间重新找到位置。生物技术很可能让我们可以进入"黑箱子",解释那些理论心理学简单地解释了而科学的心理学故意避开的问题。

临床心理学、病理心理学和进化心理学等方面肯定会随着生物学的进步而发生巨大的改变。人类基因组密码的发现将在医学中并有可能在病理心理学中得到空前的应用。

但是,真正的挑战来自重大的社会问题。不幸的是,这个领域更宏大的计划受阻,不是因为缺乏创造性,而是因为我们要研究的这些问题本身实在太难了。也不要忘了一些国家缺乏来自政治机构的经济支持。社会不能在实验室中进行改造,尽管一些空想家会说能。我们相信,这个领域很快就会有进步。我相信,作为集体组织和行为的专家,心理学家会发挥越来越大的作用。人类正朝着真正危急的境地大步迈进,因为生存问题在不久以后会成为首要问题。

当今的知识全球化预示着会出现新的重大文化失调和复杂的社会适应境况。在"生产模式"和"生活模式"之间做出果断选择的需求变得十分急迫。从这点来看,广义上的政治心理学将扮演一个新的角色。

我:主要的应用领域。

A. D.:应用科学和基础科学都越来越不确定。心理学深陷在未来将要发生的技术革命之中。所有领域的技术趋势都会增加,心理学家们很可能不得不严肃思考去征服新专业:会有太空心理学吗?很可能。但是,我感到心理学也可能会向"通才"回归。在社会领域,这看似大有可能。预防和直接干预这些重大问题应该有很高的优先度。这样,未来的问题将是这些新的社会问题:老年学、国民教育、青少年犯罪、社会心理病理学、环境、流行病学、种族冲突、领导、女性和男性角色、临终关怀以及许多其他问题。

我:方法会有变化吗?

A. D.:心理学方法在未来的跨学科性会比多学科策略更多。"横断"维度的优点是跨越了多个知识范围,因而从与提出特定领域的专家不同的角度进行理解。

对所有的研究对象使用一种通用的普适的方法的思想在今天成了知识进步的障碍。现实是多样的,存在着"多种可能"(亨迪卡的思考很有趣),不能简化为使用单一的方法来标记。实验的研究取向仍将占有重要的地位,但并不是支配性的。

行为主义与认知心理学家之间的"战争"(有点过时了但还存在)或量的和质的之间的(甚至更为剧烈)的"战争",都仅仅反映了整个学科正在经历着转变过程。大学校园和研究群体应该接受更为多样的和宽容的研究取向。我记得不久以前曾经就这个问题在《拉美心理学杂志》上发表过一篇文章。实际上,我们在缓慢地进步,但是在将来,心理学家之间的争论将会转向其他领域。

理智与情感之间的旧的笛卡儿二元主义也应该会被超越。一些"铁杆"实验主义者的过激行为导致了科学上的新经院哲学,而后者带来了魔法和宗教诱惑。在这个区域里,重新评价主观认识论的研究取向将会在心理学这个或这些学科的发展中占据特殊的位置。

我:您想谈谈其他的话题吗?

A. D.:当然。在理论"宗派"的争吵之外,有一个方面现在让我感到担忧。实际上,对心理学家的职业训练严重地忽视了政治的层面。在历史上,心理学家们的境况曾经只能是消极地关心政治,只有少数人对所谓"知识分子的责任"感兴趣。原因与喜好有关,也就是说是主观的,不过,这同时也是因为"临床"心理学家耽于外部偶发事件,而"实验室"心理学家忙于投入地操纵无菌条件下的实验变量,使得个体模型和还原论的图景占据了统治地位。当然,也有一些可敬的例外。

习惯的力量让我们保持静止。而有迹象表明,在不远的将来,社会角色会出现重新组织(例如,性别问题),有必要更多地感受社会生活。人类也许会被个人中心主义和极端的自由生活方式所吞噬。这种现代性的危机,尽管看似缓慢,应该开始着手解决。无论是自由还是专制的政治在所有情况下都扮演着重要的角色,在用魅力来领导这种中间结构中甚至更为重要。

所以,为了预见和思考新的平衡风格,必须更好地理解驱使着社会的离心力和向心力的集体机制。心理学家应该讨论但却畏缩不前的其他方面有:宗教的或世俗的灵魂领域。一个复杂的社会需要为缺乏信仰和卓越进行补偿。从心理学上更好地理解神圣和宗教那些隐性的政治,在特定的时刻有助于明确埃内斯托·雷南所说的所有人类社会的必要条件——"生活在一起的愿望"。我们不能忽视,潜藏在相互作用情感之下的是建立相互关系的各种原始神话。

事实上,有一个危险正在等候着未来的人们:缺乏关于整合和社会控制的心理机制的知识。传统的社会化过程多年以来一直处于危机之中。一个世纪以前,涂尔干就诊断到社会"道德沦丧"(anomie)在快速发生。它的效应侵蚀了社会肌体,毁坏了集体"灵魂"。

大的社会化机制都停止了:家庭、学校、工作、教堂、较大的机构、政治党派、意识形态,等等。在原始神话中千辛万苦才能改变的价值日渐凋零。后现代危机是心理痛苦。弗洛伊德那个著名而错误的规则称之为对城市化的"不满"。

但是不仅如此。阿尔道斯·赫胥黎凭借丰富的想像在《美丽新世界》中描绘的景象是悬挂在我们的后代头上的达摩克利斯之剑。人与人之间没有强烈的情感为纽带,这更加剧了个体的逃避和共同事业的缺乏。伊壁鸠鲁将会拥有新的数量众多的仿效者。历史告诉我们,全面的心理学正扎根其中。

未来的心理学将要面对一个困境:要么作为人类灵魂的学科不再存在,要么成为技术统治论模型的附属品。

我:您自己在研究中的视角。

A.D.:回顾我从前、现在、也许未来的活动,我似乎发现,必须重视记忆与社会情绪问题。人类是个谜，社会是人类的保姆。我关心着两个紧密结合的方面：说服的机制和改变的机制。在斯金纳的认识论的影响下，我获得了一些暗示。后来，我读了库恩和波普尔的书，它们为我打开了"实验室"的窗户，拓宽了我的视野。但是，就像我的同时代人一样，对我影响最大的无疑是"西方"马克思主义（更接近阿克罗斯而不是葛兰西，更接近蓬斯而不是雷卡瓦伦，更接近兰道尔而不是列宁），它是我的文化"拐杖"。建国之初的残酷事件（1973年的智利政变）让我做出了一个重要的迁徙，一下子面对了其他世界的文化。所有那些是我的"文化意象"的来历。历史（社会记忆）并不是偶然地扮演了一个基本的角色。今天，我相信心理学不可能没有历史。昨天，我仅仅想到，记忆是心理学。对兴衰荣枯的记忆形成了一条锁链，在时间上将我们团结在一起，使我们想到我们是与他人构成的整体的一部分：过去，现在，未来。

政治演讲中的人际沟通和说服问题引导我进入了初级政治心理学的理论和实践问题。也许你会怀疑，但我相信，词语和对话在思考人类社会时不可缺少。连贯的必要性让我们想起伊尼亚斯·迈耶森（历史心理学家）所说的"文明的杰作"。在那些时刻，文化所达到的尺度很少被心理学问津，心理学过多沉溺于个体的问题之中。我一步一步地尝试着重构我们与古典思想家之间的纽带，思考集体人及其在相互作用、交流、合作、冲突、战争与爱之中所扮演的角色问题。还有一般性的政治行为：政府形式、寡头政治、民主政治、民粹主义、有魅力的领导。总之，所有的事情都说明，个体与社会、理智与情感都是联系在一起的。公平的观念在开放社会工程中所起的关键性作用甚至超过了自由的观念。现在和未来都必须从那里寻求心理学与政治之间的新的结合。

将心理学当作一种政治存在来再度思考意味着再次思考它的有用的发现。从这种意义上说，我觉得有必要重新阅读冯特、拉扎勒斯或卡内蒂，还有阿多诺、赖克、施佩贝尔，特别是恰克蒂尼的著作。与同时代心理学家理性的"审慎"相反，除了受人尊敬的例外，政治问题（纯粹仅仅是心理学的）展现了这种病态的社会现象的黑暗根源：暴力、法西斯主义、颠倒黑白、独裁的诱惑、民主幻想、种族主义和偏狭总会带来的残酷或细微的新威胁。自古就有的"替罪羊"逻辑依然存在。R.吉拉德的著作神奇地刻画了那种矛盾，值得心理学家们去研究，并进行方法上的尝试。

挑战巨大，危机丛生。我优先考虑的一件事是，尽绵薄之力在社会科学之中重建一个"跨学科"的知识分子网络。最近的例子是1999年"法国政治心理学会"的创立。

没有集体的工作，个人的成就再辉煌也是徒劳无益。那种集体工作，古人称之为"政体"(politeia)。

人类的奇特的状况要求这一点，因为不可避免，就在我们开始理解万物工作的原理时，我们要准备好抛弃这种图景，无论我们要解释的是什么。个体的生命受着无穷无尽的限制，只有"集体工作"才能使之升华，变得合理。

胡利奥·F.维莱加斯

他于1944年生于智利的圣卡洛斯。他曾在圣地亚哥的智利大学学习，在拉美社会科学学院专修实验社会心理学。他又在委内瑞拉中央大学获得科学硕士学位。他担任着智利大学、智利天主教大学、委内瑞拉中央大学和智利中央大学的教授。他的主要研究领域是社会知觉、社会认知和主观文化。他在智利、委内瑞拉、墨西哥以及其他国家都发表过文章和若干著作的章节。胡利奥·维莱加斯是1993年的第24届泛美心理学大会的主席。他是智利和其他拉美国家的主要心理学导师之一。他对训练新的专业人员和科学研究在心理学家训练中所起的作用感兴趣。

拉美社会心理学

我：胡利奥·维莱加斯教授，很高兴与您在圣地亚哥的第24届泛美心理学大会上会面。很荣幸邀请到您参与这本关于全世界心理学的领袖们如何看待心理学的未来的书。您认为心理学在不远的将来的特性会是怎样？

J.F.V.：谢谢您，很荣幸能尽一份力。我感到很自豪，愿意尽可能清楚地回答这些问题,当然,您和我很可能是意见一致的。我说的也与我希望发生的有关。我不想落到想入非非的地步,但是至少我清楚,我们有一定的目标,我们很可能会在我们认为重要和必要的方面发展心理学。与在这次第 24 届泛美心理学大会上我看到的相反,有些人对心理学感到失望,不关心这个学科的进展,却担心那些非建设性的破坏性的争论和论战。我则恰恰相反,有着积极的想法,我相信我们在进步。心理学非常容易跟随科学风尚,非常容易流于想入非非,被好的愿望所累,我希望我们跨过责任分散的阶段,进入承担责任的阶段。在拉美,在智利,更一般地,在国际上,我觉得,我们实际上已经准备好由我们心理学家自己承担这门学科发展的责任。

所以,我想,严格地从预期上说,对未来最重要的题目之一是组织一些国际活动,让我们知道和确定心理学原理怎样具备一些普遍性的维度(文化普遍性),我想这与理论科学维度有关。另一方面,在职业训练方面,现实存在的文化特殊性现象很可能也非常重要。我相信,我们应在这两个方面(文化普遍性和文化特殊性)寻求心理学的发展,尝试各种方法,以求在心理学的理论和科学发展上取得一系列普遍性的一致,同时尊重社会文化差异这种职业训练的特征。我知道,在拉美,近期这种区分被认为是有意义的,因为种种新兴的领域出现了。从拉美这方面来看,我相信,这正是我们寻求的调和两种虽然不同却并不一定互斥的发展的方式;一个是具有科学—理论性质的发展,另一个是职业训练的发展。我觉得,二者都会给我们的学科带来与其未来息息相关的研究问题。

我:沿着您刚刚的思路,您相信有些研究领域会特别重要吗?

J. F. V.:我相信如此。也许我们应该在这些研究中寻找一条路径,使我们的研究既具有理论意义,又具有实际的和社会的意义。在拉美,我们不能无视我们的生活环境,我们也不能只想着为应用而作研究。例如,我很担心暴力问题。对于我们智利人来说,我们担忧民主政治的重建。我本人则担心,智利年轻人,甚至一般意义上的拉美年轻人,都对社会问题漠不关心。我想看到的是,我们应当怎样设置各种类型的计划,使我们恢复一种控制感。许多拉美年轻人认为决策不受他们的控制,只是由利益可能与社会大众不一致的政府领导人来做出。许多人相信政府存心不良、颠倒黑白，但是我不相信。一定要让我们的年轻人明白，他们能控制他们的世界，能做出重要的决策。这将是与宏观的社会元素有关的一项研究，我们心理学家无论属于何种专业方向，都应该感受得到其中的责任。

我：这意味着，心理学的应用将首先关注那些曾经被心理学忽视的宏观问题。

J. F. V.：是这样，不过我也有点担心另一种可能，那就是许多拉美心理学家在真诚地关心宏观问题时，不再是心理学家，而是摆出一副社会学家或政治家的姿态。我相信，基础科学有着非同一般的社会意义。它的重要性让人印象深刻，作为心理学家，我们要用简明的语言传播心理科学的发现，使记者、普通人、舆论都能知道这些科学计划，用通俗易懂的语言使他们看到这些科学计划对于他们的意义。这在智利人所遭受的人权灾难中表现得很明显，那是南美南端的国家里都发生过的侵犯，但仍然有心理学家不知道很久以前米尔格朗做的服从研究，那项至今仍有较高效度的研究。因此，我相信基础研究不是绝对无关的，我发现，可以将理论兴趣、科学兴趣、经验兴趣与社会应用意义的兴趣调和起来。

我：这是不是意味着方法上会出现一些变化，或者说，方法从一开始就足够可靠和完备，可以应用于新的宏观性质的问题？

J. F. V.：我想，我们应该好好想想怎样调和。我想，方法不一定要先于问题提出。让我解释一下。在智利，经常会碰到学生在还没有提出假设时就说：我要用质的方法来做我的论文。实际上，我想，问题的复杂程度、本质和定义将会决定着要采用什么方法手段，我不会不接受这一点；如果问题需要质的研究，很好，如果问题需要量的研究，也很好。但是我的意思是怎样才能更好地研究这种现象。我感到，拉美现在已经形成了一个研究者群体，一群可以进行成熟的科学交流的严肃负责的心理学家，我担心的是，在年青一代中，如果一个研究者采取了一个与众不同的姿态，就会遭到怀疑。例如，进行量的研究的人会被指斥为实证主义者，反动分子，简单化，等等；使用质的方法的人会被指斥为不严肃，不深思熟虑，或缺乏科学根基，等等。我感到，我们应该建立一些精英群体，联系着我们的，除了严肃的事情，还有尊重和友谊。那样，人们会试着去理解别人做的事情，而且是带着最美好的意愿和非常认真的态度。我相信，在拉美，10年或20年以前，我们不是这样，而现在，我们是这样。我有一个计划：通过在拉美范围内组建一些研究群体，真正承担起发展心理学的重任。我不太愿意成为所谓的"启蒙者"，但是组建精英群体能带来某些类型的重要进步，特别是在拉美范围内。

我：我完全同意。我也相信，我们也拥有了这样做的临界质量。胡利奥，您想谈谈与心理学的未来有关的其他话题吗？

J.F.V.：是的，有一点我觉得很重要。在我写过的章节里，我指出，拉美心理学的发展经历了三个阶段：第一阶段是责任更替阶段，因为拉美心理学是由非心理学家创建的；然后是与责任分散有关的第二阶段，因为没有机构为这个学科的任一维度（我指的是科学、训练和职业）的发展负责。但是，我相信现在的情况已经不一样了，我们面临的问题是，如果责任分散和更替的情况都不存在了，我们唯一的情况就是承担责任。所以，我发现，心理学已经开始在寻找调整制度行为的方式。换言之，看看SIP能与APA，与IUPsyS，与那些大的计划建立正式的关系，机构之间建立关系，这样，欧洲的学会、拉美的学会、盎格鲁-萨克逊的学会和国际学会将承担制度上的责任，使之不依赖于人，而依赖于机构，每个机构尽各自所能发展相应的心理学维度。比方说，我发现，我们在此尝试做的是建立一个特别工作组，以便看到美洲各国在心理学家的训练中的问题。这是我们每个人都要采取的首要步骤之一。

我：我们来谈谈您吧。谈谈您的工作，您在不远的将来想要做什么，您想要开始做的事情，在您的余生中您将要怎样继续您毕生的工作。

J.F.V.：现在，我负责的一个计划给了我很大的满足感，那就是，SIP让我负责出版一本关于心理学家的理论构建和职业训练的核心问题的书。这是一个庞大的计划，我很可能会继续做下去，我们可能会为2003年利马的泛美心理学大会再出版一卷，将那些在第一卷中没有包括的国家包括进去。建立特别工作组也是遵循同样的路线，这也意味着，为了在美洲国家之间形成训练网络,也许也为了在《国际心理学杂志》上出一些关于训练问题的专刊,我们可能会组织一些其他类型的会议,所以,这条路线至少还有 10 年的工作要做,因为新的问题会不断出现。智利已有国家认证机构,随着我们由仅有的两所心理学院发展到现在的 40 所,政府目前已经意识到应该在这方面有所作为,所以为智利的心理学家培训组织了国家认证委员会。可以想像,所有这些会与那些其心理学院也发展得无组织无秩序的国家的情况类似。在另一类研究中,我想要从同样的角度努力去证明,科学研究绝对是心理学家培训的基础。我觉得,心理学家即便在毕业后不再从事科学研究,也总还需要科学研究,因为,在我看来,这是训练心理学家的一个基本课题,讲授课程不一定能培养出心理学家。我认为,讲授心理学课程不同于培养心理学家,心理学家的训练应该包括科学研究,所以,在这两大线路之间,我至少要花费 10 年的时间,去训练智利和拉美的心理学家。

我:祝您更加成功。我相信这对拉美和世界心理学来说,都将是非常有用而重要的工作。

克里斯蒂娜·J. 蒙铁尔

克里斯蒂娜·雅伊梅·蒙铁尔在马尼拉大学(位于菲律宾的马尼拉)科学研究院的社会政策和公共事务中心工作。她是世界级的和平心理学领导者之一,是一位对她的民族和国际心理学尽职的研究人员。她在马尼拉大学科学研究院获得社会心理学的博士学位,现在是这所大学的教师和研究人员。

和平文化

我:克里斯蒂娜,很高兴在你美丽的祖国见到你,见到 20 世纪末 21 世纪初杰出的心理学家们。首先祝贺你成功组织了第 7 届关于心理学对和平的贡献的座谈会。我们感受到菲律宾人民很友好,这次活动组织得很好,展示的工作的科学水平很高。请谈谈心理学的趋势,你认为这门学科的未来会是什么样的,等等。我们可以先谈谈不久以后心理学的特性。

C.J.M.:在我的观念里,心理学将超越当前仅仅关注个体主观世界的限制,将会关注社会群体的幸福感。我们将研究群体、大组织、社会运动、州、国家、新的民主政治,还有地区事务,地区的发展。心理学显然会继续对主观和人类感兴趣,但是分析的单元扩展到了个体以外。因为我们将向这个方向发展,我们学科必须与采用更大的分析单元的社会科学展开对话,如社会学和政治科学。

我:你认为心理学会保持自己的分析单元吗?或者说,你觉得这些单元会与社会学和政治科学等其他的社会科学学科整合在一起吗?这个问题首先在于我们是否会保持心理学的特定分析水平。

C.J.M.:我们会继续对人类体验的主观维度感兴趣。我确信我们不会放弃我们的分析单元,即个体。但是我们也会增加或扩展到更大的分析单元,但是不同于社会学和政治学的分析单元。尽管这些学科也对人类群体感兴趣,我相信这些学科正开始使用可以在人类群体中观测到的客观指标。而心理学将保持主观性。

我:那将意味着某些研究领域比其他领域更受重视。

C.J.M.:那将意味着,明确提出包含集体体验的研究问题,例如文化,在我看来,那是群体、国家、地区的集体体验,反映为个人的主观活动,但是为个体所组成的群体所共享。

我:你认为,在不久的未来,是否会有一些特定的研究领域因此变得十分重要?

C.J.M.:心理学感兴趣的是人,因为有85%的人生活在西方世界也就是发达世界之外,所以,我想,研究重心会由研究世界上15%的人(在发达的或高收入世界)所面临的问题转向研究在多数世界的85%的人所面临的问题。

我:多数世界的问题通常是贫困、环境等重大社会问题。

C.J.M.:这些问题也让经济学家和环境学家感兴趣,要更好地分析和解决这些问题,他们无疑应当与心理学家合作。其他的一些问题更偏向心理学,例如对殖民地历史的记忆,因为发展中世界的多数人都有着非常负面的记忆,那些记忆仍然存在于集体心理中。那些都是非常重要的问题。即使是认知心理学家、社会心理学家和研究发展的心理学家也应该研究这些问题。另一个问题是在对体验进行主观解释时,权力结构之间的相互作用。我想,在多数世界,权力结构并不平衡,甚至当我们想要理解对现实的主观解释时,权力这个变量在研究中应该占据中心地位。

我:要研究这些问题,这些在多数世界出现的课题,你认为我们是否需要改变方法?或者反过来说,心理学方法研究这些问题是否足够恰当了呢?

C. J. M.:如果我们考虑到,现在的主导方法是量的方法,也就是高度控制的设计和量的分析方法,我想,这样的研究取向可能很有用,但并不适用于研究的初期。这是因为,量的方法要求我们已经将用于理解主观体验的概念操作化。在多数世界中,我们没有准备好那样做。我更愿意采用那些更灵活、对尚未定义好的概念更敏感的方法。那些方法属于用于收集和分析数据的通用的质的范畴。我并不是说实验和量的方法无用。但是,如果要应用它们的概念还没有定义好,就无法马上使用。

我:你相信量的方法和质的方法这两种方法会发生整合吗?或者说,你认为发展中世界的研究者会重视质的方法甚于量的方法吗?

C. J. M.:实验设计和量的分析有很大的贡献,因为它们增加了有效性、可靠性、准确性、预测的能力,在我们研究的任何方向都非常重要。但是如果我们立即使用它们,预先假定我们知道我们在研究什么,那么,它们也会阻碍我们接近真理。所以,我可以确定地说,在当前阶段,在多数世界中心理学还是新生的(至少在某些国家),我会非常谨慎地使用实验室方法以及对数据的量的分析作为开始步骤,特别是当用在新的想法和新的概念上时。

我:蒂娜,我们现在来谈点应用。关于心理学在不久的未来的应用,你有没有什么想法?

C. J. M.:与冲突、一些人对另一些人造成的损害有关的问题,无论是在人际水平,家庭水平,在一国之内还是在不同的国家之间,这都是政治科学家和社会学家研究过的问题,特别是国际或国内冲突。心理学尚未介入这些事务,即便有,也非常缓慢。我希望同时也能预想到,不久的未来的心理学会更多地研究这些与冲突有关的领域。作为一门科学,心理学拥有与内在世界、个体、主观活动有关的广博知识,藉此它能对处理或改变人们伤害他人的境况作出贡献。

我:你认为应用将会集中在这些课题上吗?

C.J.M.:这是我能想到的,也是我正在研究的。我知道,心理学中有许多其他的应用领域发展广泛,但是作为一名和平心理学家和政治心理学家,我想,从各种层面研究冲突有着巨大的意义。

我:你还想谈谈与心理学的未来有关的其他话题吗?

C.J.M.:是的,我想指出,我们不应该局限于玩弄不同的分析单元,而应当开始跨越西方世界的边界,与发达世界和更不发达的世界的研究人员进行合作。在科研领域中,有必要在两个世界之间展开平等合作。现在的情况是,发展中世界的心理学家们被邀请充当合作研究者,但事实上他们的工作仅限于收集数据。他们不是贡献想法、设计方法、形成研究问题那种意义上的共同研究者。为了进行有效的合作,仅仅为发达世界的研究者收集数据是不够的,我们应该形成要研究的问题和设计,但是那通常由第一世界来决定,我们在这方面没有发言权。

我:蒂娜,现在请谈谈你自己,作为一个人,作为一个研究者,谈谈你正在进行的工作,你在不久的未来的计划,你今后的职业生涯会是什么样的。

C.J.M.:我将自己界定为一名和平心理学家,一名政治心理学家,一个女人,一个来自于非常贫穷的国家(菲律宾)的人。这些界定了我作为人的各个方面。正是这些方面造就了我的工作。我在恐怖的专政下生活了14年,因为马科斯的专政,我经历了许多磨难,个人和家庭都遭受了创伤,所有这些都影响着我的科学研究和我研究的科学问题。

将来,我想在多数世界构建和平心理学和政治心理学,特别是在亚洲,并指导新一代,因为我正在变老,我们都在变老。我真心地希望在亚洲的这个区域看到新一代人研究和平问题和心理学问题。

我:有什么计划是你想直接指导的吗?

C.J.M.：目前我有一个关于民主建立的研究计划，即关于民主建立过程中采取积极的非暴力手段，我们已经在东帝汶、柬埔寨、缅甸、菲律宾和印尼展开了研究。我想研究民主转型和积极的非暴力，研究政治政策如何产生。目的是深化对谋略和策略的研究，深化对为了改造社会而产生的政治力量的主观维度的研究。这些都是我现在正在表述的社会问题。我想研究那些为公平而工作同时又经历过暴怒、怨恨和挫折的人们的心理矛盾。他们为社会公平与和平而工作。和平指的是人们与他人相处良好。我不知道受过如此多苦难的人是怎样具有为和平工作的心理力量的。

我：你相信让世界拥有社会公平与和平的梦想在我们有生之年能够实现吗？

C.J.M.：在我们菲律宾，我们进行了第一次和第二次"人民力量运动"，尝试着用和平的方式改造压迫我们的政治结构，和平的方式也就是不用武器和炸弹。凭借着人民的力量和主观体验，我们成功了，并且肯定还能再度这样做；对此有许多心理学问题需要回答。我知道，在多数国家，主要的力量是人数。一个人怎样才能控制为数众多的人民，将他们动员起来？控制者和动员者需要什么样的心理素质？这些都是有着重大社会意义的问题。

我也想问问全世界的心理学家同仁们，心理学能否为全世界团结作出贡献。我们的工作怎样才能为完美和团结作出贡献？另一方面，如果我们选择独自工作，我无法理解有人能在个人层面上达到圆满，既然这个世界上存在着如此多的苦难和不公平。

我：蒂娜，你想过投身于政治学、哲学或政治活动吗？你是否主要想当一名科学家，一名心理学家，一名思考者？

C.J.M.：从15岁开始我就是一个活动家，从我在中学里开始，我就在街头，在参与政治。过了20年或25年，我不再干了。有好几个原因。主要是我累了，我需要休息。用心理学的话说，那耗尽了我的精力。许多年里，我投身于政治解放运动，以改造政治，使它更人道。在这个过程中，我丧失了一部分人本方面的东西。我想要恢复这一部分失去的东西。

第八章
结论

引言

做历史学家易,做预言家难。此言不虚。历史学家描述、分析、批判、评价、解释那些已经发生的事件、它们的原因和它们的情境。在许多情况下,他们的大胆解释超出了他们自己所能认识到的东西。但是"预言家"致力于理解历史的另一极,理解还没有发生的事情,尝试根据现有事实推断出将要发生的事实,这要难多了。而且,就如本书的一位参与者所说,总是可以肯定我们是正确的(或"预言家"的预测是正确的),只要强调预言的某些成分而忽略其余。

这是一本关于心理学的未来的书,关于21世纪的心理学的书,写于本世纪初,以当今最有影响的心理学家的想法、观点、解释和"预测"为基础。这些人是在20世纪,主要是在20世纪后半期工作,研究,思考,推测,进行组织工作,应用他们的知识。一些历史学家称上个世纪为"心理学的世纪"。新世纪的开端是行为的年代(2000—2010);换言之,在这10年里,心理学和其他相关的行为科学将得到优先研究。

这些人在心理学的各个基础和应用领域工作；他们投身于这门科学和职业的方方面面。他们每个人都赫赫有名、出类拔萃，受到社会和科学界的认可。他们每个人都为心理科学的发展和在社会中的普及作出了贡献，他们的努力极大地增进了我们对人类及其行为的认识。我们尝试并尽我们所能，去改善我们的旅伴的生活质量。

这些人多数已经接近生命"旅途"的终点。绝大多数人都超过了70岁。他们已经完成了他们大部分的职业工作（也有一些例外值得尊敬：那些将继续对知识作出贡献的人）。他们是引导心理学方向的人，造就了21世纪初心理学的这种局面，因此，对于这个知识领域在下一个阶段的发展，他们能告诉我们许多。

他们来自多个国家，多种文化，不同的语言情境；我们将来自多个种族的男人和女人囊括在内。我们不能保证这些杰出心理学家的数量，会与任何人口学参数成比例：性别、年龄、文化、种族、国家、语言背景。但是所有的参与者都是心理学家，而且得到高度认可，是他们造就了今天的心理学。

其中一个参与者，B.F.斯金纳，死于1990年，在我开始这个计划的10年前。但是，在我们近30年的对话中，我们讨论过许多主题，其中就包括心理学的未来。对他的访谈遵循着不同的格式，发生在70年代初，而不是2000年代初，因此，讨论的话题有些不同，对趋势的推断也与我在数年前访谈的其他心理学家不太一样，但是也有惊人的巧合。

还有其他一些人我也想包括进来，例如H.J.艾森克，我跟他也有过多年的对话，但我们从未谈过心理学的未来。另一个人是赫伯特·西蒙，他接受了邀请，但是他在2001年就辞世了，没来得及参加。我本来想邀请安妮·阿纳斯塔西娅，但是2001年她也辞世了。这些都是心理学和本书的重大损失。

参与者们在本书中提出的主要想法有许多共同之处，我们将一一指出。

讨论过的主要话题

令人惊奇的是,这近50名杰出的心理学家提出的许多想法有共同之处。

心理学的重要性

所有人都十分相信心理学的潜力,相信它在科学阶层中的重要性,相信已有的和未来很可能会有的贡献。他们都认为心理学将继续成长,进步,趋于多样。有些人谈到了这个领域的内在困难,方法的多样性问题,分裂的趋势,等等,但是他们都不约而同地认为,心理学是一个迷人的领域,有着巨大的潜能尚未开发。

心理学的分裂

所谓的心理学"学派"已是明日黄花,主要是20世界前半叶的事情。但是它们还没有达到人们所期待的必要的统一。存在着众多的会聚点,许多整合领域的努力(例如,临床心理学),但是理论的繁衍和学科的内在矛盾都使得这样的整合是不可能的。所有人都认为这样的统一是令人期待的,是必要的,但同时也认为,分裂是心理学的学科发展中出现的最重大的问题之一。

方法:量的和质的

大多数人表示,方法问题是当务之急,而许多人坚持认为,研究方法足够先进,无需改变。所有人都说他们受过量的方法、统计、多元分析和计算机数据加工等的训练。他们提到了方法技术、新的工具和实验室程序(成像、记录技术和非常精密的心理—生理方法)。

质的方法这个主题总是会出现,有时这种方法受到批评。主流看法是,质的方法是有用的,但是它应该与量的方法相结合,并且永远也取代不了后者。量的方法与质的方法之争似乎是今日心理学的一个大大的当务之急。

全球化和国际化

心理学最初生长在西欧(德国、法国和英国)。后来活动中心转移到了美国,心理学的语言由德语变成了英语。现在,大部分心理学家生活在盎格鲁-萨克逊国家,人们用英语写作和思考心理学。

但是,心理学的国际化是当今的事实,重要的心理学工作在世界各国都存在。心理学家们说着各种语言和方言,住在五大洲的各个国家,除了研究经典的心理学问题,还研究他们所在地区的问题。从瑞典到喀麦隆,从菲律宾到加拿大,所有心理学家都承认同样的源头,研究同样的理论,争论同样的话题,在非常类似的领域中应用他们的知识,阅读同样的著作,等等。国际化和全球化是21世纪心理学的中心特性。

本土心理学

在大多数国家,心理学是从国外引进的,主要在20世纪的不同年代从欧洲引进。中国和日本在20世纪初引进了心理学,若干美洲国家在20世纪末引进了心理学。在此同时,许多国家拥有丰富的"本国"或"本土"文化,主要以宗教、艺术和哲学为中心,其中包含着重要的心理学概念。本土心理学运动强调这些本国根源,那些不是来自欧洲或美国,而是在自己的土地上生长出来的自主的心理学。

在印度、在中国、在菲律宾和墨西哥,这些运动比较重要。本书的参与者频繁地提到本土心理学及其研究对心理学原理的普遍性的意义。讨论的话题是,是否存在着拥有超越文化边界的普遍性的定律的心理学;或者反过来说,是否每种文化都拥有自身的"本土"心理学。几位出色的心理学家讨论了文化普遍性和文化特殊性的问题。其中一个认为,在发展中世界,这是一个关系重大的问题。

结论大约是,存在着单一的心理学,它是普遍的,超越文化的(文化普遍的),另外,文化的和特别的元素(文化特殊的)影响着现象的表现形式。例如,学习定律是普遍的,一个人学到什么却是文化特异的。

离心力

本土心理学问题对于发展中世界十分重要,而研究者流失的问题对于发达世界十分重要。有这么一种趋势,一些研究人员丧失了他们的心理学家身份,变成了"神经科学家"、"认知科学家"或其他的专家。朝着这类学科流失是明明白白的,让人担心的是,实验心理学家会抛弃心理学,将自己融入研究同样或类似问题的其他知识领域。

这种流失首先在工业化世界被指出。有这样一种危险,心理学丧失了基础研究者,中心变为应用工作,或人类发展、人格和个体差异等研究主题。

性别变化

心理学在传统上是一个男性占主导的学科。在过去十年里,妇女的比例大幅增长;美国、瑞典、德国等国的心理学本科生大部分是女性。也许男性的数量没有减少,只是保持不变,但是女性数目的增长超过了男性。

有些人对此有成见。几个心理学家指出,妇女比例增加的职业的地位下降了;男子比例增加的职业的地位上升了。这种"男性至上"的偏见似乎是文化而非个体的一种特性。

随着妇女比例的增长,心理学在变得"女性化"时,对直觉方法的兴趣会超过对实验方法的兴趣,对理解现象的兴趣会超过对解释现象的兴趣。妇女们对研究儿童比对研究动物更感兴趣,对质的技术比对量的技术更感兴趣,对应用心理学比对基础过程更感兴趣。所有这些都对心理学十分不利。

这可能是一部分人对"性别分布变化"的偏见:男性和女性心理学家都担忧这对未来心理学可能造成的影响。事实上,不仅仅在心理学中,在所有科学和职业中,女性所占的比例都在上升:每天,都有比上一代更多的女宇航员,更多的女医生,更多的女工程师,更多的女性大公司经理,还有更多的妇女参与政治。

心理学家的数量

心理学是本科生最多的专业。它是一个非常受欢迎的领域,正在成长;除此以外,每年都有许多人获得心理学学位,学士、硕士、心理学博士或理学博士。

一个大问题是,社会能否吸纳如此多的心理学家,他们每个人是否都会找到一份工作,这个职业是否将继续开辟新的工作领域,如果是,心理学将会因从业者众多而获得更多的声望(和权力),如果否,就会有失业,而心理学家如果为谋生而从事低级活动和低报酬的工作,其声望就会下降。

心理还原论

心理学会被生理学吞并吗?或者反过来说,我们能发现重要的行为事实,为理解生理现象作出贡献吗?如果心理学在不同于生理层次但是以其为前提的行为层次进行研究——最后只有生物体、人类、动物和植物的心理学,心理学就不会沦落为生物学科或社会科学,它将拥有自己的位置。没有生理学就没有心理学。心理学是一门生物科学也是一门社会科学,但是心理学有着自身的分析层次,即有机体的行为及其与物理和社会环境的联系。

这个问题过去曾经比现在更重要,就像卡兹汀在本书中指出的那样。

人类基因组

几个基本心理学问题与生理学,与遗传学,特别是与人类基因组计划密切相关。本书的参与者反复提到人类基因组计划将会对未来心理学产生的影响。

心理学中能由人类基因组计划得益的经典问题是广泛而多样的:智力,个体差异,行为发展,行为障碍(或"心理疾病"),才能,甚至性取向,数学能力,音乐能力,长寿,学习能力,适应环境改变的能力。它从非常多的角度接触一个领域。很明显,遗传学不能解释一切,不能解决所有的问题,也无法否定环境的重要贡献。遗传学家非常清楚物理和社会环境在基因潜能的实际表达中的作用。

多学科性

科学研究是学科的,也是跨学科的;应用也是。在同一研究情境中,心理学家与生物学家、物理学家、遗传学家、药剂师和其他自然科学家一起工作。在社会科学(行为科学或人类科学)那边,与人类学家、语言学家、社会学家,甚至哲学家、历史学家和经济学家进行着合作。

致力于运动的心理学家也许会与运动医师和生理学家一起工作,组织领域的心理学家也许会与管理者、工作社会学家和劳动律师一起工作。在健康领域也是如此,一起工作的是医师、护士、牙医和人口统计学家;在社会发展领域,则是经济学家、社会学家和人类学家。心理学能够从所有这些科学的贡献中获益,也能对这些学科产生决定性的贡献。

处方权

本书的一些参与者提到了获得处方权对这个职业将会产生的影响——首先是在临床领域。传统上,心理学家不开药,而精神病医师开。后来,这个领域发生了巨大的演变,许多精神病医师不开药,而在有些国家,心理学家可以合法地开药。临床心理学将随着处方权而改变。许多心理学家激烈地反对这种特权,而另一些心理学家显然将这视为临床业务的正常发展。

事实上,对于心理学家来说,临床工作会因有无处方权而不一样。

积极心理学

心理学的一些领袖人物指出,研究乐观、幸福、创造力、与疾病相对的健康、个人成长、爱、利他主义、生活质量、和谐、与"不同于"我们的人之间的关系、天人合一、幽默感都是重要的。这种积极心理学在几十年前就备受众人期待,但是直到 2000 年才得到定义和详细说明。它是在未来心理学中拥有更大意义的领域之一。

政治

在许多干预的后面,有着政治问题,影响着人类及其幸福和未来的政治决策的问题。它们与和平和战争有关,与社会经济发展有关,与政府的优先计划有关,更一般地与社会的基本哲学有关。

政治心理学领域诞生仅数年,关注从社会科学角度研究心理学与政治之间的关系。

世界重大问题

灵性、智慧、爱、恨、生与死的感觉都是重大问题,据说我们永远不能解决它们,又永远地在解释它们。善与恶、伦理、适当的举止、文化的式样、环境保护,这些都是参与本书的心理学领袖们十分关心的。

也许我们会再次关注重大问题,关注伟大的哲学家("更多柏拉图,更少百忧解"),关注反常体验,关注我们自身的存在感。显然,就像拉蒙·贝斯描述的那样,我们也会再次对死亡感兴趣,对帮助我们自己平和地死去感兴趣。

展望

历史是人的因素和文化的因素之间复杂交互作用的产物,是个人的动机与其生态环境、经济、政治和意识形态发生复杂交互作用的产物。一门科学的发展依靠献身于科学的人们,也依靠那些"世俗的"事情,像找到研究经费的可能性,像这门科学的地位和声望,以及它融入社会的程度。

所有这些都真实地存在于过去,在 20 世纪,本书所囊括的那些人影响最大的时代。那些因素也将塑造今后几十年的心理学:全球性的,国际的,统一的,在多学科团队中拥有重要的地位,有着许多专业应用领域。

未来的心理学与 20 世纪的心理学类似,但是肯定也有差别,其中一些差别,心理学的领袖们预想到了,但是肯定还有一些在他们的意料之外。毋庸置疑,做历史学家易,做预言家难。

参考文献

Adler, N. E., Smith, L. B., & Tschann, J. M. (1998). Abortion among adolescents. In L. J. Beckman & S. M. Harvey (Eds.), *The new civil war: The psychology, culture, and politics of abortion* (pp. 285-298). Washington, DC: American Psychological Association.

American Psychological Association (1992). Ethical principles of psychologists and code of conduct. *American Psychologist*, *47*, 1597-1611.

American Psychologist (January 2000). Volume 55 Number 1.

Anonymous (1971). B. F. Skinner says: We cannot afford freedom. *Time*, September 20, 1971.

Ardila, R. (1979). ¿ Hacia dónde va la psicología? *Revista de Psicología* (Arequipa, Perú), *3*, 1-7.

Ardila, R. (1984). *El futuro de la psicología*. Barranquilla, Colombia: Ediciones Pedagógicas Latino Americanas.

Ardila, R. (1993). *Síntesis experimental del comportamiento*. Bogotá: Editorial Planeta.

Ardila, R. (Ed.). (1997). La síntesis experimental del comportamiento. (Special issue). *Revista Latinoamericana de Psicología*, *29* (3), 407-503.

Bakan, D. (1967). *On method: Toward a reconstruction of psychological investigation*. San Francisco: Jossey-Bass.

Barber, T. X. (1999). A comprehensive three-dimensional theory of hypnosis. In I. Kirsch, A. Capafons, E. Cardeña, & S. Amigó (Eds.), *Clinical hypnosis and self-regulation* (pp. 21-48). Washington, DC: American Psychological Association.

Bayés, R. (2000). Una estrategia para la detección del sufrimiento en la práctica clínica. *Revista de la Sociedad Española del Dolor*, *7*, 70-74.

Bayés, R. y Morera, M. (2000). El punto de vista del paciente en la práctica clínica hospitalaria. *Medicina Clínica*, *115* (4), 141-144.

Bayés, R., Arranz, P., Barbero, J. & Barreto, P. (1996). Propuesta de un modelo integral para una intervención terapéutica paliativa. *Medicina Paliativa*, *3*, 114-

121.

Bayés R., Limonero, J. T., Barreto, P. & Comas, M. D. (1997). A way to screen for suffering in palliative care. *Journal of Paliative Care*, 13 (2), 22-26.

Bjork, D. W. (1993). *B. F. Skinner: A life*. New York: Basic Books.

Bjork, D. W. (1998). Burrhus Frederick Skinner: The contingencies of a life. In G. A. Kimble & M. Wertheimer (Eds.), *Portraits of pioneers in psychology*, Vol. 3 (pp. 261-275). Washington, D. C.: American Psychological Association, & Mahwak, N. J.: Erlbaum.

Bower, B. (2001, February 17). Into the mystic. Scientists confront the hazy realm of spiritual enlightenment. *Science News*, 159, 104-106.

Brožek, J. (1998 a). Multifaceted psychology: a retrospect. *Studia Minora Facultatis Philosophicae Universitatis Brunensis*, 2, 9-22.

Brožek, J. (1998 b). International historiography of psychology. *History and Philosophy Newsletter*, 27, 30-35.

Brožek, J. (1999). History of a historian of psychology in the United States. *History of Psychology*, 2, 83-101.

Brožek, J., & Hoskovec, J. (1986). Czechoslovakia's early applied psychology - psychotechnology - in international context. *Revista de Historia de la Psicología* (*Spain*). 7, 39-53.

Brožek, J., & Hoskovec, J. (1987). *J. E. Purkinje and psychology*. Prague: Academia.

Brožek, J., & Hoskovec, J. (1995 a). Psychology in the Czech Republic. In A. Schorr & S. Saari (Eds.). *Psychology in Europe: facts, figures, realities* (pp. 3-14). Göttingen, Germany: Hogrefe.

Brožek, J., & Hoskovec, J. (1995 b). *Thomas Garrigue Masaryk on psychology: Six facets of the psyche*. Prague: Charles University.

Brožek, J., & Hoskovec, J. (Eds.). (1997). *Psychological ideas and society: Charles University 1348-1998*. Prague: Charles University.

Callahan, D. (2000). Death and the research imperative. *The New England Journal of Medicine*, 342, 654-656.

Campbell, D. T., & Fiske, D. W. (1959). Convergent and discriminant validation by the multitrait-multimethod matrix. *Psychological Bulletin*, 56, 81-105.

Cannon, W. B. (1932). *The wisdom of the body*. New York: Norton.

Cardeña, E. (1996). "Just floating on the sky". A comparison of shamanic and hypnotic phenomenology. In R. Quekelbherge & D. Eigner (Eds.) 6th *Jahrbuch für Transkulturelle Medizin und Psychotherapie* (pp. 367-380). Berlin: Verlag für Wissenschaft und Bildung.

Cardeña, E. (1997). Dissociative disorders: Phantoms of the self. In S. M. Turner & M. Hersen (Eds.). *Adult psychopathology & diagnosis* (pp. 384-408). New York: Wiley.

Cardeña, E. (2000). Hypnosis for the treatment of trauma: A promising, but not fully supported, efficacious intervention. *International Journal of Clinical and Experimental Hypnosis*, 48, 221-234.

Cardeña, E., Holen, A., McFarlane, A., -Solomon, Z., Wilkinson, C., & Spiegel, D. (1998). A multi-site study of acute-stress reaction to a disaster. In Widiger, T. A. et al. (Eds.). *Sourcebook for the DSM-IV*. Vol. IV (pp. 377-391). Washington, D. C.: American Psychiatric Press.

Cardeña, E., & Kirsch, I. (2000). What is so special about placebo? *Advances in mind-body medicine*, 16, 10-12.

Cardeña, E., Koopman, C., Classen, C., Waelde, L., & Spiegel, D. (2000). Psychometric properties of the Stanford Acute Stress Reaction Questionnaire (SASRQ): A valid and reliable measure of acute stress reactions. *Journal of Tranmatic Stress*, 13, 719-734.

Cardeña, E., Lynn, S. J., & Krippner, S. (Eds.). (2000). *Varieties of anomalous experience: Examining the scientific evidence*. Washington, DC: American Psychological Association.

Carpenter, S. (2000, October). A taste expert sniffs out a long-standing measurement oversight. *Monitor on Psychology*, 20-21.

Cassell, E. J. (1982). The nature of suffering and the goals of medicine. *The New England Journal of Medicine*, 306, 639-645.

Chapman, C. R. y Gavrin, J. (1993). Suffering and its relationship to pain. *Journal of Palliative Care*, 9 (2), 5-13.

Clay, R. A. (2001). Revolutionary sex education. *Monitor on Psychology*, 32 (4), 58-60.

Cohen, L. M., & Frydenberg, E. (1993). *Coping for capable kids*. Australia: Hawker Brownlow Education.

Damasio, A. (1999). *The feeling of what happens*. San Francisco: Harcourt.

David, H. P. (Ed.). (1964). *Population and mental health*. New York: Springer.

David, H. P. (1993). Population policy and reproductive behavior: Incentives and disincentives. In L. Severy (Ed.). *Advances in population: Psychosocial perspectives* (pp. 1-33). London: Kingsley.

David, H. P. (1994). Reproductive rights and reproductive behavior. *American Psychologist*, 49, 343-349.

DeAngelis, T. (2001). A successful marriage of psychology and public health. *Mo-*

nitor on Psychology, 42, (3), 40-41.

DeGranpe, R. J. (2000). A science of meaning. *American Psychologist*, 55, 721-739.

Denmark, F. L. , & Paluli, M. A. (Eds.). (1993). *Psychology of women. A handbook of issues and theories*. Westport, CT: Greenwood Press.

Díaz-Guerrero, R. & Díaz-Loving, R. (1990). Interpretation in cross-cultural personality assessment. In C. R. Reynolds & R. W. Kamphaus (Eds.). *Handbook of psychological and personality assessment* (pp. 491-523). New York: Guilford Press.

Díaz-Guerrero, R. & Díaz-Loving, R. (1998, August). An approach to the origin of values. In I. Reyes-Lagunes (Chair), Contributions of etnopsychology to cross-cultural psychology. Symposium conducted at the XIV International Congress of the International Association for Cross-cultural Psychology. Bellingham, Washington, USA.

Díaz-Guerrero, R. & Díaz-Loving, R. (1998, October). Las necesidades y el origen de los valores. In H. Hosch (Ed.). Valores y necesidades. Symposium presented to the VII Congreso Mexicano de Psicología Social y Tercera Reunión Latinoamericana de Psicología Transcultural. Toluca, México.

Díaz-Guerrero, R. & Díaz-Loving, R. (In press). El origen psicológico de los valores. In R. García & M. Gouveria (Eds.). *Psicología social de los valores humanos: avances teóricos, metodológicos y aplicados*. Madrid, España.

Díaz-Guerrero, R., Díaz-Loving, R., Adair, J., Hosch, H. & Méndez, R. (1999, January). The psychological origin of values in three cultures. Poster presented to the XXI Annual National Institute on the Teaching of Psychology. Saint Petersburg Florida, USA.

Díaz-Guerrero, R., Moreno Cedillos, A. & Díaz-Loving, R. (1995). Un eslabón perdido en la investigación sobre valores y su persistencia. Revista *de Psicología Social y Personalidad*, 11 (1), 1-10.

Díaz-Loving, R. (Ed., 1999). *Antología psicosocial de la pareja*. México, D. F.: Facultad de Psicología, UNAM & Miguel Ángel Porrúa.

Díaz-Loving, R. & Torres Maldonado, K. B. (Eds.), (1999). *Juventud y SIDA: una visión psicosocial*. México, D. F.: Facultad de Psicología, UNAM & Miguel Ángel Porrúa.

Domínguez Trejo, B. & Olvera López, Y. (Eds.). (1996). *Ensayos sobre psicoterapia e investigación clínica en México*. México, D. F.: Facultad de Psicología, UNAM.

Dorna, A. & Argentin, G. Impacto persuasivo del gesto en el discurso político: una experiencia de consejo (asesoría) y de laboratorio. *Revista Latinoamericana de Psicología*, 25, 61-72.

Durstewitz, D., & Windmann, S. (2001). Die Seelenfänger. *Psychologische Rundschau*, 52 (3), 168-169.

Foa, U. G., & Turner, J. L. (1970). Psychology in the year 2000: Going structural? *American Psychologist*, 25, 244-247.

Fraisse, P. (Ed.). (1982). *Psychologie de demain*. Paris: Presses Universitaires de France.

Gigerenzer, G. (2000). *Adaptive thinking: Rationality in the real world*. Oxford: Oxford University Press.

Goldberg, E. (2001). *The executive brain: Frontal lobes and the civilized mind*. Oxford: Oxford University Press.

Hammersley, M. (2000). Problems in teaching qualitative methodology. *Contemporary Psychology*, 45, 260-262.

Hearst, E. (Ed.). (1979). *The first century of experimental psychology*. Hillsdale, NJ: Erlbaum.

Hefner, R., & DeLamater, J. (1968). National development from a social psychological perspective. *Journal of Social Issues*, 24 (2), 1-8.

Heller, D., Sedlakova, M., & Vodickova, L. (1999). *Investigación cuantitativa y cualitativa en psicología*. Prague: Academy of Sciences, Czech Republic (in Czech).

Herrnstein, R. J. (1973). *I. Q. in the meritocracy*. Boston: Little, Brown.

Holtzman, W. H., Díaz-Guerrero, R., & Swartz, J. D. (1975). *Personality development in two cultures*. Austin, TX: University of Texas Press.

Hoskovec, J., & Hoskovcova, S. (1998). *Psychology of hypnosis and suggestion*. Prague: Portal (in Czech, with English summaries).

Hoskovec, J., & Hoskovcova, S. (2000). *A brief history of Czech and Central European psychology*. Prague: Portal (in Czech, with English summaries).

Hoskovec, J. & Nakonecny, M., & Sedlakova, M. (2000). *Psychology in the XXth. century*. Prague: Charles University (in Czech, with English summaries).

James, W. (1890). *Principles of psychology*. New York: Holt.

James, W. (1961). *The varieties of religious experience: A study in human nature*. New York: Collier. (Original 1902).

Jing, Q. (2000). International psychology. In K. Pawlik & M. R. Rosenzweig (Eds.). *The international handbook of psychology* (pp. 570-584). London: SAGE Publications.

Kay, K. (1971). Psychology: A. D. 2000: Facts, forecasting, fantasies and fallacies. *Proceedings. XIX International Congress of Psychology* (1969). (pp. 62-69). London: British Psychological Society.

Kazdin, A. E. (Ed.). (2000). *Encyclopedia of psychology.* 8 vols. New York: Oxford University Press, & Washington, D. C.: American Psychological Association.

Keller, H., & Eckensberger, L. (1998). Kultur und Entwicklung. In H. Seller (Ed.), *Lehrbuch Entwicklung* (pp. 57-96). Bern: Huber Verlag.

Kendler, H. H. (1999). The role of values in the world of psychology. *American Psychologist, 54*, 828-835.

Kosslyn, S. M., Thompson, W. L., Constantini-Ferrando, M. F., Alpert, N. M., & Spiegel, D. (2000). Hypnotic visual illusion alters color processing in the brain. *American Journal of Psychiatry, 157*, 1279-1284.

Labrador, F. J., Cruzado, J. A., y Muñoz, M. (1993). *Manual de técnicas de terapia y modificación de conducta.* Madrid: Editorial Pirámide.

Lang, E. V., Benotsch, E. G., Fick, L. J., Lutgendorf, S., Berbaum, M. L., Berbaum, K. S., Logan, H., & Spiegel, D. (2000). Adjunctive non-pharmacological analgesia for invasive medical procedures: a randomized trial. *Lancet, 355*, 1486-90.

Lazarus, R. S. & Folkman, S. (1984). *Stress, appraisal and coping.* New York: Springer.

Lazarus, R. S. (2000). Towards better research on stress and coping. *American Psychologist, 55*, 665-673.

Lewontin, R. C. (2000). It ain't necessarily so. *New York Review of Books.*

Loeser, J. D. & Melzack, R. (1999). Pain: an overview. *The Lancet, 353*, 1607-1609.

Lynn, J., Teno, J. M., Phillips, R. S., Wu, A. W., Desbiens, N., Harrold, J., Claessens, M. T., Wenger, N., Kreling, B. & Connors, F. (1997). Perceptions of family members of the dying experience of older and seriously ill patients. *Annals of Internal Medicina, 126*, 97-106.

Machacova, H. (1999). *Behavioral prevention of stress.* Prague: Charles University Press.

Magnusson, D. (1969). *Teoría de los tests.* México: Editorial Trillas (Swedish original, 1961).

Magnusson, D., & Stattin, H. (1998). Person-context interaction theories. In W. Damon (Editor in chief) & R. M. Lerner (Volume editor), *Handbook of child psychology* (Vol. 1, pp. 685-759). New York: Wiley.

Marsella, A. J. (2001). Essay: internationalizing the psychology curriculum. *Psychology International*, 12 (2), 7-8.

Martin, S. D., Martin, E., Rai, S. S., Richardson, M. A., & Royall, R. (2001). Brain blood flow changes in depressed patients treated with interpersonal psychotherapy or velafaxine hydrochloride. *Archives of General Psychiatry*, 58, 641-648.

Miller, G. A. (1967). Some psychological perspectives on the year 2000. *Daedalus*, 96, 883-896.

Miller, G. A. (1971). Symposium: Psychology in the future. Chairman's introduction. *Proceedings. XIX International Congress of Psychology (1969)*. (pp. 55-58). London: British Psychological Society.

Miller, R., Ivanitsky, A., & Balaban, P. (2000). *Complex brain functions. Conceptual advances in Russian neuroscience*. London: Gordon & Breach.

Montero, M., y Dorna, A. (Ed.). (1993). Psicología política. *Revista Latinoamericana de Psicología (Special issue)*, 25 (1).

Mucciarelli, G. (Ed.). (n. d.). Festschrift per Josef Brožek. *Theorie e Modeli*, 4 (3).

Murphy, G. (1969). Psychology in the year 2000. *American Psychologist*, 24, 523-530.

Murray, H. A. (1962). Prospect for psychology. *Science*, 136, 483-488.

Nederlands Instituut van Psychologen (1997). *Boroepsethiek voor Psychologen* (Professional ethics for psychologists). Ámsterdam: Nederlands Instituut van Psychologen.

Newberg, A. B., & d"Aquili, E. (2000). The neuropsychology of religious and spiritual experience. *Journal of Consciousness Studies*, 7, 251-266.

Obot, I. S. (1988). Basic and applied psychology: scientific purity vs. social relevance. *Nigerian Journal of Basic and Applied Psychology*, 1, (1), 1-11.

Obot, I. S. (1996). Country profile: Nigeria. *Psychology International*, 7 (2). 4-5.

Orne, M. T., & Scheibe, K. E. (1964). The contribution on non-deprivation factors in the production of sensory deprivation effects. The psychology of the panic button. *Journal of Abnormal and Social Psychology*, 68, 3-12.

Otto, E. (1935). Jugendkunde in der Tschechslowakei. *Zeitschrift für Jugendkunde*, 5, 84-89.

Pawlik, K., & Rosenzweig, M. R. (Eds.). (2000). *The International handbook of psychology*. London: SAGE.

Pekala, R., & Cardeña, E. (2000). Methodological issues in the study of altered states of consciousness and anomalous experiences. In Cardeña, E. , Lynn, S. J. , & Krippner, S. (Eds.). *The varieties of anomalous experience* (pp. 47-81). Washington, D. C.: American Psychological Association.

Pick, S. (2001). Healthy sexuality for all: The role of psychology. Presidential invited address, American Psychological Association Convention, San Francisco.

Plomin, R. (1986). *Development, genetics, and psychology*. New York: Erlbaum.

Poortinga, Y. H. (1997). Towards convergence? In J. W. Berry, Y. H. Poortinga, & J. Pandey (Eds.), *Handbook of cross-cultural psychology. Vol. 1. Theory and method* (2nd. ed. , pp. 347-387). Boston: Allyn & Bacon.

Poortinga, Y. H. , & Lunt, I. (1997). Defining the competence of psychologists with a view to public accountability. *European Psychologist*, *2*, 293-300.

Porta, J. , Ylla-Catalá, E. , Estíbanez, A. , Grimau, I. , Lafuerza, A. , Nabal, M. , Sala, C. , & Tuca, A. (1999). Estudio multicéntrico catalano-balear sobre la sedación terminal en cuidados paliativos. *Medicina Paliativa*, *6* (4), 153-158.

Pribram, K. H. (1971). Psychology tomorrow: The immediate future. *Proceedings. XIX International Congress of Psychology (1969)*. (pp. 59-61). London: British Psychological Society.

Psychology Today (1982 a). Understanding psychological man. State-of-the-science reports. *Psychology Today*, *16* (5), 40-59.

Psychology Today (1982 b). Psychology tomorrow: The Nobel view. *Psychology Today*, *16* (12), 21-31.

Riegel, K. (Ed.). (2000). Selected psychological problems of globalization and transformation. Prague: Angora (in Czech, with English summaries).

Riesman, D. , Denney, R. , & Glazer, N. (1950). *The lonely crowd: A study of the changing American character*. New Haven, CT: Yale Univesity Press.

Rosenzweig, M. R. (1982). A changing biological psychology in a changing world psychology. En P. Fraisse (Ed.), *Psychologie de demain* (pp. 269-295). Paris: Presses Universitaires de France.

Rosenzweig, M. R. , Holtzman, W. H. , Sabourin, M. , Bélanger, D. (2000). *History of the International Union of Psychological Science*. Hove, UK: Psychology Press.

Rosenzweig, M. R. , Leiman, A. L. , & Breedlove, S. M. (1999). *Biological psychology*. Sunderland, MA: Sinauer.

Rossman, G. B. & Rallis, S. F. (1998). *An introduction to qualitative research*. Thousand Oaks, California: Sage.

Schröder, M. (1996). *Evaluación del impacto emocional de los enfermos oncológicos en situación terminal*. Unpublished doctoral dissertation. Bellaterra,

Barcelona: Universitat Autónoma de Barcelona.

Scientific American (1950). *The age of science 1900-1950* [Special issue].

Seligman, M. E. P. (1975). *Helplessness.* New York: Freeman.

Seligman, M. E. P., & Csikszentmihalyi, M. (Eds.). (2000). Positive psychology (Special issue). *American Psychologist,* 55 (1).

Seligman, M. E., Walker, E., & Rosenhan, D. (2001). *Abnormal psychology* (4a. Ed.). New York: Norton.

Silva Arciniega, M. R. (2000). *Dimensiones psicosociales de la pobreza.* México, D. F.: Escuela Nacional de Trabajo Social, UNAM.

Skinner, B. F. (1938). *The behavior of organisms.* New York: Appleton-Century-Crofts.

Skinner, B. F. (1971). *Beyond freedom and dignity.* New York: Knopf.

Skinner, B. F. (1990). Can psychology be a science of mind? *American Psychologist,* 45, 1206-1210.

Somerfield. M. R., & McCrae, R. R. (2000). Stress and coping research. Methodological challenges, theoretical advances, and clinical applications. *American Psychologist,* 55, 620-625.

Stagner, R. (1986). Reminiscences about the founding of SPSSI. *Journal of Social Issues,* 42 (1), 35-42.

Sternberg, R. J. (2001). What is the common thread of creativity? *American Psychologist,* 56, 360-362.

Sternberg, R. J., Forsythe, G. B., Hedlund, J., Horvath, J. Snook, S., Williams, W. M., Wagner, R. K., & Grigorenko, E. L. (2000). *Practical intelligence in everyday life.* New York: Cambridge University Press.

Stikar, J., Rymes, M., Riegel, K., & Hoskovec, J. (2000). *Methods of work and organizational psychology.* Prague: Charles University (in Czech, with English summaries).

Strelau, J. (2000). *Temperament. A psychological perspective.* New York: Plenum Press.

Suedfeld, P. (1980). *Restricted environmental stimulation.* New York: Wiley-Interscience.

Support (1995). A controlled trial to improve care for seriously ill hospitalized patients. *Journal of the American Medical Association,* 274. 1591-1598.

Tart, C. T. (1969). *Altered states of consciousness.* New York: Wiley.

Taylor, S. E., Klein, L. C., Lewis, B. P., Gruenewald, T. L., Gurung, R. A. R., & Updegraff, J. A. (2000). Biobehavioral responses to stress in females: tend-and-befriend, not fight-or-flight. *Psychological Review,* 107, 411-429.

Toda, M. (1971). Possible roles of psychology in the very distant future. *Proceedings. XIX International Congress of Psychology (1969).* (pp. 70-75). London: British Psychological Society.

Todd, J. T., & Morris, E. K. (Eds.). (1994). *Modern perspectives on John B. Watson and classical behaviorism.* Westport, CT: Greenwood Press.

Todd, J. T., & Morris, E. K. (Eds.). (1995). *Modern perspectives on B. F. Skinner and contemporary behaviorism.* Westport, CT: Greenwood Press.

Triandis, H. C. (1972). *The analysis of subjective culture.* New York: Wiley.

Triandis, H. C. (Ed.). (1980). *Handbook of cross-cultural psychology.* 6 vols. Boston: Allyn and Bacon.

United Nations (1995). *Report of the International Conference on Population and Development.* New York: United Nations A/Conf. 171/13/Rev. 1.

Viewegh, J. (1995). On the nature of crisis in contemporary psychology (in Czech). *Studia Minora Facultatis Philosophicae Universitatis Brunensis*, *129*, 47-57.

Wade, N. J., & Brožek, J. in collaboration with Hoskovec, J. (2001). *Purkinje's vision: The dawning of neuroscience.* Mahwah, N. J.: Erlbaum.

Wulff, D. (2000). Mystical experience. In E. Cardeña, S. J. Lynn, & S. Krippner (Eds.), *Varieties of anomalous experience: Examining the scientific evidence* (pp. 397-440). Washington, DC: American Psychological Association.

图书在版编目(CIP)数据

　　心理学的未来/(哥伦比亚)阿迪拉著；张航,禤宇明译.—北京：商务印书馆，2008
　　(商务新知译丛)
　　ISBN 978-7-100-05548-2

　　Ⅰ.心… Ⅱ.①阿…②张…③禤… Ⅲ.心理学 Ⅳ.B84

　　中国版本图书馆 CIP 数据核字(2007)第 104995 号

所有权利保留。
未经许可,不得以任何方式使用。

商务新知译丛
心 理 学 的 未 来
——世界上最著名的一些心理学家
对各自领域的未来的看法
〔哥伦比亚〕鲁文·阿迪拉 著
张　航　禤宇明 译
荆其诚　校

商　务　印　书　馆　出　版
(北京王府井大街36号　邮政编码100710)
商　务　印　书　馆　发　行
北京瑞古冠中印刷厂印刷
ISBN 978-7-100-05548-2

2008年4月第1版　　开本 650×1000 1/16
2008年4月北京第1次印刷　印张 14½
印数 5 000 册

定价：25.00元